北京市科学技术研究院首都高端智库研究报告

数字经济蓝皮书
BLUE BOOK OF DIGITAL ECONOMY

全球人工智能发展的治理与立法
（2025）

王 峥 ◎ 主编

魏家齐 刘绍宇 ◎ 执行主编

GOVERNANCE AND LEGISLATION OF
GLOBAL AI DEVELOPMENT

图书在版编目(CIP)数据

全球人工智能发展的治理与立法 / 王峥主编；魏家齐，刘绍宇执行主编. -- 北京：北京大学出版社，2025.6.
ISBN 978-7-301-36515-1

Ⅰ. D912.170.4

中国国家版本馆 CIP 数据核字第 2025D9D600 号

书　　　名	全球人工智能发展的治理与立法 QUANQIU RENGONG ZHINENG FAZHAN DE ZHILI YU LIFA
著作责任者	王　峥　主编 魏家齐　刘绍宇　执行主编
组稿编辑	陆建华
责任编辑	韦赛楠　陆建华
标准书号	ISBN 978-7-301-36515-1
出版发行	北京大学出版社
地　　　址	北京市海淀区成府路 205 号　100871
网　　　址	http://www.pup.cn　http://www.yandayuanzhao.com
电子邮箱	编辑部 yandayuanzhao@pup.cn　总编室 zpup@pup.cn
新浪微博	@北京大学出版社　@北大出版社燕大元照法律图书
电　　　话	邮购部 010-62752015　发行部 010-62750672 编辑部 010-62117788
印　刷　者	北京鑫海金澳胶印有限公司
经　销　者	新华书店
	720 毫米×1020 毫米　16 开本　15.5 印张　254 千字 2025 年 6 月第 1 版　2025 年 6 月第 1 次印刷
定　　　价	78.00 元

未经许可，不得以任何方式复制或抄袭本书之部分或全部内容。

版权所有，侵权必究

举报电话：010-62752024　电子邮箱：fd@pup.cn

图书如有印装质量问题，请与出版部联系，电话：010-62756370

本书编委会

主编

王峥

执行主编

魏家齐　刘绍宇

参编人员

刘　蕊　杨　文　李　昱　李展硕　李瑞峰
吴少卿　张晴晴　庞铭佩　周炳含　郭　岩
舒金春　刘子婧　闫　海

序言　探求人工智能治理的比较法镜鉴

人工智能作为引领未来的战略性技术,推动经济、社会各领域从数字化、网络化向智能化提升,但可能带来改变就业结构、冲击法律与社会伦理、侵犯个人隐私、挑战国际关系准则等问题。在大模型带来的人工智能浪潮下,继以 ChatGPT 的横空出世为代表的生成式人工智能席卷全球之后,我国 DeepSeek 在 2025 年除夕夜火爆全网,颠覆了人工智能现有的技术路线与商业模式,国内许多政府部门、高校和企业也纷纷将其接入进行本地化部署。由此,人工智能技术作为现代化的重要标志,日益成为国家治理现代化的中坚力量。而我国恰逢推进国家治理体系与治理能力现代化的全面深化改革期,如何抓住数字时代机遇、顺应科技发展趋势、回应治理变革需求,对于当代中国尤为重要。因此更有必要推动建立保障人工智能健康发展的法律规范体系。

在我国近年来的立法中,虽然《中华人民共和国数据安全法》第 15 条涉及"智能化公共服务"的开展,《中华人民共和国个人信息保护法》第 24 条、第 55 条、第 73 条涉及自动化决策方式的法律控制,但亟待以统一立法促进人工智能产业的发展,规制人工智能安全风险,并厘定人工智能治理的基本原则与要求,明确不同主体的权利义务,为未来法律制度的发展预留空间。[①]

在 2023 年、2024 年的国务院年度立法工作计划中,均明确提出"预备提请全国人大常委会审议人工智能法草案"。人工智能立法除了承载促进产业发展的目的之外,还承载了规制人工智能安全、防范人工智能风险的职责,其间可能涉及对安全、隐私和歧视的规制。人工智能的开发、提供和使用可能涉及数据安全、网络安全和人身安全。人工智能的使用,使得他人更容易获取用户的完整"画像",更有可能带来侵害隐私的风险,这不仅会造成严重的

[①] 参见宋华琳:《人工智能立法中的规制结构设计》,载《华东政法大学学报》2024 年第 5 期。

精神痛苦,还可能给用户带来严重的人身和财产损害。① 在开发和利用人工智能时,在问题建构、数据理解、特征选择等环节,可能将算法偏见、数据偏见等嵌入人工智能,诱导其出现歧视性结果。② 安全、隐私和歧视构成了人工智能规制的正当化基础,也构成了人工智能规制的目标。

在2024年7月召开的中国共产党第二十届中央委员会第三次全体会议上通过的《中共中央关于进一步全面深化改革 推进中国式现代化的决定》中,明确提出完善人工智能治理体系,"完善生成式人工智能发展和管理机制""建立人工智能安全监管制度"。这是以习近平同志为核心的党中央针对推进人工智能治理法治化、确保人工智能健康可持续发展进行的战略性布局,对于加快培育新质生产力具有重要的现实意义。在此背景下,人工智能立法更需对规制结构加以妥善设计,通过发挥多元主体、多元工具、多元规范的作用,提升人工智能规制的合法性与正确性,通过更好、更公平且更具参与性和包容性的制度设计来实现规制任务。

人工智能自20世纪50年代被首次提出,所衍生出的关于科技伦理、风险挑战等问题的各类讨论从未停歇。纵观世界各国政府从不同角度进行的系统性规范与指引,比如,美国于2019年2月发布行政命令《维持美国在人工智能领域的领导地位》,首次提出了联邦人工智能监督方法;欧盟《人工智能法》于2024年8月1日正式生效,成为全球首部全面监管人工智能的开创性法规;我国从2019年国家新一代人工智能治理专业委员会发布《新一代人工智能治理原则——发展负责任的人工智能》,到2021年12月发布《互联网信息服务算法推荐管理规定》,到2022年3月中共中央办公厅、国务院办公厅印发《关于加强科技伦理治理的意见》,再到2023年7月国家互联网信息办公室联合有关部门公布《生成式人工智能服务管理暂行办法》等,正在积极构建具有中国特色的人工智能治理模式。然而,面对大模型本身所具有的算法不透明、数据强依赖、易被滥用等人工智能固有的风险,加之其易使用等优势复杂交织,风险存在极易被快速传递并不断放大的可能。这就必然需要新的治理方案加以应对。因此,对人工智能有一个全面客观的认知,深入了解全球主要国家和地区在人工智能规制和立法上的最新进展,对于解决人工智能

---

① 参见郑志峰:《人工智能时代的隐私保护》,载《法律科学》2019年第2期。
② 参见李成:《人工智能歧视的法律治理》,载《中国法学》2021年第2期。

治理的滞后性难题，以及对可能出现的风险挑战做到前瞻预判与谋划，具有相当的参考价值。

由王峥主编，魏家齐、刘绍宇执行主编的北京市科学技术研究院首都高端智库研究报告数字经济蓝皮书《全球人工智能发展的治理与立法》，主要从人工智能产业的发展态势、关键力量监管策略和立法实践进展三大方面循序渐进加以描述，力争向读者呈现出一幅全球人工智能的治理全貌。另外，本书在梳理人工智能规制与立法的基础上，融合了前沿理论及有关文献，集专业性与科普性于一体，将帮助读者打破专业壁垒，汲取相关知识，引导读者一同探讨人工智能治理与立法的前沿。在某种意义上，本书也是一部人工智能治理的比较法研究著作，对全球各国人工智能治理的法律规范类型、规制治理理念、制度架构要点、治理实效优劣进行描述，展开比较，从而为我国人工智能治理积累资料与见解，为我国人工智能立法的结构框架和内容规范，提供更多的思路与备选方案。

有幸蒙魏家齐博士惠赠书稿，得以先睹为快，获益良多。在人工智能这片广袤无垠的新蓝海，我们应推进人工智能治理法治化，要深入推进科学立法、民主立法、依法立法，总结全球人工智能治理经验，推动全球人工智能治理，凝聚共识、开放合作，以人为本、智能向善，汇聚各方面力量和智慧加快人工智能立法进程，确保人工智能始终朝着不断增进全人类民生福祉的方向发展。

宋华琳*
2025年2月24日

---

* 宋华琳，南开大学法学院院长、教授、博士生导师。第十届"全国杰出青年法学家"，教育部青年长江学者，中国法学会行政法学研究会常务理事、副秘书长、政府规制专业委员会执行主任。

目 录

第一章 数字治理的新时代:理解人工智能 …………………… 001
    一、人工智能的内涵 ……………………………………………… 001
    二、人工智能与算法、算力、数据的逻辑关系 ………………… 007
    三、人工智能在典型场景中的应用 ……………………………… 011
    四、人工智能发展面临的社会和法律问题 ……………………… 016

第二章 人工智能治理的理论框架 ……………………………… 024
    一、全球人工智能治理的理论范式 ……………………………… 024
    二、中国特色的人工智能治理模式 ……………………………… 037

第三章 美国人工智能治理 ……………………………………… 045
    一、人工智能的产业发展情况 …………………………………… 045
    二、人工智能领域的规制现状 …………………………………… 050
    三、人工智能领域的立法考察 …………………………………… 070

第四章 欧盟人工智能治理 ……………………………………… 083
    一、人工智能的产业发展情况 …………………………………… 083
    二、人工智能领域的规制现状 …………………………………… 088
    三、人工智能领域的立法考察 …………………………………… 091

第五章 英国人工智能治理 ……………………………………… 108
    一、人工智能的产业发展情况 …………………………………… 108
    二、人工智能领域的规制现状 …………………………………… 112

三、人工智能领域的立法考察 ……………………………… 115

第六章　日本人工智能治理 …………………………………… 121
　　一、人工智能的产业发展情况 ……………………………… 121
　　二、人工智能领域的规制现状 ……………………………… 127
　　三、人工智能领域的立法考察 ……………………………… 131

第七章　中国人工智能治理 …………………………………… 140
　　一、人工智能的产业发展情况 ……………………………… 140
　　二、人工智能领域的规制现状 ……………………………… 150
　　三、人工智能领域的立法考察 ……………………………… 164
　　四、中国香港特别行政区 …………………………………… 169

第八章　其他国家的人工智能治理概览 ……………………… 174
　　一、加拿大 …………………………………………………… 174
　　二、澳大利亚 ………………………………………………… 186
　　三、巴西 ……………………………………………………… 191
　　四、新加坡 …………………………………………………… 199
　　五、韩国 ……………………………………………………… 204

第九章　开阖之间：从全球视野到谋划中国图景 …………… 212
　　一、现有经验：他山之石，可以攻玉 ……………………… 212
　　二、立法实践：以人为本，科技向善 ……………………… 214
　　三、启示意义：法治为基，兼济天下 ……………………… 217

附录：2024 年全球人工智能大事件回顾 ……………………… 220
　　一、科技篇 …………………………………………………… 220
　　二、治理篇 …………………………………………………… 222
　　三、立法篇 …………………………………………………… 228

后　记 …………………………………………………………… 232

第一章 数字治理的新时代：
理解人工智能

一、人工智能的内涵

（一）什么是人工智能

1946年，世界上诞生了第一台真正意义上的通用计算机，它的出现标志着人类进入了信息时代。历史的车轮滚滚向前，科学技术水平不断提高。如今，人类社会迈进了一个崭新的时代——网络时代。人工智能（Artificial Intelligence, AI）经历了几十年的演进发展，逐渐发展成为计算机科学的一个关键分支，其主要包含"人工"和"智能"两部分，指的是由人制造出来的展现智能化的机器。其核心在于模拟、扩展人类智能，实现特定的目标和任务，甚至在某些方面超越人类，以应对复杂多变的现实问题。这一概念自20世纪50年代被提出以来，便吸引了无数科学家和工程师的探索。

1. 基本定义

"人工智能"的概念最早由约翰·麦卡锡（John McCarthy）提出，他于1955年对人工智能作出定义，人工智能是使机器表现得像人类一样智能的科学与工程。[①] 他强调了人工智能的实用性，指出它不仅仅是一种理论探讨，而且是能够实现通过机器执行人类智能的任务，解决实际问题、创造价值的科学技术。这一定义至今仍被广泛引用。他在1956年的达特茅斯会议（Dartmouth Conference）上又正式提出"人工智能就是要让机器的行为看起来就像人所表现出的智能行为一样"。后来，安德烈亚斯·卡普兰（Andreas

---

[①] See John McCarthy, Marvin L. Minsky, Nathaniel Rochester & Claude E.Shannon, A Proposal for the Dartmouth Summer Research Project on Artificial Intelligence, August 31, 1955, 43 *AI Magazine* 12, 12–15 (2006).

Kaplan)和迈克尔·亨莱因(Michael Haenlein)将人工智能定义为"系统正确解释外部数据,从这些数据中学习,并利用这些知识通过灵活适应实现特定目标和任务的能力"①。这一定义强调了人工智能系统对外部数据的处理能力,包括学习和适应能力,以达成特定的目标和任务。罗素(Stuart J. Russell)和诺维格(Peter Norvig)在其经典教材《人工智能:一种现代的方法》中,进一步对人工智能提出了"以人类为中心"和"以理性为中心"两种定义。前者关注人工智能系统能否在行为上模仿人类,完成诸如感知、学习、推理、决策等复杂任务;后者则更侧重于该系统的逻辑推理能力,即是否能像人类一样基于已知信息作出合理判断。这两种定义共同构成了人工智能研究的核心理论框架,指引研究者们从不同角度窥探其奥秘。总之,对人工智能的定义基本可划分为四类:"像人一样思考的系统""像人一样行动的系统""理性思考的系统"和"理性行动的系统"。这里所说的"行动",在广义上应理解为,采取行动或制定行动的决策,而不是肢体动作。②

从以上几个定义大体可以得出,人工智能的核心特征主要包含学习、推理、感知和交互的能力。具体而言,学习能力即指通过从数据中提取规律,不断优化自身系统性能的能力;推理能力即指基于已知信息进行逻辑推断,解决复杂问题的能力;感知能力即指理解和处理外部环境信息的能力,如图像、声音等;交互能力即指能够与人类或其他系统进行有效沟通,实现协同工作的能力。这些特征共同构成人工智能系统的基石,确保其在各个领域展现出巨大的应用潜力,发挥作用。

2. 发展历程

随着1940年以来电子计算机的发展,在人工智能的发展历程中,充满了曲折与突破,但也一直在保持前进,至今已经出现了许多人工智能技术,并且它们也在不断推动其他技术的发展。综合相关文献资料对人工智能发展阶段不同的理解,大致可以分为以下几个阶段:

(1)萌芽与探索阶段(1940—1970年)

这一时期的人工智能研究,主要集中在概念理论上的探索和以计算机技术为基础的算法构建上。20世纪40年代,出现了人工神经元数学模型。

---

① Michael Haenlein & Andreas Kaplan, A Brief History of Artificial Intelligence: On the Past, Present, and Future of Artificial Intelligence, 61 *California Management Review* 1, 1–10 (2019).

② 参见黄海涛:《Python 3 破冰人工智能 从入门到实战》,人民邮电出版社2019年版,第13页。

1950年，英国数学家、逻辑学家艾伦·图灵提出了"图灵测试"[1]。他首次明确了机器智能的评判标准，旨在评估机器是否具有人类智能，为人工智能研究提供了重要的理论支撑。1956年，达特茅斯会议的召开标志着人工智能正式诞生，并逐渐成为一门学科。会议期间，与会学者共同探讨了人工智能未来的发展方向，并确立了研究的基本框架。自此往后的几年，不仅是人工智能的概念随之扩展，而且在如专家系统的初步建立、简单搜索算法的提出等方面也取得了诸多重要成就，这些都为后续研究与发展奠定了坚实的基础。然而，随着研究的深入，研究者们逐渐意识到人工智能技术的复杂性。由于当时计算能力的限制及数据资源的匮乏，人工智能研究陷入了困境，出现了"AI寒冬"。然而研究者们继续探索新的理论和方法，为人工智能的复苏书写新的序章。

(2) 寒冬与复苏阶段(1970—2000年)

"AI寒冬"的出现，主要是由于当时出现的技术瓶颈、经济问题和投资信心不足等因素造成了人工智能研究和商业活动的衰退。人工智能发展先后经历了两次寒冬，分别是1974—1980年和1987—1993年。[2] 第一次寒冬主要是人工智能核心技术——知识表示认知机制表现不佳，无法处理常识、语义、推理等问题，第二次寒冬主要是人工智能研究热点技术——专家系统无法应对复杂、动态和不确定的环境。这两个时期，人工智能发展陷入停滞，但给公众留下了深刻印象。在经历了两次"AI寒冬"后，人工智能研究逐渐走出低谷，迎来了新的发展机遇。伴随着计算机性能提升、反向传播算法改进、大规模数据集出现等，人工智能研究取得实质性的进展。研究者们不断寻找新的方法和领域，其中最为重要的是神经网络技术和机器学习技术。神经网络技术虽早在20世纪40年代被提出，并在20世纪50年代取得一些进展，但由于计算能力不足、理论不完善、数据缺乏等问题被边缘化。直到20世纪80年代后期，神经网络技术重新焕发生机，并逐步发展成为深度学习技术。机器学习技术于20世纪80年代崛起，后在20世纪90年代取得突破。它以数据为基础，以算法为工具，使机器能够主动从数据中学习规律和知识。在这一阶段，神经网络技术和机器学习技术相互结合，逐步形成了强大的深度学习技

---

[1] A. M. Turing, Computing Machinery and Intelligence, 49 Mind 433, 433-460 (1950).
[2] 参见仲夏名瑰：《AI的两次寒冬：如何避免第三次》，载CSDN博客（网址：https://blog.csdn.net/weixin_61980423/article/details/130856685），访问日期：2025年1月21日。

术,从而推动人工智能研究进一步发展。

(3)深度学习阶段(2000年至今)

进入21世纪,随着大数据时代的到来、计算能力的显著提升,以及互联网技术的逐渐普及,人工智能研究迎来了前所未有的发展机遇。2012年,AlexNet① 在ImageNet竞赛中的惊人表现引发了深度学习革命,这一技术通过构建深层神经网络模拟人脑的学习过程,从而实现了对图像、声音等复杂数据的高效处理。此后,人工神经网络、强化学习、大模型等技术的不断突破,使得人工智能在各个领域得到了广泛的应用,如语音识别、图像识别、自然语言处理(NLP)等。在医疗领域,人工智能可以辅助医生进行疾病诊断、手术规划;在交通领域,人工智能可以优化交通流量、提高出行效率;在金融领域,人工智能可以识别欺诈行为、优化投资策略。此外,人工智能还在教育、娱乐、文旅、军事等领域发挥着重要作用,为人类社会发展带来了巨大的变革。2016年,AI创业公司DeepMind开发的AlphaGo程序,以4∶1的比分击败了李世石(职业围棋世界冠军、韩国职业九段棋手)。更为重要的是,以机器学习为核心的人工智能在视觉、语音、自然语言等领域迅猛发展。2017年,Vaswani等人② 提出了Transformer模型,它是一种基于注意力机制的神经网络架构。2022年,大语言模型为深度学习带来了新的变革,拉开了人工智能发展的新篇章。此时,OpenAI开发的GPT(Generative Pre-trained Transformer)系列模型问世,大型语言模型的研究和应用进入了一个新的时代。③

3. 发展形态

随着人工智能不断向前演进,其所展示出来的智能行为表现出强弱之分,逐渐形成三种形态。一是弱人工智能。指的是擅长某项具体工作的人工智能。有观点认为,它不可能真正地推理和解决问题。二是强人工智能。指的是能够执行人类级别智能任务的人工智能。它被认为是有知觉和自我意识的,能够替代人类做大部分脑力劳动。而主流科研更关注弱人工智能,因

---

① See Yann LeCun, Yoshua Bengio & Geoffrey Hinton, Deep Learning, *521 Nature 436*, 436-444 (2015).

② See Ashish Vaswani et al., Attention Is All You Need, *NIPS' 17: Proceedings of the 31st International Conference on Neural Information Processing Systems*, 6000-6010 (2017).

③ See Alec Radford et al., Improving Language Understanding by Generative Pre-Training, https://gwern.net/doc/www/s3-us-west-2.amazonaws.com/d73fdc5ffa8627bce44dcda2fc012da638ffb158.pdf, 访问日期:2025年1月10日。

为现阶段还无法实现强人工智能。尼克·博斯特罗姆(Nick Bostrom)对强人工智能作出了生动的定义:"在几乎所有领域都比最聪明的人类大脑聪明很多,包括科技创新、通识和社交技能。"[①]这一定义为理解强人工智能的潜力和影响,提供了一个全面视角。三是超人工智能。这也是人工智能发展的趋势。指的是完全可以承担人类各项工作,甚至是人类无法完成的任务的人工智能。

(二)如何认识人工智能

1. 多学科特征

人工智能是一门前沿交叉的边缘学科,作为自然科学和社会科学的交汇领域,内涵丰富、涉及广泛,彼此渗透融合。代表性学科主要包括哲学和认知科学、计算机科学、心理学、伦理学、控制论等。比如,哲学和认知科学从人类智能的角度看待人工智能,通过研究人类大脑的工作原理和认知过程,模拟人类思维过程获得灵感和启示,进而为人工智能系统的设计、优化和迭代提供重要指引。计算机科学则提供了算法和算力支持,通过设计高效的算法和优化计算资源,使人工智能系统具备强大的数据处理和决策能力。其中,数学作为理论基础与重要工具发挥了重要作用,线性代数、概率论、优化理论等数学方法广泛应用于支撑人工智能模型的构建和优化。此外,伦理学更关注人工智能带来的社会影响,并指出相应的治理方法。

2. 主要分支与应用

(1)机器学习

机器学习作为核心领域之一,主要研究如何通过计算的方式使计算机从数据中自动学习并改进其性能。机器学习算法包括监督学习、无监督学习、半监督学习和强化学习等多种类型。通过训练大量数据,机器学习模型能够识别出数据的内在规律和模式,实现模式识别、预测分析等功能。比如,在电商领域,机器学习算法可以依据用户网上购物的行为数据和在线浏览记录,为其推荐可能感兴趣的商品;在金融领域,机器学习算法可以按照用户个人需求和偏好,为其推荐更符合用户意愿的金融产品和服务,并且能够具备有效识别欺诈行为、预测股票价格等功能。

---

① Nick Bostrom, How Long before Superintelligence?, *5 Linguistic and Philosophical Investigations 11*, 11-30 (2006).

(2)自然语言处理

自然语言处理是研究人与计算机之间采用自然语言进行有效通信的理论和方法。它是一门融语言学、计算机科学、数学于一体的科学,主要涉及语言理解、语言生成,以及语言交互等多个方面。自然语言处理并非一般性研究自然语言,而是通过相应技术,研制能够实现自然语言有效通信的计算机系统,特别是其中的软件系统,能够理解人类的语言输入,如文本、语音等,并作出相应的回应。以生成式人工智能为例,在智能客服问答系统中,正是通过自然语言处理理解用户的问题并给出满意的回答。此外,机器翻译系统通过自然语言处理可以将一种语言自动翻译成另一种语言,从而实现跨语言交流。

(3)计算机视觉

计算机视觉是研究如何使计算机从图像和视频中提取有用信息的科学,主要涉及图像处理、图像识别、图像理解等多个方面,即如何使其"看"。具体来说,是指用摄像机和电脑代替人眼对目标进行识别、跟踪和测量等,并通过图形处理技术,使其成为更适合于人眼观察或传送给仪器检测的图像。借助计算机视觉技术,计算机可以识别和理解图像和视频中的物体、场景和事件等信息。例如,在自动驾驶领域,计算机视觉技术可以识别路标、行人、车辆等周围障碍物,为自动驾驶汽车提供准确的行车指引;在安防监控领域,计算机视觉技术可以检测特殊人群的异常行为、识别犯罪嫌疑人等。

(4)机器人学

机器人学是与机器人设计、制造和应用相关的科学,又称为机器人技术或机器人工程学,主要研究机器人的控制与被处理对象之间的相互关系。机器人学涉及的科目很多,主要有传感技术、控制技术、行为规划和应用工程等。通过机器人学技术,可以开发出具有自主感知、决策和执行能力的智能机器人。例如,在医疗领域,智能手术机器人可以辅助医生进行亚毫米级的精准脑部手术;在制造业领域,工业机器人能够替代人类完成复杂、危险或重复性的工作任务。

(5)专家系统

专家系统是一种模拟人类专家推理思维与决策过程的智能系统,主要由知识库、推理机、用户界面等部分组成。一般是将某个领域专家的知识和经验,用一种知识表达方法存入计算机,使系统对输入的事实进行推理,并输出决策,从而解决复杂问题。通过专家系统,可以将专家的知识和经验转化为计算机可处理的形式,实现知识的共享和复用。自20世纪60年代以来,专家系统以其产生的巨大经济效益和社会效益,成为人工智能领域备受重视的应用。例如,在医疗领域,专家系统可以辅助医生进行疾病诊断和制定治疗方案;在法律领域,专家系统可以提供法律咨询和辅助判决等。

二、人工智能与算法、算力、数据的逻辑关系

算法、算力和数据作为人工智能的三大基本要素,三者之间存在着密切的逻辑联系,共同推动人工智能从理论走向实践,从实验室走进日常生活。

(一)算法:人工智能的核心动能

算法是人工智能的"灵魂",它赋予模型从原始数据中提取知识、进行推理和作出决策的能力。它可以根据预定义的计算规则,在一定的规则下实现特定目的,具有卷积神经网络(CNN)、机器学习、深度学习等多种表现形态,能够将人的思维过程以形式化的方式输入计算机,使其可以持续执行命令,从而实现所设定的目标。[1] 从整个人工智能的发展历程来看,算法的创新始终是推动技术进步的支柱型力量。

(1)经典机器学习算法与深度学习算法。早期的人工智能研究,主要依赖于经典机器学习算法,如决策树、支持向量机(SVM)和贝叶斯分类器等算法,简洁且易于理解,能够为人工智能提供基础的预测和分类。[2] 但是,随着数据集的复杂化和场景应用的多样化,这些传统算法的表现逐渐不尽如人意。神经网络理论的不断成熟,促使深度学习算法的出现成为一项革命性突破。深度学习算法,特别是卷积神经网络、递归神经网络(RNN)和生成对抗网络(GAN),在处理大规模数据时,以其强大的能力成功应用于图像识别、自然语言处理、语音识别等多个领域。[3] 深度学习算法正是通过多层神经网络自动提取数据特征,从而使其在执行复杂任务中的表现超越了传统算法。2012年,在ImageNet图像分类竞赛中,AlexNet模型的卓越表现标志着深度学习的全面崛起。

---

[1] 参见梁正:《前沿人工智能:发展与治理》,中国发展出版社2024年版,第3页。

[2] See David Silver et al., Mastering the Game of Go with Deep Neural Networks and Tree Search, *529 Nature 484*, 484–489 (2016).

[3] See Ian Goodfellow, Yoshua Bengio & Aaron Courville, *Deep Learning*, MIT Press.

（2）强化学习算法。强化学习是算法的另一种重要类型,基于奖励机制,通过与环境的交互逐步优化决策策略。强化学习在自动化控制、博弈论、机器人技术等领域有着广泛的应用。其中,AlphaGo 的"人机对战"作为强化学习的典型代表应用之一,通过不断自我对弈和学习,成功击败了人类围棋世界冠军,展现出了强化学习算法在复杂决策问题上的强大能力。

那么,如何对算法的性能进行评估?这主要基于算法的效率与问题求解能力。在解决实际问题时,算法的效率作为关键指标,不仅取决于其理论框架的完备性,还与其所要实现的计算复杂度、收敛速度,以及数据依赖性紧密相关。具体而言,如何降低模型的计算复杂度,提高训练效率?如何优化算法设计,使模型快速收敛,避免陷入局部最优解?此外,数据依赖性是深度学习等复杂算法的重要特征之一,研究者需要不断收集、清洗和标注高质量的数据集。

2022 年 11 月 30 日,以 ChatGPT 为代表的人工智能大模型作为算法的一款现象级"作品"火爆出圈,标志着算法已走向人工智能大模型时代。早在 2017 年,谷歌提出了基于自注意力机制的神经网络结构——Transformer 架构,自此开启了算法模型快速发展的新阶段,多模态通用人工智能大模型成为潮流。2018 年,Open AI 和谷歌分别发布 GPT-1 和 BERT 大模型,标志着预训练大模型成为自然语言处理领域的主流。

（二）算力:人工智能的物质基础

全球算力产业的快速发展,为人工智能算法的有效执行和广泛应用奠定了坚实的物质基础。据中国信息通信研究院发布的《中国算力发展指数白皮书（2023 年）》,美国和中国分别以 35%、27% 的全球基础算力份额位列前两位。由此,算力得到世界主要国家的高度重视,并将其作为抢占发展主导权的重要手段。当前,算力的规模和对算力的需求均持续处于增长态势。

一方面,算力基础设施作为算力的主要载体,其硬件的持续进步成为人工智能计算能力的坚实支撑。以下是几种关键硬件:

（1）图形处理器（GPU）。最初,图像处理器是为图形渲染而设计,但其强大的并行计算能力使其迅速成为训练深度学习模型的首选硬件。与传统的中央处理器（CPU）相比,它能够以更高的效率并行处理海量计算任务,从而大大缩短模型的训练时间,提高训练效率。

（2）张量处理器（TPU）。它是谷歌专门为加速深度学习计算而设计的定制芯片,为人工智能领域的快速发展提供了新的动力。通过优化矩阵运算和降低功耗,它能够不断提高大规模深度学习模型的计算效率。

(3)专用集成电路(ASIC)。它是为特定应用量身定制的硬件,通过高度优化的电路设计实现卓越性能,并且应用范围也在不断扩大。在深度学习推理等各类应用场景下,专用集成电路可以提供最优的性能和能效。

另一方面,虽然硬件计算能力在不断提升,但摩尔定律的逐渐失效使传统的硬件发展路径面临瓶颈。随着芯片制造工艺逐渐逼近物理极限,传统的计算架构和技术已难以满足人工智能对算力的需求,因而涌现出以下新的计算架构和技术:

(1)量子计算。这是一种利用量子比特进行信息处理的新型计算方式。它利用量子比特的叠加和纠缠特性处理复杂问题,具有超越传统计算的潜在能力。目前,尽管量子计算尚处于实验阶段,但其在大规模优化、复杂模拟等领域的应用前景备受关注。

(2)边缘计算。这项技术是基于应对数据传输的延迟和带宽方面的瓶颈而出现的。它将计算任务从云端转移到设备端,通过在网络边缘部署计算资源,提供低延迟和高实时性的计算能力,为物联网、自动驾驶等领域的广泛应用提供了新的解决方案。

(三)数据:人工智能的知识来源

数据作为人工智能发展的基石,在人工智能系统有效学习和应用知识方面,扮演着至关重要的角色。全球数据产量高速增长,据 Statista 统计和预测,2025 年全球数据量将达到 175ZB,中国整体数据量将增至 48.6ZB,预计到 2035 年,全球数据量将达到 2142ZB。随着计算能力的提升和大数据技术的发展,数据的数量、质量和多样性成为重要影响因素。人工智能应用已从传统的小规模数据集扩展到大规模、高维度的数据集。可见,大规模、高维度数据集日渐显现核心作用,这对数据的数量与质量提出更高要求。

(1)数据量。大规模的数据集推动了人工智能技术在图像识别、自然语言处理等领域的快速发展,为人工智能模型提供了丰富的特征信息,使其能够自动学习更为复杂和抽象的模式。例如,ImageNet、COCO 等图像数据集包含了数百万张已标注的图像,为图像识别算法的训练提供了有力的支撑。[1] OpenAI 的

---

[1] See Alex Krizhevsky et al., ImageNet Classification with Deep Convolutional Neural Networks, 60 *Communications of the ACM 84*, 84-90 (2017).

GPT-3语言模型则依赖于互联网上数百亿个网页数据进行训练,从而生成流畅的自然语言文本。

(2)数据质量。高质量的数据集对于模型的训练至关重要。然而,现实中的数据往往存在噪声、缺失或偏差等问题,这些问题会严重影响模型的训练效果和性能。因此,有效利用数据的关键在于数据的清理、预处理和分析。数据清理主要包括去除重复数据、填补缺失值和纠正错误数据。数据预处理主要是将原始数据转换为适合分析的格式,包括数据标准化、特征选择和降维等技术,可以去除数据中的噪声和缺失值,提高数据的质量。数据分析则是通过应用统计分析、机器学习和数据挖掘等技术,帮助分析者识别数据中的模式和趋势,为决策提供支持。比如,在市场营销中,存在一个关于用户购买行为的数据集,针对用户的购买记录、浏览记录、年龄、性别等信息,进行清洗和预处理,转换为统一的格式和范围,便于后续建模、分析和制定营销策略。

与此同时,数据带来的伦理和法律问题日益凸显,主要面临以下问题。

(1)数据偏差。指的是由于数据来源、采集方式或标签偏向等原因导致的模型在某些场景下表现出不公正、不准确的问题。例如,生物识别系统在某类特定群体中的数据识别采集准确度较低,可能会造成社会不公平等问题。对此,研究者提出了多种公平性算法和技术,通过在训练过程中调整数据权重和修正偏差来提高模型的公正性。比如,使用数据重采样技术平衡不同类别的数据分布、使用代价敏感学习算法关注不同类别的分类准确性、使用对抗性训练减少模型对敏感特征的依赖等。

(2)数据隐私安全。在个人数据的收集和使用上,隐私泄露与滥用的问题不容忽视。随着应用场景的不断扩展,如何在保护个人隐私的前提下使用数据成为一项治理难题。于是,研究者提出了多种隐私保护技术。目前,普遍应用的是差分隐私技术,即通过在数据中添加噪声保护数据隐私。另外,联邦学习技术允许多个参与方在不共享原始数据的情况下共同训练模型,从而提供隐私安全保障。

综上所述,算法、算力与数据是人工智能发展的三大支柱,相互依存、相互促进,共同推动着人工智能不断发展。算法的创新提供了解决问题的新方法,算力的提升确保模型能够处理规模更加复杂的数据,而数据的大规模和高质量则进一步优化了模型的性能和应用效果。可以预见,随着量子计算、神经形态计算等新型计算技术的出现,算力将得以进一步提升,使更为复杂的人工智能模型和应用成为可能。跨模态学习、自监督学习等新技术将成为算法研究的重要方向,更加注重模型的可解释性、鲁棒性和泛化能力,以适应更加复杂多变的应用场景。数据隐私安全将在联邦学习、差分隐私等隐私保护技术的发展下,推动人工智能技术向更多领域拓展。申言之,算法、算力与数据的持续进步将为人工智能的发展带来广阔未来,促进其在医疗、教育、交通、智能制造等众多领域发挥更大价值,为人类社会的进步贡献力量。

三、人工智能在典型场景中的应用

人工智能作为现代科技的重要组成部分,已广泛应用于人类生活的方方面面,其应用场景日益多样化,涵盖医疗健康、金融服务、自动驾驶、制造业以及智能城市的建设等多个领域。本部分将结合人工智能在医疗健康、金融服务、自动驾驶、制造业和智慧城市五个领域中的典型应用,进行探讨。

(一) 医疗健康领域

在医疗健康领域,人工智能的应用不仅有助于辅助医生提高诊断的准确性和效率,还推动了药物研发和个性化医疗的长足发展。

1. 疾病诊断和预测

在深度学习技术的加持下,人工智能在医学诊断分析方面取得了显著的进步。卷积神经网络能够从医学影像中提取关键特征,辅助医生进行更准确的诊断。例如,2017年,斯坦福大学的研究人员开发了一种深度学习算法,能够从皮肤癌的照片中识别出恶性黑色素瘤、良性痣和角化病等疾病。通过比对,该算法在皮肤癌诊断上的表现与皮肤科专家相当,甚至在某些情况下更为准确。

人工智能在疾病预测与个性化医疗方面的表现也相当亮眼。通过对患者的病史、基因信息、生活方式等数据进行智能分析,能够预测患者的健康风险,并提供相应的个性化治疗方案。例如,IBM 研发的 Watson for Oncology 是一款基于人工智能的癌症治疗辅助决策产品。它通过深度学习和分析全球数百万份医学文献,以及研究资料,包含临床实践指南、临床试验数据、国际权威机构发布的诊疗规范等,构建了一个全面、动态且实时更新的知识库。它通过集成强大的自然语言处理能力,能够从海量的文本信息中精准抽取核心数据和知识点,并将其进行结构化存储,用于快速查询和调用。在此基础上,它能够结合最新科研动态和临床实践经验,运用机器学习算法进行深度挖掘和智能推理,分析各种治疗方案的优劣,协助医生在复杂多变的癌症治疗选择中保持科学严谨的态度,为患者制定最为合适的综合治疗方案。

2. 药物研发与临床试验

在药物研发方面,人工智能可以缩短药物研发的周期,通过模拟小分子与靶点之间的相互作用,快速筛选出潜在的药物候选分子。比如,英矽智能(Insilico Medicine)利用深度学习技术,通过模拟数百万种化合物与新冠病毒靶点之间的相互作用,成功筛选出多种具有潜在抗病毒活性的化合物,为新冠药物的研发提供了重要线索。

人工智能在临床试验阶段的应用,提高了患者招募的效率,优化了临床试验场景的设计。例如,Flatiron Health 作为一家利用人工智能技术革新医疗服务领域的先行者,通过深度学习、自然语言处理,以及大数据分析等先进技术手段,对海量电子病历数据进行深度挖掘和精细解读,能够根据预设的治疗标准和疾病特征,精准快速筛选出符合入组条件的患者群体,提高了临床试验的数据质量与研究的准确性。

3. 健康管理与辅助治疗

依托智能可穿戴设备,人工智能可以实时跟踪用户的健康数据,提供健康管理建议或紧急预警。例如,Apple Watch 作为一款智能穿戴设备,其健康监测功能就是通过内置高精度传感器和先进的算法,实现全天候实时监测用户的心率变化,帮助用户及时了解自身的心血管健康状况,一旦发现用户心率异常,便及时发出预警。它同时还具备实时血氧水平监测功能,通过 SpO_2(脉搏血氧饱和度)传感器,设备可以在任意时间点为用户提供血氧饱和度读数,让用户可以准确掌握自己的呼吸系统健康状况。

AI 社交机器人作为一种前沿的医疗健康服务手段,已经成为用户的虚拟健康助手。它利用自然语言处理、深度学习等先进技术,能够为用户提供日常健康管理建议,进行情感沟通与心理辅导,甚至能够进行症状的初步筛查。在实际应用中,Ada 就是一款能够通过与用户进行日常对话,深入理解并适应用户独特需求和偏好的社交机器人。它能针对个人身体状况、生活习惯、体质特点等数据信息,提供科学合理的健康生活建议,并初步进行疾病的风险评估。

(二)金融服务领域

在金融服务领域,人工智能的应用,既提高了金融服务的效率和准确性,还推动了金融创新发展,同时强化了金融风险管理水平。

1. 智能投顾与资产管理

在智能投顾方面,人工智能基于深度学习和大数据技术,通过对投资者的风险承受能力、收益预期、投资期限、资金规模,以及个人偏好等各类数据进行全面精准的量化评估,从而构建一个立体且个性化的投资策略模型,为投资者提供合理化的投资建议。例如,Betterment 是一家领先的数字化资产管理平台,通过深入细致分析投资者的风险承受能力、收益预期、投资期限、个人偏好等因素,同时跟踪和分析全球市场动态,最大限度地为投资者提供高度个性化的资产配置方案和服务,把握市场机遇,并降低潜在风险。

在高频交易方面,人工智能基于其算法优势已经深入金融市场的核心层面。一是利用人工智能算法,其能够在毫秒级别内执行复杂的交易指令,甚至能够在微秒级别的时间内快速准确地完成决策和执行交易。二是结合复杂的数学模型和机器学习算法,其可以通过实时分析市场数据、历史交易记录、经济新闻和影响市场走势的各种宏观因素,在极短时间内选择最优的买卖时机和作出价格判断,瞬息间捕捉到微小的市场盈利机会。根据市场变化动态调整交易策略的同时,发现并应对各种潜在风险,使其在高频交易市场中保持持续的竞争优势。

2. 金融风险管理

人工智能在客户信用评分与风险审批上的应用也越来越深入。它通过集成大数据、云计算、机器学习,接入和整合更多类型的数据源,极大地提升了客户信用评分的准确性和效率。与传统的信用评估方法相比,它能更加全面反映客户的信用全貌。以 ZestFinance 信用评分模型为例,通过深度挖掘和分析用户的非传统数据源,如社交网络活动痕迹、在线行为模式、消费习惯,以及公共记录等多元化信息,揭示网络中隐藏的用户关系网和社会资本,构建全面且立体的人物画像。另外,ZestFinance 信用评分模型从关注用户的支付行为、账单管理、购物偏好,以及价格敏感度等多个维度,分析借款人的消费习惯,为金融机构在授信过程中提供精准化的信用评估方案,降低信贷风险。

同时,人工智能基于模式识别和异常检测技术,能够实时发现并阻止金融交易中的欺诈行为。一个典型实例是 PayPal 的反欺诈系统。PayPal 作为全球最大的在线支付平台之一,其用户群体规模大且交易数据海量,该系统能够对交易数据和行为模式进行实时、高效且深度的监控与分析,并结合历史数据和市场实时动态,判断每笔交易数据和交易行为是否存在异常或欺诈风险,保障 PayPal 在线支付平台交易的安全性与可靠性。

(三)自动驾驶领域

在自动驾驶领域,人工智能的应用推动实现了车辆的全自动化驾驶功能,使车辆基于感知、决策、执行等智能驾驶能力,能够在无须人类直接干预的情况下,独立完成从起点到终点的驾驶过程。

1. 感知与定位

人工智能利用高级摄像头、雷达、激光雷达(LiDAR)等多种传感器组合,实时采集车辆周围的环境数据,通过复杂算法分析处理这些数据,精准识别车辆周围的环境信息,进而构建出详尽的三维环境模型,实现环境感知和定位。如 Waymo、"萝卜快跑"等自动驾驶汽车集成了多种先进的传感器设备,实时收集并分析车辆周围的环境数据,精准感知和跟踪交通参与者的动态行为,同时,依据高精度的地图数据和 GPS 定位技术,作出合理的行驶决策,确保自动驾驶处于安全距离水平。

2. 决策与控制

在决策规划上,人工智能运用先进的路径规划算法和交通预测模型,结合高精度地图数据和实时动态信息,为自动驾驶车辆规划出最优行驶路径。在执行控制上,人工智能可以精确控制车辆的油门、刹车和转向等执行环节,确保车辆严格按照预设的轨迹行驶,同时,根据突发状况可以快速准确地作出反应。比如,特斯拉的 Autopilot 系统就是利用深度学习算法对感知到的环境信息进行深度分析和处理。在自动变道过程中,系统会通过摄像头、雷达等传感器实时监测道路交通情况,快速准确地识别和解析这些信息,从而实时作出驾驶决策。

(四)制造业领域

在制造业领域,人工智能的应用为制造业智能化和工业自动化提供了技术支撑,提高了产品的质量和生产效率。

1. 智能化生产

人工智能主要依托机器视觉和机器人控制,自动检测产品质量和执行加工、装配等生产流水线任务。同时,通过实时分析机器设备的运行数据,能够预测设备可能发生的故障,从而在问题发生前进行预防性维护。海尔集团在智能化转型过程中,引入了机器视觉技术,将其应用于自身的智能工厂生产线中,模拟并替代人眼对产品进行全方位、多角度的实时监测与智能识别,尤其是在车床、焊接等生产流程节点,通过对机器人的精密设计与严格训练,实现了其可在高强度、高精度的工作环境下稳定运作,提高生产效率的同时,也大大降低了人为失误带来的潜在风险。

2. 定制化生产

人工智能可以通过生成对抗网络等技术,生成新的产品设计,并在设计过程中预测市场反应,根据消费者的个性化需求和偏好,优化生产工艺,提供量身定制的产品。比如,Adobe Sensei 是 Adobe 的人工智能平台,它能够帮助设计师和摄影师快速完成图像和视频处理任务,同时,提供个性化的滤镜和特效。因此,Adobe Sensei 能够根据消费者的需求,自动调整设计参数,定制化生成个性化的产品。

(五)智慧城市领域

在智慧城市领域,人工智能在城市管理中的应用十分广泛,有助于促进城市科学高效管理,提升便民服务质量,增强市民的安全感、获得感和幸福感。

1. 智慧交通

人工智能在交通流量管理、交通信号优化和公共交通调度上发挥着重要作用,推动建设绿色、集约、高效的现代城市交通体系。通过智能交通管理系统,可以实现对城市交通的实时监控和调度,对海量交通数据进行分析,预测交通拥堵的时间和地点,从而减少交通事故和堵车问题,提供最佳交通路线。此外,交通信号优化系统可以根据实时交通情况对信号灯进行自适应调整,以减少交通拥堵,提高交通效率。比如,新加坡的智能交通系统通过实时收集和深度分析交通数据,灵活、高效地调节交通信号灯的时长和配时策略,确保在不同时段、不同路段实现了最优的交通流控制。

2. 智慧政务

人工智能在智能预审、网上预约,以及智能辅助决策等方面有着广阔的应用前景,能够有效提升政府的行政效能,缓解政府的人力短缺,提升便民服务能力。在智能预审上,政府部门通过引入图像识别技术,对办事群众递交的电子材料进行规则库比对,对于比对未通过的材料,也会及时通知群众补正或提出修改意见。对于需要到大厅现场办事的群众,政府部门通过提供便捷的流程指引,群众在网上对事项进行预约,选定预计到达时间段并录入人脸图片,提升了办事群众对大厅服务的满意度。政府部门还通过开展智慧办公,充分挖掘与发挥数据的应用价值,提升决策水平。比如,随着我国"互联网+政务服务"的深入推进,政府部门通过对办事时长、跑腿次数、并联事项、服务满意度等进行统计分析,从而不断优化业务流程,以推动政务服务,优化提升服务效能。

四、人工智能发展面临的社会和法律问题

现如今,人工智能在给经济社会带来巨大价值与便利的同时,也引发了一系列社会与法律问题。这些问题涉及伦理、隐私、安全、就业等多个层面,正引发全球范围内的广泛讨论。加之人工智能的发展还在不断突破和创新,或将引发更多新的治理问题。如何确保人工智能快速健康有序发展,成为全球人工智能治理的重大议题。基于此,本部分主要罗列出一些典型问题,供读者作为参照。

(一)人工智能伦理问题

关于对人工智能伦理问题的讨论,自人工智能研究开始以来便从未停歇。随着人工智能技术在交通、医疗、教育、金融等领域的深度应用,如何确保有效应用人工智能技术,同时符合人类社会的道德准则与价值观念,成为亟待解决的议题。

1. "道德机器"问题

"道德机器"问题指的是当人工智能在面临道德冲突的情形时,如何作出最优且合理的决策。换言之,当应用人工智能技术尤其是自动驾驶汽车、医疗辅助决策等技术时,常常需要在复杂的伦理情境中作出选择。自动驾驶汽车的道德困境是人工智能伦理问题的一个典型例子。当自动驾驶汽车在行驶过程中,面临无法避免的碰撞时,应该先保护乘客还是行人,或者其他道路参与者?这涉及复杂的伦理权衡,仅仅依靠算法设计无法进行决策。研发人员是否可以设定使人工智能作出"牺牲少数人以保护多数人"的选择呢?但若这样设计,是否符合人类的道德观念?尤其是不同国家和地区对这类问题的态度或许存在较大差异。因而,如何最大限度涵盖人类道德观念和不同文

化习俗作出算法决策设计,将是一个棘手的挑战。一些企业和研究者探索通过多目标优化、效用函数等方法来解决这个问题,其有效性尚有待验证和评估。

为了解决人工智能在其开发和应用过程中可能遇到的伦理问题,许多国家和地区,以及国际机构都从不同角度积极采取行动。比如,欧盟委员会于2019年率先发布由欧盟人工智能高级专家组撰写的《可信赖人工智能道德准则》的正式生效文本,提出"可信赖人工智能"需满足"透明性"等7个条件。此举率先在科技领域建立了法律和道德规范,为公众的数字权利提供了重要保障。然而,由于不同国家、地区的法律、文化存在差异,对此的理解亦有不同,如何恪守这些原则并进行系统设计,实现普遍适用尚存困难,同时,有研究者担忧,这将会对产业发展造成较大的阻碍。

2. 偏见歧视与公平性问题

目前,人工智能系统主要依据历史数据进行训练,而这些数据本身可能包含偏见和不平等的语义,如在性别、种族、社会阶层等方面,这可能会导致人工智能系统作出歧视性或不公平的决策。具体而言,体现在两个方面:一方面是数据偏见与算法歧视。由于应用于人工智能模型训练的数据本身可能存在不平衡和偏见等内容,数据偏见易形成歧视性决策,从而导致不公平的结果。数据偏见在日常生活中经常出现的情况是面部识别技术的应用,有些人肤色较深造成识别出现偏差,误识率较高。在司法实践领域也有所体现,如针对某类特定群体,少数族裔或低收入群体,由于基于不平衡的历史数据,预测性算法会作出不公平对待的决策。另一方面是透明性与公平性。由于"算法黑箱"因素,人工智能系统的决策过程并不透明,用户无法理解其内在运行原理,故很难对其产生足够信任,更加难以对其公平性进行评估与监督。产业界和学术界正将提高透明性及透明性审查作为当前研究的重要方向,确保开发者能够解释和理解其算法决策过程。开展公平性算法研究也是旨在消除数据偏见,减轻社会的不平等。当然,若要达到这个目标,任重道远。比如,深度学习模型的决策过程就十分复杂,很难用简单的语言进行解释。即便能够对其决策过程进行解释,也需要专业知识和技能作为支撑,对于普通用户来说,这无疑是个很高的门槛。

3. 人类情感依赖问题

人工智能虽然没有标准的分类体系,但从其能力来看,具有强弱之分。

人工智能系统正逐步像人类一样,越来越具备"自主"决策的能力。先姑且不说人工智能能否完全有能力代替人类作出决策,以当前人工智能的类人化趋势,其是否可以作为人格化主体承担某种形式的法律责任,已引发深层次的伦理思考。这不仅涉及技术层面,更深刻影响着人类社会的价值体系和存在方式。人工智能的发展对于人类的生存意味着什么呢?我们可以看到,人工智能的进步与应用,将人类从繁重的体力和脑力劳动中解放出来,例如,高难度公式运算和危险性高空作业等,极大地提高了人类的生产效率和生活质量。然而,人工智能的全面普及,可能也会导致人类对其过度依赖,丧失作出自主决策的能力,模糊人工智能与现实世界的界限,弱化人类本身所具有的生存技能。比如,社交机器人作为通用人工智能的代表,在网络社交平台上以其姣好的虚拟形象和贴心的话语,获得了许多年轻人的喜爱。这种情绪价值的提供与渲染造成一些年轻人分不清网络与现实,甚至可能会产生一系列认知障碍和身份错觉,对其出现情感羁绊,滋生新的社会伦理问题。比如,在2018年年底,日本一名35岁男子宣布与"虚拟主播"结婚,并举办了一场跨次元的婚礼。

因此,在推动人工智能发展的同时,需要保持人类自主性和创造力的平衡。具体而言,应当加强对技术研发与应用所有环节的监管和评估,制定相应的政策措施,引导人类对人工智能合理使用,培养人类的创新思维和适应能力,降低其对人类的自主性和创造力造成的负面影响,从而更好地把握人工智能带来的挑战和机遇。

(二)隐私与数据保护问题

人工智能在不断发展过程中,需要汇集海量的数据作为"燃料"进行训练。其中不乏涉及大量的个人信息,与此同时,用户也会录入个人信息使用人工智能系统。因此,个人信息的采集和使用愈发普遍。在此过程中,数据的收集和使用会引发严重的隐私和数据保护问题。

1. 侵犯数据隐私

人工智能系统的有效性得益于海量的数据支持,特别是个人信息。但这种数据的收集和使用往往伴生着对个人隐私的侵犯。主要存在两方面问题:一是数据收集与使用的合法性问题。一般认为,技术研发方、平台管理方、数据服务方等各相关主体应严格遵守《个人信息保护法》等有关法律规定,以保障个人隐私和数据安全。但在现实中,许多相关主体并未严格遵守相关规定,这导致个人隐私泄露或滥用事件频发。例如,一些社交媒体平台要求用户只有录入个人信息才可进入平台,这样一来,平台将所掌握的个人信息用于广告精准推送,不仅侵犯了用户的隐私权,还可能导致用户受到不必要的信息骚扰。二是数据主权与跨境流动问题。随着数据全球化流动的加快,国家对数据主权的控制也成为一大难题。人工智能系统可能涉及跨国个人数据的收集,在没有明确监管的情况下,可能会导致数据泄露或侵犯用户隐私。由于各国对数据主权和数据流动方面的规定存在差异,对个人数据的监管程度也各有不同,可能导致跨国企业在运营过程中面临个人数据保护上的法律风险。

各国政府已经出台了一系列法律法规限制企业对个人数据的过度收集,并赋予用户对数据更多的控制权。例如,欧盟发布的《通用数据保护条例》(GDPR)规定,企业必须获得用户的明确同意,才能收集和使用其个人信息,并且必须采取适当的技术和组织措施来保护用户数据的安全性和机密性。各国政府也正在加强对国家数据主权的保护和管理。此外,国际社会也需要加强合作,协调制定统一的规则和标准来规范个人数据的跨境流动和使用。

2. 数据泄露与滥用

前文提到人工智能系统需要依赖大规模数据进行训练,这些数据的泄露或滥用可能导致严重后果。金融领域和医疗领域的数据如果被泄露与滥用,不仅会造成市场失序,滋生违法犯罪行为,破坏社会稳定,还可能威胁到国家安全。另外,人工智能本身的安全性也会受到数据滥用的影响。它可能遭到对抗性攻击,攻击者通过精心设计的输入数据来扰乱人工智能系统的判断,以致造成不可预测的后果。比如,自动驾驶车辆在行进过程中,若被恶意放置特定的图案或障碍物干扰车辆的感知和决策能力,会引发交通事故。此外,数据标注也会被攻击者拿来做文章,造成人工智能系统作出错误决策。

学术界和产业界提出了多种数据加密技术,如同态加密、差分隐私等,旨在确保即使数据被盗取,也无法被滥用或泄露。然而,它们在实际应用中仍存在一定的局限性。同态加密虽然可以保护数据的机密性,但其计算效率较低,难以满足大规模数据的处理需求。差分隐私虽然可以在一定程度上保护个人隐私,但其保护程度取决于参数的设置和数据的分布情况。与此同时,新的数据加密和保护技术也在研发。例如,基于区块链的数据保护技术可以利用其去中心化和不可篡改的特点,确保数据的安全性和可信度。一些新的密码学技术(如全同态加密、函数加密等)也在持续优化中,未来有可能在安全性和隐私保护上提供更好的解决方案。另外,人工智能系统也要增强自身的安全性,如可通过增强人工智能模型的鲁棒性和稳定性抵御对抗性攻击;通过使用安全协议和加密技术,保护数据在传输和存储过程中不被泄露与盗取;通过建立监测和预警系统,及时发现并应对潜在的安全威胁,等等。

(三)就业冲击问题

当前,以自动驾驶、物联网、无人机为代表的人工智能迅速铺开,正深刻地影响着人类的生产、生活方式,这些颠覆性技术革新由此对社会和劳动力市场的影响也在逐步加深。一方面,它能提高生产效率和生产质量,创造新的就业岗位与工作机会;另一方面,随着人工智能逐步深度嵌入经济社会运行,部分工作岗位正面临被替代的风险。

1. 部分岗位被替代

随着人工智能的广泛应用,在制造业、客户服务行业、快递行业等领域尤为凸显,一些低技能、重复性高的工作岗位正逐步被自动化系统所取代,这可能导致大量低技能、低水平的劳动力面临失业风险。这些劳动力往往缺乏足够的技能和知识来适应新的工作环境和岗位要求,因而很难在就业市场上找到合适的工作机会。例如,2024年,自动驾驶出租车"萝卜快跑"成功落地武汉,引起人们对就业问题的担忧。以前,人们认为汽车代替了马车,其实,汽车不是代替马车,也不是代替马车夫,而是代替马。如今,自动驾驶则代替的是以驾驶作为职业的劳动者。因而,科技发展带来产业结构变化,自动驾驶必然会对人工驾驶产生替代效应,短期内或造成结构性失业的风险,出租车或网约车从业者的"岗位安全"压力或将进一步加大。

因此,应对措施需要多管齐下。其一,政府和社会各界需要共同努力和协作,采取一系列措施提供再培训与职业转型的平台。例如,建立职业技能培训机构和再就业服务中心,为失业人员提供必要的技能和知识培训,帮助他们适应新的工作环境和岗位要求。与此同时,政府还可以通过提供社会保障和福利政策减轻失业人员的经济负担和社会压力。其二,社会还需要特别关注那些可能首先被人工智能技术替代的行业和群体。比如,制造业中的流水线工人、零售业中的收银员、运输业中的司机等,这些工作岗位容易被自动化所取代,失业风险也相对较高。政府应制定针对性的政策,确保他们能够顺利过渡到新的工作岗位。其三,重视人工智能可能带来的劳动力结构调整问题。劳动力市场可能会逐渐向着更具技能性和知识密集型的方向发展。这意味着那些具备高级技能和专业知识的人才可能会获得更多的就业机会和更高的收入,而那些缺乏技能和知识的人可能面临更大的就业压力。对于这种现象,如何促进劳动力市场的均衡发展,也是人工智能带来的挑战。

2. 职业重塑成为趋势

虽然人工智能可能导致某些岗位的消失,增加失业风险,但它也创造了新的就业机会,增大了职业重塑的可能性。与之相关的新兴产业和岗位不断涌现,如数据科学家、算法工程师等。针对这一趋势,世界各国需要加强职业教育和技能再培训。如政府可以通过与企业、高校和职业培训机构合作,提供一系列培训课程和职业发展项目,帮助劳动者适应新的职业要求。高等教育也应将数字素养融入到教育体系中,培养学生的创新思维,以更好地应对未来社会的发展变化。

为了更好地适应人工智能对就业市场的改变,政府可以通过制定一系列政策来支持新兴产业的创新和发展,推动经济转型升级。例如,政府可以通过提供税收优惠、资金扶持、科研支持等方式,降低企业的创业风险和成本,同时,以政府采购和合作研发等方式促进"产学研用"一体化发展。在新兴产业的发展过程中,需要格外关注一些潜在的风险和挑战。例如,由于新兴产业通常具有较高的技术门槛和资金投入要求,因此,可能面临创新瓶颈和市场不确定性的风险。为了应对这些风险,政府需要加强与其他国家和地区的合作与交流,共同推动技术进步和产业发展。此外,还应建立健全的知识产权保护和市场监管机制,保障企业的合法权益和维护市场秩序的稳定。

(四)法律责任与全球治理问题

随着人工智能的快速发展和应用场景的日益扩大,人工智能行为的法律责任和治理问题也越来越受到关注。目前,尽管人工智能的发展仍以弱人工智能为主,但其展现出较高的决策智能化和行为自主性,可能会对人类社会产生重大影响。因此,如何界定人工智能行为的法律责任,构建合理的法律法规和治理框架,加强全球合作与协调成为人工智能治理的关键议题。

1. 行为的法律责任

当前,人工智能行为的责任认定问题存在较大的争议,主要涉及如何确定人工智能的责任主体,以及如何保障相关人员的权益等一系列问题。存在两种代表性观点:一方面,有些人认为人工智能系统因其高度的类人化行为和作为作出决策和行为的主体,本身就应该承担责任;另一方面,也有些人认为应由人工智能系统的开发者、使用者或部署方作为法律主体承担责任,因为这些主体设计、开发或运营了人工智能系统。该争议主要源于对人工智能法律地位的不同认知,以及对传统法律责任框架适用性的评估。因此,相关部门需要进一步探索和完善法律责任框架。综合考虑人工智能的自主性、决策过程的透明度,以及决策结果的可预测性等因素评估责任归属。此外,根据人工智能所应用的不同场景来分别界定法律责任,制定相应的规则和标准。

为了规范人工智能行为并保障相关人员的权益,相关部门需要建立完善的监管机制和法律责任框架,包括制定专门的法律法规、明确监管部门的职责分工,以及构建健全的处罚机制等。同时,综合考虑技术进步的速度和社会发展的需要,注重平衡技术发展和社会伦理之间的关系,制定伦理规则、制度规范及问责机制,确保法律法规具有合理性和可操作性,保障个人和社会公共利益不受侵害,及时发现和解决人工智能应用中存在的问题和风险。

2. 国际合作与治理

由于人工智能具有全球性和跨国性的特点,不同国家和地区人工智能的发展水平、应用场景和政策环境等存在较大差异,这种差异可能导致全球范围内人工智能的监管空白、法律冲突和市场失序等问题,单一国家或地区的法律法规往往难以对人工智能的发展进行有效监管。因而,国际合作与治理变得至关重要,亟须通过加强国际合作与协调,共同制定国际标准和规则规范人工智能的发展与应用。如构建一个多边治理框架加强国际合作与协调,其中包括制定国际标准和规则、建立跨境监管合作机制、推动国家科技创新与发展等多方面。各国和地区可以参与国际组织和多边机制的工作,加强与其他国家和地区的沟通与对话。同时,各国和地区还需要推动跨境监管合作和协调机制的建设,促进信息交流和共享,提高监管的效率和水平。

值得注意的是,在制定国际标准和规则时,一是需要关注技术进步的速度和社会发展的需要之间的协调关系;二是需要注重保护个人隐私和数据安全等方面的平衡。通过借鉴现有的国际经验和做法,制定统一的认证标准和规范保障其安全性和可靠性,建立跨境数据流动和使用规则加强信息的交流和共享。在构建多边治理框架的过程中,进一步加强与其他国家和地区的合作与交流,通过开展科研合作、人员培训、技术支持等方式共同推动全球人工智能发展的立法与治理,共同为人类社会的进步和发展作出更大的贡献。

综上所述,在今后的发展中,为了更好地应对人工智能对社会和法律的影响和挑战,我们需要加快解决人工智能发展所面临的伦理、隐私、安全,以及就业等方面的问题,关注不同利益相关者的权益和需求,包括个人、企业、政府和社会组织等,不断完善法律法规和治理框架,以适应技术发展的变化和要求,加强国际合作与协调。同时,通过加强教育和培训来提高公众对人工智能的认知和了解程度,增强他们的安全意识和风险防范能力。从全球视野来看,以上这些内容皆是当前主要国家和地区在人工智能治理与立法实践中所重点关注的问题,不同法域有所侧重,但都体现了对人工智能治理的系统性思考。在接下来的章节中,将更为详尽地予以呈现。

第二章 人工智能治理的理论框架

一、全球人工智能治理的理论范式

(一)敏捷治理

敏捷治理(Agile Governance)的概念最初源于软件工程领域中"敏捷方法"的概念。① 随着数字时代与人工智能技术的发展,敏捷治理的概念、方法逐渐推广至数字经济、数字政府治理等新兴产业领域,亦及于人工智能治理领域。纵观人工智能的发展历程,其所带来的影响已经超出了人类可预见的范围。基于此,美国学者温德尔·沃勒克(Wendell Wallach)和加里·马钱特(Gary Marchant)于2019年提出了一套"敏捷"的人工智能治理框架。②

敏捷治理强调多元主体彼此间应善于沟通与协作,并对变化的感知快速响应,从而使治理方式更具包容性且满足多元主体的需求,以更好地应对时代的挑战。③ 在敏捷治理的构造下,得益于"快捷""灵活""协调"④的"敏捷模式"注重软法律策略(即所谓的"软治理")在立法起草过程中的风险防控功能,国家层面的治理协调委员会和全球层面的治理协调委员会的行动将会变得相对弹性、"可测",更易找到抓手。具体而言,"软治理"(一般涉及行业标准、社会规范、实验室、认证实践、程序和计划的制订)能够更好地克服传统

---

① 参见姜李丹、薛澜:《我国新一代人工智能治理的时代挑战与范式变革》,载《公共管理学报》2022年第2期。
② See Wendell Wallach & Gary Marchant, Toward the Agile and Comprehensive International Governance of AI and Robotics, *107 Proceedings of the IEEE 508*, 505–508(2019).
③ 参见韩兆柱、申帅杰:《敏捷治理:人工智能治理新模式》,载《华东理工大学学报(社会科学版)》2024年第1期。
④ See Asif Qumer, Defining an Integrated Agile Governance for Large Agile Software Development Environments, *4536 Lecture Notes in Computer Science 157*, 157–160(2007).

政府监管对人工智能和机器人等新兴技术的限制,规避传统政府监管的诸多不足。① 相比于更加聚焦于在法律法规和监管层面的"硬治理","软治理"具有一定的灵活性优势。

敏捷治理下国家层面的治理协调委员会发挥着协调与人工智能治理存在利益相关之各方的统筹作用。一般情况下,国家层面的治理协调委员会负责提出人工智能治理的倡议导向、编制整体治理布局的报告,并负责监督治理要求的执行情况。可以说,国家层面的治理协调委员会在一定程度上促进了人工智能"软治理"机制的结构优化,也是"硬治理"机制的必要补充。另外,全球层面的治理协调委员会在协调各国之间协议的基础上,应推动将"软治理"策略作为国际标准形成共识。同时,考虑到目前仍存在人工智能发展进程相对落后,抑或参与人工智能治理交流动态较少的国家,敏捷治理模式还主张采用全球性方法"平衡"各国差异,以更好地促进人工智能治理的交流与合作。

总之,敏捷治理模式的精髓在于将传统的治理流程转变为适应技术快速迭代、更具预见力的敏捷灵活模式②,其综合考虑了人工智能治理环节中各方之间的关系,在不断完善立法的同时,鼓励通过制定行业标准等"软治理"策略更好地解决人工智能的创新问题。在这种渐进式的方法下,虽然不能直接执行软治理的要求,但可以很好地建立起诸多间接执行机制③,使得人工智能能够不断创新发展,也让治理主体可以更好地应对新兴技术发展带来的未知性。未来,敏捷治理可能发展为,全球范围内解决人工智能治理与机器深度学习产品生产和商业化间所存在的不对称问题的一种替代方案,但具体落地应用仍要结合各个国家或地区的市场状况、政策导向、企业发展等多重因素进行综合考量。

(二)可持续发展治理

基于可持续发展(Sustainable Development, SD)理念,克里斯琴·杰法尔(Christian Djeffal)将其与人工智能的治理问题相结合,提出了人工智能可持

---

① See Gary E. Marchant & Brad Allenby, Soft Law: New Tools for Governing Emerging Technologies, 73 *Bulletin of the Atomic Scientists 108,* 108-114(2017).
② 参见薛澜:《新兴科技发展中的人工智能治理》,载《中国电信》2022年第1期。
③ See Gary E. Marchant, 'Soft Law' Mechanisms for Nanotechnology: Liability and Insurance Drivers, 17 *Journal of Risk Research 709,* 709-719 (2014).

续发展(Sustainable AI Development, SAID)的治理框架。[1] 该种治理框架注重可持续发展与人工智能监管间的密切关系,可持续发展治理模式覆盖人工智能技术解决方案的整个生命周期,具有"持续优化"人工智能治理机制的作用。

从治理结构的角度来看,可持续发展治理模式分为技术层、社会层与管理层三个层次。技术层是最低层次,其主要涉及基础架构、数据和算法的具体应用框架,聚焦于将可持续发展理念以技术形式落地以建立"可持续技术"[2];社会层侧重于人工智能对社会的影响,关注新技术融入日常社会生活的过程,着重观察人工智能对个人、群体及整个社会的影响,以分析人工智能的社会适应性及潜在影响;管理层则强调影响人工智能的所有监管方式,研究人工智能影响国家和国际范围内主体监管、决策的方式,从多层次的角度看待人工智能治理问题。

综合来看,可持续发展治理模式在技术、社会、管理三个层面诠释了对人工智能产品处于"良好"设计样态的一般判断,这种治理模式汇集了信息技术和社会科学(如法律、工商管理、哲学和心理学)等方面各种学说中的不同方法,将人工智能的影响链条转化为动态可持续的互动节点,以不断推动人工智能治理。当然,为了改进技术设计、社会政策环境与管理规范化问题,可持续发展治理模式仍然需要不断地进行改进与调整,同时,可持续发展治理模式也提醒我们,由于人工智能治理的复杂性,人工智能的建设也应考虑不同的流程层级建设。

(三)促进创新式治理

促进创新式治理与敏捷治理存在相似之处,均能在一定程度上鼓励人工智能的创新。在此基础上,促进创新式治理模式具有促进人工智能创新更为柔性的治理策略,以人工智能的发展为强目标。

在考虑新兴技术的治理方法时,相比于谈论"政策","政策空间"可能更为重要,否则便会存在政策选择和工具范围过于狭窄的风险。正是基于这一观念的延续,促进创新式治理模式认为新技术发展过程中应由软治理占据

---

[1] See Christian Djeffal, *Technology, Innovation and Access to Justice: Dialogues on the Future of Law*, Edinburgh University Press, 2021.

[2] Karel Frits Mulder, Didac Ferrer-Balas & Harro Van Lente, *What Is Sustainable Technology? Perceptions, Paradoxes and Possibilities*, Routledge, 2012.

主导地位,治理的重点应放在"缓解算法风险",而非彻底消除风险,期冀建立一种更为灵活的"去中心化"监管模式与软法治理方式。因此,促进创新式治理模式具有更强的适应性,能够自下而上对人工智能进行治理,且制度约束较少,从而通过算法审查和人工智能影响评估等方式实现人工智能道德性问题治理流程的专业化。[①]

促进创新式治理模式的核心在于充分发挥软法治理的柔性效用。软法的实施依赖于多利益相关方的协作,涉及政府、企业、学术界乃至非营利组织等主体。软法在嵌入人工智能伦理方面的治理中扮演着重要角色,其关键在于将透明性、公平性和安全性等核心伦理原则贯穿于技术研发的全过程中。在软法模式下,"嵌入式伦理"能够动态调整技术架构,以确保技术的研发能够更好地符合社会预期与监管要求。目前,算法审查和人工智能影响评估是人工智能产业中最典型的软法治理实践。需要注意的是,软性治理的灵活性可以应对技术的快速迭代变化,但软法治理并不是万能的,缺乏强制力的监管将会导致部分企业漠视技术合规要求,因而,将硬法作为软法的补充亦需要引起重视。

总而言之,促进创新式治理模式为人工智能的快速发展提供了重要支持,一定程度上避免了传统监管方式对创新的限制。在这一治理框架中,软法以非强制性规范的形式推动多方协作,在嵌入式伦理中发挥着关键作用;政府则更多地扮演协调者与促进者的角色,而非纯粹的监管者与控制者。另外,政府也应通过教育和宣传提升公众的技术素养和数字意识,渐进式地减轻群众对新兴技术的恐惧,并消除误解。

(四)负责任人工智能治理

负责任人工智能治理模式是一种从技术的开发与应用出发,旨在确保人工智能的迭代符合伦理价值观,以及法律规范方面要求的治理模式。其理论基础源于"负责任创新"的思想,在注重技术创新的同时,也应关注着人工智能可能带来的社会风险。负责任人工智能治理模式下的创新要求所有利益相关方共同承担责任,以确保创新过程中的伦理可接受性、可持续性和可认

[①] See Adam Thierer, Flexible, Pro-Innovation Governance Strategies for Artificial Intelligence, 283 *R Street Policy Study* 1,1-40 (2023).

同性,同时充分发挥创新成果的市场化潜力。①

2019 年,"负责任人工智能"的概念首次于欧盟委员会发布的《可信赖人工智能道德准则》②中提出。近年来,随着人工智能的迅猛发展,有关人工智能治理先后存在着"为社会负责任的人工智能"(Socially Responsible AI)、"为社会负责任的人工智能算法"(Socially Responsible AI Algorithms,SRAs)等概念,明确将社会责任与人工智能发展置于同一框架内讨论。③ 如今,"负责任人工智能"的理念已逐渐成为国际社会的重要共识之一。

从具体内涵上来说,负责任人工智能融合了伦理与功能双重维度,是可信技术发展的重要标志。在伦理方面,此种治理模式要求人工智能系统遵守公平、透明、安全、隐私保护和包容性等原则;在功能层面,此种治理模式要求人工智能系统的研发应具备足以面对社会性挑战与促进社会发展的能力,具备一定的"公共责任性"。这种双重要求使负责任人工智能成为可信技术发展的重要标志。因此,为了实现负责任治理,需要满足三项关键原则。其一,透明性。人工智能系统应公开算法、数据运用和决策机制,使用户和监管机构能够理解其运行方式。其二,公平性。人工智能系统的研发过程应特别注意防范算法歧视。尽量保持技术的中立性,对所有用户一视同仁,而非片面追求效率。其三,安全性。人工智能系统必须具备可靠性,且应防止被恶意利用。此外,尊重用户隐私是最基本的伦理要求,人工智能系统须在合法、合规的框架内收集、处理数据以保障用户的数据安全,技术研发者应采用隐私计算等方式对用户的个人信息作匿名化处理。

负责任人工智能不仅在伦理和功能层面为技术发展注入了新的动力,同时也为技术发展提供了安全护栏。首先,负责任人工智能要求制定明确的伦理准则防范技术的潜在风险(如拜登政府提出"推进值得信赖的人工智能"的人工智能发展政策④);其次,负责任人工智能要求促使人工智能的透明性与可解释性

---

① See Richard Owen et al., An unfinished journey? Reflections on a decade of responsible research and innovation, 8 Journal of Responsible Innovation 217, 217-233 (2021).

② See European Commission, Ethics Guidelines for Trustworthy AI, https://digital-strategy.ec.europa.eu/en/library/ethics-guidelines-trustworthy, 访问日期:2024 年 11 月 20 日。

③ 参见闫宏秀:《负责任人工智能的信任模塑:从理念到实践》,载《云南社会科学》2023 年第 4 期。

④ See The White House, Ensuring Safe, Secure, and Trustworthy AI, https://www.whitehouse.gov/wpcontent/uploads/2023/07/Ensuring-Safe-Secure-and-Trustworthy-AI.pdf, 访问日期:2024 年 11 月 22 日。

为技术研发者所重视,从而在一定程度上使人工智能系统的运行机制更易于被社会理解,进而增强公众对技术的信任和社会认同。最后,负责任人工智能还是国际合作的重要平台,其内涵融合了技术可控、权利保护和多元参与等先进理念,具备良好的兼容性和适应性,为全球人工智能治理提供了重要共识基础。

当然,负责任人工智能模式也面临着诸多挑战。目前,由于不同国家间的伦理与价值观念存在不少冲突和差异,难以达成全球范围内负责任人工智能的治理共识,由此形成人工智能跨领域、跨国界的复杂性问题进一步加剧了统筹治理协调的难度。为此,负责任人工智能模式需要从单一的伦理准则转型为灵活多元的合作框架,在实践中,将伦理准则转化为可操作的目标指南,以避免技术价值过度标准化。此外,还需推动多元主体的广泛参与,形成更加开放包容的治理体系,以有效弥合不同国家和利益群体之间的理念分歧。① 总之,负责任人工智能是人工智能健康发展和社会信任的基石,其原则和意义在技术、伦理与治理层面具有深远影响。可以说,负责任人工智能治理模式不仅是技术发展的需求,也是社会发展的必然趋势。

(五)交互式人工智能治理

考虑到政府监管可能无法跟上人工智能的发展速度,加之自上而下的监管模式需要较为完善的立法体系与监督机制,爱德华·福斯什-维拉龙加(Eduard Fosch-Villaronga)和米歇尔·赫尔德韦格(Michiel A. Heldeweg)两位学者认为有必要采用混合方法推动人工智能的发展。为此,他们提出了一种交互式人工智能治理模式,提倡以自下而上的机制辅助法律规范的制定,并在此过程中逐渐形成有关人工智能发展进程的认知。② 该治理模式的重点在于实现人工智能技术发展与监管体系的动态平衡。特别值得注意的是,这种治理模式使用了"监管创新""临时实验立法"等表述,其着重考虑到法律框架需要顺应科技和时代变迁,并就创新生命周期的成熟阶段中各行为主体间的适当行动顺序加以思考和斟酌。

交互式人工治理具体由四个部分组成。第一,从监管到技术(Regulatory-

---

① 参见丁迪:《负责任人工智能:中美的理念差异与合作空间》,载《江苏行政学院学报》2024年第5期。

② See Eduard Fosch-Villaronga & Michiel A. Heldeweg, "Regulation, I Presume?", Said the Robot-Towards an Iterative Regulatory Process for Robot Governance, 34 Computer Law & Security Review 1258, 1258-1277 (2018).

to-Technology,以下简称"R2T")的流程。R2T 主要用于指导依据现有立法创建的新机器人概念模型,能够为人工智能的应用和发展提供伦理、法律和社会效果方面的影响评估指标,影响着人工智能的构建、使用方式。简单来说,R2T 重点关注对新机器人或现有机器人可能产生影响的法律机遇或风险,通过对 R2T 框架的判断分析,一般可以辅助开发者建立替代方案,包括"放弃开发""调整计划""继续开发并游说法律变革"或"承担风险"。第二,从技术到监管(Technology-to-Regulatory,以下简称"T2R")的流程。T2R 侧重于从人工智能出发,根据技术与社会之间的关系所产生的需求以不断完善立法框架,并允许进行监管影响评估。申言之,在这种运作机制中,监管机构应尽可能地了解被监管者的关键特征(即技术面向的对象、第三方,以及面对监管时作出反应的"真实原因")。[①] 第三,交互式人工治理模式的架构要求存在一个治理委员会,负责对与 R2T(事前机器人)和 T2R(事后机器人)流程之影响相关的问题作出裁定。第四,R2T 和 T2R 间是相互作用的,遂需要建立一个共享数据库,以用来更好地收集各项人工智能技术(无论正在计划研发或已经投产)是否符合法律规定的要求。

毫无疑问,交互式人工治理模式有着良好的调和能力,将"自上而下"和"自下而上"的两种监管路径整合到一个渐进的战略中,从而最大限度地降低监管不断变化着的人工智能技术所带来的风险。此外,交互式人工治理模式有助于提高人们的综合认知,可以为社会提供一种相对较为持续的资源连接技术,以推动立法的迭代、发展。未来,立法部门可以将立法流程之"R 端"与最理想的"T 端"流程相结合,更好地将 R2T 和 T2R 流程联系起来,从而推进立法部门与监管机构间的密切合作。

(六)基于伦理与道德的治理

虽然人工智能为我们的日常生活带来了诸多便利,但由于算法黑箱等问题,其仍对个人隐私、安全构成潜在威胁。[②] 由此,人工智能的发展始终伴随着伦理与道德风险的讨论。基于伦理与道德的人工智能呈现多元治理方式,以下列举三种典型治理模式。

其一,唐·E. 施拉德(Dawn E. Schrade)和迪帕扬·戈什(Dipayan

[①] See Roger Brownsword & Han Somsen, Law, Innovation and Technology: Before We Fast Forward—A Forum for Debate, *1 Law, Innovation and Technology 1*, 1–73 (2015).

[②] See Nick Bostrom, *Superintelligence: Paths, Dangers, Strategies*, Oxford University Press, 2014.

Ghosh)提出了一种以道德伦理原则和保障人权、福祉为基础,通过人工智能开发、部署的道德模型[1],旨在从哲学和伦理的角度实现人工智能治理。该治理模式认为,符合道德要求的人工智能应该具备主动(预见潜在的道德违规行为和问题)、融入(涉及人员、系统和行业之间有意义的对话和审议)、良好(旨在提高个人生活水平并维护社会秩序,满足卓越的道德标准)三个维度之要求,并据此提出了人工智能研发时需要加以斟酌的关键问题。第一,应当明确人工智能的伦理问题,包括公平、透明、公正、善意、惠益、社会效用、提供社会幸福,以及能够对人类有所保护等。第二,需要告知用户人工智能系统的运作机制和原理,并注重算法透明度的披露,提高用户对人工智能的认知。第三,努力实现人类与人工智能的合作,增进人类与人工智能间的互动对话、倾听和理解。第四,人工智能及其设计者应遵守道德规范、履行社会责任,对人工智能的发展负责。第五,遵循技术的中立性和伦理性,保持人工智能的应用仅限于技术的预期目的。

其二,基于人工智能发展过程中必须面对的伦理决策挑战,文森特·博内曼斯(Vincent Bonnemains)、克莱尔·索雷尔(Claire Saurel)、凯瑟琳·泰西尔(Catherine Tessier)三位学者提出了一种关于人工智能治理规范的道德判断模型。[2] 该模型综合了多个伦理框架,采用较为正式的逻辑模型,为人工智能系统遇到伦理困境时作出决策并进行解释提供了规范方法。三位学者对后果主义伦理学、义务论伦理学,以及双重效果原则等不同伦理框架下的原理进行研究,将不同的伦理困境形式化为判断函数并具体表示为三种可能的结果:可接受(⊤)、不可接受(⊥)或未确定(?)。因此,该种道德判断模型不仅能够处理伦理困境,也可以对人工智能的决策过程进行形式化的分析和解释,是更为全面和精细化的决策支持工具。

其三,电气和电子工程师协会(IEEE)全球自主和智能系统伦理倡议提出了一套符合道德规范的人工智能设计[3],该设计强调了人权、福祉、责任、透明

---

[1] See Dawn E. Schrader & Dipayan Ghosh, Proactively Protecting Against the Singularity: Ethical Decision Making in AI, *16 IEEE Security & Privacy 56*, 56-63 (2018).

[2] See Vincent Bonnemains, Claire Saurel & Catherine Tessier, Embedded Ethics: Some Technical and Ethical Challenges, *20 Ethics and Information Technology 41*, 41-58 (2018).

[3] See IEEE, Ethically Aligned Design, A Vision for Prioritizing Human Well-being with Autonomous and Intelligent Systems, https://standards.ieee.org/content/dam/ieeestandards/standards/web/documents/other/ead_v2.pdf,访问日期:2024年12月2日。

度和防范滥用五个核心原则,旨在确保人工智能系统的设计、开发和部署能够优先考虑人类的福祉,并在伦理框架内运作。该模式针对不同的利益相关群体分别提出了具有一般性和特殊性的建议。针对个人数据权利保护、经济影响评估、立法框架建立,以及公众教育、意识形态等方面,该模式建议政府建立标准化准则和规范的监管框架,以提升公众之于人工智能的伦理教育和安全意识;对于产业界,这种治理模式要求企业依据法律规范明确自身责任,增强人工智能运用的透明度,以及确保用户对决策的可理解性,形成较为完善的风险缓解策略;在立法方面,要求对人工智能的责任认定分类处理。此外,一般性建议还包括人工智能系统的认证、评估人工智能系统的指标、道德决策的共识形成、引入第三方评估、遵守人工智能研发团队的行为准则,以及搭建技术专家、理论学者和政策制定者之间的沟通桥梁等方面。在提出前述模式后,电气和电子工程师协会制定了包括评估技术发展各个维度(滞后、基本、先进和领先四个层级)水平的策略在内的实际组织生产中人工智能遵循道德文化的具体指南。①

(七)责任分配式治理

人工智能治理仍存在诸多挑战,人工智能的定义尚未达成共识、人工智能本身存在的自主性和不可预测性、人工智能研发的分散性和不透明性等因素均加剧了监管需要面临的挑战。这些挑战要求法律体系须具备足够的灵活度专业性,以适应人工智能的快速发展。基于此,马修·谢勒(Matthew U. Scherer)将目光流转于国家权力机关的能力分配上,提出了一种建构于立法权、行政权,以及司法权责任分配框架上的人工智能治理模式,该模式被规定在《人工智能发展法》(Artificial Intelligence Development Act, AIDA)中。②

在责任分配式人工智能治理模式中,核心目的在于管理人工智能技术公共风险的同时,尽可能地避免抑制技术创新。首先,《人工智能发展法》规定,设立一个专门的人工智能安全监管机构对人工智能产品、服务进行认证,以确保其符合用户和社会安全的要求,这实际上将立法机关与行政监管

---

① See IEEE, A Call to Action for Businesses Using AI-Ethically Aligned Design for Business, https://www. en-standard. eu/ieee-white-paper-a-call-to-action-for-businesses-using-ai-ethically-aligned-design-for-business/,访问日期:2024 年 12 月 3 日。

② See Matthew U. Scherer, Regulating Artificial Intelligence Systems:Risks,Challenges,Competencies, and Strategies, 29 Harvard Journal of Law & Technology 354, 354-398 (2016).

机关的职能、职权与职责充分结合了起来。与美国食品药品监督管理局（Food and Drug Administration, FDA）的权力不同，《人工智能发展法》并未赋予新监管机构禁止生产不安全产品的权力，而是通过建立相应的责任体系——获得认证的人工智能产品设计者、制造商和销售商仅面临有限的侵权责任，而未能获得认证却被用于商业化的人工智能产品则将面临严格的连带责任。这种构造背后的考虑是，通常情况下，立法机关对人工智能系统的认知存在一定的技术壁垒。其次，为了缓解立法机关仅能通过专家会议进行咨询立法的单一途径问题，《人工智能发展法》赋予立法机关将制定灵活政策的责任委托给监管机构，继而，监管机构在有关研究人员的支持下进行人工智能产品、服务的政策制定和认证，使得人工智能治理更加灵活、高效。最后，《人工智能发展法》利用法院在处理个人争议方面的经验，赋予法院确定人工智能系统是否符合机构认证的设计标准的责任，如若人工智能系统的多个组成部分相互作用时产生侵权损害，法院亦将处理该种情形下的多方责任分配，从而解决争议。这种基于侵权的体系构造，实则倒逼人工智能研发者与制造商更多聚焦于自身的注意义务，当发生侵权损害时，使其能够较为规范地承担相应的损害赔偿，确保受害者得到弥补。申言之，《人工智能发展法》促使人工智能的研发者、制造商等对其系统的安全性进行审查，助推监管的顺利开展，最终形成《人工智能发展法》的良好闭环，一定程度上也避免了扼杀创新的负面影响。

总体而言，《人工智能发展法》通过建立一个以责任为基础的体系，帮助平衡人工智能的创新与公共安全，确保技术发展与风险管理并行。

（八）以人权为中心的人工智能治理

部分学者认为以人权为中心的人工智能治理模式是最佳方案[①]，由此提出了一种结合法律规范要求的"以人权为中心的设计、审议和监督模型"，采取全球化的视角，整合技术、组织和评估工具，为人工智能治理的众多利益相关者提供相应的规范参考。

该治理模式将国际人权规范作为人工智能系统必须遵循的伦理基准，在此基础上具体展开：首先，在开展人工智能系统的设计与研发前，应充分吸收

---

① See Markus D. Dubber, Frank Pasquale & Sunit Das, *The Oxford Handbook of AI Ethics*, Oxford University Press, 2020, pp.76-106.

各利益相关者的意见,若前期技术评估结果表明存在对人权产生高风险或极高风险的情况,则需要重新设计该系统。其次,在人工智能系统的研发过程中,应当定期进行和人权侵犯风险相关的评估与测试,以确保系统在设计、原型制作、开发、部署和规范的整个生命周期中,各项流程均符合人权的标准。此外,应建立系统化和周期性的人工智能投产监管机制,要求有关开发者向监管机构提供相关合规说明与报告,从而对人工智能系统进行审查,并由具有调查权利的外部独立技术专家进行实体监督。最后,人工智能系统应具备流程的可追溯性,加强伴随开发生命周期中有关研发文档的留痕记录。

(九)反歧视的人工智能治理

技术中立与反歧视是人工智能发展中的重要责任点位。为了有效减少算法干预措施的隐性偏见,部分学者创新地探讨了一种双维度的人工智能辅助干预方法[1]:第一维度主要捕捉人工智能向用户提供的不同类型信息,包括对现状的描述(描述性信息)、对未来可能状态的预测(预测性信息),以及对某一行动预期效用的指导(规定性信息)。这一维度建立在所有干预均为假设规定的基础上,知识库系统(Knowledge-Based Systems, KBS)将根据模拟的结果来决定是否进行干预。第二维度主要在人工智能系统决策过程的不同阶段进行干预,包括输入阶段的干预、输出阶段的干预,以及认知行为的干预。

反歧视的人工智能治理模式可以被人工智能产品和服务的提供商作为其内部流程的一部分加以应用,其不仅能够为人工智能研发者提供一种新的内部流程管理工具,亦能够帮助人工智能决策系统开辟新思路。通过对决策过程的不同阶段进行针对性的干预,人工智能系统可以更有效地减少隐性偏见,提高决策的公正性和准确性。当然,这种模式的实施需要大量技术、法律研究和伦理等领域的专家进行跨学科合作,从而确保人工智能的辅助干预符合伦理性之要求。

(十)以构建良好人工智能社会为导向的治理

以构建良好人工智能社会为导向的治理模式具有强目的导向,主要着眼于人工智能利益相关者应抓住机遇,尽可能地将风险最小化。该模型包含五个伦理原则:善意、非侵害、自主性、正义与可解释性。围绕这些原则,该治

---

[1] See Ying-Tung Lin, Tzu-Wei Hung & Linus Ta-Lun Huang, Engineering Equity: How AI Can Help Reduce the Harm of Implicit Bias, *34 Philosophy & Technology 65*, 65-90 (2021).

理模式形成了评估、开发、鼓励与支持四个层面的具体举措,以系统化的方式为人工智能系统的发展提供方向。

在评估方面,重点是识别与控制人工智能系统的风险与责任。其一,评估人工智能研发者减少系统错误的能力;其二,在现有法律框架下,评估是否存在不适宜由人工智能承担的任务或决策;其三,对当前法律法规进行审查与评估,确保立法框架能够应对技术的快速迭代。

在开发方面,主要强调技术的可解释性、人工智能的合规性与风险应对机制的完善性。具体而言,研发能够增强人工智能系统可解释性的基础框架,且算法决策须具备接受司法审查的条件。此外,还需设计人工智能系统的审查机制,以识别不良操作及后果,并建立处理或补偿因人工智能系统引发损害的流程,提升人工智能产品与服务的可信度。为实现科学监管,可考虑设立专门机构负责对人工智能系统进行评估,同时,开发人工智能观测站,以持续监测其发展动态。同时,应不断开发法律工具,使其能够灵活适应技术变革带来的新挑战。

在鼓励方面,经济奖励是推动人工智能发展与社会融合的重要手段。通过提供资金支持,可以激励更高水平的人工智能研发,促进技术、社会、法律和伦理领域的跨学科合作。另外,应通过经济奖励推动法律层面的实证研究,并加强公众对人工智能的感知研究,从而为技术推广奠定更广泛的社会认同基础。

在支持方面,关注行业标准和企业责任。应推动数据与人工智能相关产业制定行业标准,以规范技术的应用与推广。同时,企业需承担更多的伦理责任,特别是公司董事会应对其人工智能系统的伦理影响承担直接责任,从而形成内部监督与外部规范并行的治理格局。

(十一)小结

全球化背景下,人工智能的安全风险及治理已成为国际性议题。各国政府正通过战略布局与制定政策,积极构建人工智能治理框架,以促进技术的健康发展,防范法律、意识形态与伦理等领域的潜在风险。一般而言,各个国家、地区的人工智能治理综合了上述多个基本模式,并结合自身的发展状况和监管传统最终确定自身的治理框架。目前,欧美国家的人工智能治理有其基本立法框架和监管体系,其治理模式各有侧重与特色,亦代表了世界范围内人工智能治理的常见基本模式。

美国是世界范围内人工智能技术领先的国家,将技术创新置于人工智能治理的重要位置,强调人工智能治理的前提是保障和鼓励人工智能技术的创新与发展,以确保其在全球人工智能竞争方面的优势。美国在监管方面更偏向于软法治理,通过从政府到企业全方位参与监管的方式加强对人工智能的治理,从而形成一种依靠部门监管、地方自治及行业规则等多方位的治理体系。2016年起,美国相继出台了《为人工智能的未来做好准备》《国家人工智能研发战略规划》①等国家层面的战略计划,发布了《负责任的人工智能战略和实施路径》②《人工智能委员会报告》③等政策文件,明确国防部实施人工智能战略的基本原则和主体框架,并逐渐构建起一个基于风险、协调、分布式的人工智能治理框架。

英国主要采用支持创新的人工智能治理模式,治理方法相对灵活与弹性。2021年,英国发布《国家人工智能战略》,提出了未来十年的人工智能发展计划,对提高人工智能技术、促进经济增长与社会进步,以及确保人工智能安全性和可靠性等方面加以说明。2022年,基于《国家人工智能战略》的延续,《国家人工智能行动计划书》出台,该书更加具体地提出了支持人工智能发展的实践细则。2023年,英国科学、创新和技术部与人工智能办公室正式颁布《促进创新的人工智能监管方法》白皮书,提出了"促进创新"的人工智能治理框架。英国的治理模式以促进创新为核心愿景,注重推动经济繁荣、提升公众信任和保持全球领导地位,采取比例性、可信性、适应性、清晰性与协作性的监管原则,鼓励可信人工智能发展,着重发挥软法在技术快速迭代所产生的新风险场景中的作用,是一种较为平衡、协作、前瞻的治理方式。实践中,英国多进行动态监管,初期一般采取以软法原则为主的治理方式,由人工智能行业监管机构灵活实施,通过经验积累和效果评估,在必要时通过进一步强化立法,避免了"一刀切"或过早立法的缺陷。此外,英国鼓励政府、产业、学界、公众共同参与人工智能治理。

---

① 参见闫志明、唐夏夏、秦旋等:《教育人工智能(EAI)的内涵、关键技术与应用趋势——美国〈为人工智能的未来做好准备〉和〈国家人工智能研发战略规划〉报告解析》,载《远程教育杂志》2017年第1期。

② 参见戚凯、崔莹佳、田燕飞:《美欧英人工智能竞逐及其前景》,载《现代国际关系》2024年第5期。

③ 参见肖红军、阳镇:《数字科技伦理监管:美国进展与中国借鉴》,载《财经问题研究》2023年第6期。

欧盟是目前世界范围内人工智能治理立法最为完善的地区,与美国、英国不同,其并不过于热衷给未充分部署的技术制定有利于创新的规则①,在人工智能治理方面首要考虑的因素是安全问题。2018 年,欧盟发布了《欧盟人工智能战略》,提出"以人为本"的人工智能发展路径。② 2019 年,欧盟先后发布了《可信人工智能伦理指南》③与《算法责任与透明治理框架》。④ 2023 年 6 月,欧洲议会通过了《人工智能法》谈判授权草案,该法案成为世界上第一个全面、横向且具有约束力的人工智能法规,它不仅改变了欧洲人工智能行业的"游戏规则",而且可能显著推动全球跨司法管辖区域监管人工智能的势头。⑤ 不过,需要注意的是,由于当时欧洲范围内对发展与安全之间的价值判断和公共选择还没有达成共识,曾有包括西门子和空客等在内的企业发布公开抵制信,指出法案规定过于严苛的监管机制会大幅度压缩科技的创新空间,延误欧盟数字经济的发展。可以看到,"发展优先"与"安全优先"两条路线间的激烈斗争,已经成为人工智能治理模式选择的重要准则。

虽然欧美地区的人工治理模式存在安全与创新的基调之分,但仍存在共同理念,其均在人工智能治理体系上强调多层次、多主体的参与,同时,引入伦理审查和风险评估机制,以确保人工智能技术的合理应用和社会可持续发展,并注重跨国合作和国际标准的制定,这也给我国人工智能治理提供了可借鉴的经验。总之,前述十种治理范式与各个国家、地区实践中的治理模式并不排斥,各有侧重,都起到了完善人工智能治理体系的作用。

二、中国特色的人工智能治理模式

(一)立法层面

党的二十届三中全会指出,完善推动新一代信息技术、人工智能、航空航

---

① See Susanne Pillath, *Automated Vehicles in the EU*, European Parliamentary Research Service, 11 January 2016.
② 参见宋黎磊、戴淑婷:《中美欧人工智能治理领域的竞争与合作》,载《当代中国与世界》2021 年第 4 期。
③ 参见张沛、刘媛媛:《人工智能治理国内外发展现状分析》,载《信息通信技术与政策》2023 年第 1 期。
④ 参见曾雄、梁正、张辉:《欧美算法治理实践的新发展与我国算法综合治理框架的构建》,载《电子政务》2022 年第 7 期。
⑤ 参见张苑、陈秋萍:《欧盟〈人工智能法案〉对我国的启示》,载世界科学网(网址:https://worldscience.cn/c/2024-04-26/648341.shtml),访问日期:2024 年 12 月 10 日。

天、新能源、新材料、高端装备、生物医药、量子科技等战略性产业发展政策和治理体系,引导新兴产业健康有序发展由此说明了我国对人工智能新业态良好发展的重视程度。在立法方面,我国一直以来亦予以高度重视。2017年,人工智能首次被写入政府工作报告。同年,国务院发布《新一代人工智能发展规划》,其中初步建立了人工智能法律法规、伦理规范、政策体系,以共同促进人工智能发展的战略目标,明确了我国人工智能发展乃至治理的宏观政策趋势。截至2025年,虽然人工智能法草案尚未被纳入全国人大常委会立法工作计划,但大量政策性文件与行业标准已经出台,逐渐建构起人工智能治理的立法框架。

《中共中央关于全面推进依法治国若干重大问题的决定》提到,要促进党的政策和国家法律互联互动,把行之有效的政策法定化。在推进国家治理体系和治理能力现代化进程中,把握好政策与法律之间的关系是极为重要的。党的十九大以来,我国陆续颁布出台了诸多政策性文件为人工智能的发展保驾护航。2017年,国务院发布《新一代人工智能发展规划》,这是我国在人工智能领域首个系统部署的文件,将人工智能正式上升为国家战略,提出了面向2030年我国新一代人工智能发展的指导思想、战略目标、重点任务和保障措施。[①] 2019年,《新一代人工智能治理原则——发展负责任的人工智能》提出了人工智能治理的框架和行动指南,重点突出了确保人工智能安全、可控、可靠,推动经济、社会及生态可持续发展,共建人类命运共同体的观念。另外,《关于支持建设新一代人工智能示范应用场景的通知》《关于加快场景创新以人工智能高水平应用促进经济高质量发展的指导意见》《新型数据中心发展三年行动计划(2021—2023年)》等产业政策也相继出台,为我国人工智能产业发展不断注入制度保障。

《国民经济和社会发展第十四个五年规划和2035年远景目标纲要》指出,"加强重点领域、新兴领域、涉外领域立法"。目前,《数据安全法》《科学技术进步法》《网络安全法》和《个人信息保护法》是我国人工智能发展领域的基本立法,有关专门立法仍在起草过程中,仅有一些学者提出人工智能法的相关草案。例如,2023年8月15日,在"全球治理话语竞赛下人工智能立法的中国方案"研讨会上发布的《人工智能法示范法1.0(专家建议稿)》;2024

---

① 参见《70部人工智能政策解读:产业侧重和方向差异》,载腾讯网(网址:https://www.163.com/dy/article/IAJ7FPTB05198086.html),访问日期:2024年12月8日。

年3月16日,在"AI善治论坛:人工智能法律治理前瞻"专题研讨会上发布的《中华人民共和国人工智能法(学者建议稿)》;2024年7月6日,在"2024智慧法治学术共同体"年会上发布的《关于人工智能立法的重点制度建议》。

总的来看,我国尚未形成人工智能相关的专门立法,多以地方性法规和部门规章的形式呈现。在地方立法方面,《上海市促进人工智能产业发展条例》《深圳经济特区人工智能产业促进条例》是地方面对人工智能新业态发展积极治理的展现;在部门规章方面,我国先后颁布了《互联网信息服务算法推荐管理规定》《互联网信息服务深度合成管理规定》《科技伦理审查办法(试行)》等规定。国家网信办针对ChatGPT等生成式人工智能的出现,出台了《生成式人工智能服务管理暂行办法》,这标志着立法的一大跨步。此外,我国始终密切关注人工智能在各行各业的应用,如科技部等六部门于2022年颁布了《关于加快场景创新以人工智能高水平应用促进经济高质量发展的指导意见》,教育部先后颁布了《高等学校人工智能创新行动计划》《人工智能领域研究生指导性培养方案(试行)》,卫生部(已撤销)于2009年出台了《人工智能辅助治疗技术管理规范(试行)》(已失效)。

除规范立法外,标准化建设也是现阶段我国人工智能治理的重要组成部分。2020年,国家标准化管理委员会等五部门联合发布《国家新一代人工智能标准体系建设指南》,自上而下地指导人工智能标准体系的建设,并将安全或伦理标准作为其核心组成部分。2021年印发的《国家标准化发展纲要》强调了要在人工智能领域开展标准化研究。截至目前,我国已经出台了《生成式人工智能服务安全基本要求》《国家人工智能产业综合标准化体系建设指南(2024版)》《人工智能安全治理框架》1.0版、《人工智能安全标准化白皮书(2023版)》《人工智能 机器学习系统技术要求》《人工智能 知识图谱技术框架》《人工智能 深度学习框架多硬件平台适配技术规范》等众多标准化文件。

在国际层面,中国一直在积极推进人工智能治理的国际协作,在全球人工智能治理中发挥着重要作用。截至2024年,国家发展和改革委员会等部门与上海市人民政府联合主办的世界人工智能大会(WAIC)已成功举办7届,成为全球人工智能领域的重要盛会。该大会汇聚了全球专家、政企代表、高校学者和投资人,多方共同探讨人工智能发展的新机遇,深化创新合作,推动普惠发展,加强协同共治;另外,中国积极与红十字国际委员会(ICRC)、东盟等国际组织在人工智能治理领域进行交流合作,彰显大国贡献与担当。在非政府和民间层面,中国坚持推动人工智能治理相关的对外交流合作。例如,在学术方面,清华大学战略与安全研究中心(CISS)等高校科研机构定期与美国智库就人工智能全球治理、人工智能安全风险等议题进行深入讨论,探索构建全球人工智能治理机制的可行路径。在科技企业方面,阿里巴巴等国内领军企业通过成立人工智能治理与可持续发展实验室或发布《人工智能治理与可持续发展实践白皮书》等方式,积极探索企业在推动人工智能治理中的价值观和行动路径,为构建全球人工智能治理体系贡献智慧和方案。2023年10月,联合国宣布正式组建高级别人工智能咨询机构,39名专家中有2名来自中国。2024年,世界互联网大会乌镇峰会上,上海社会科学院、武汉大学、北京邮电大学等15家机构联合发布了《全球人工智能治理研究报告》,分析了全球人工智能的治理现状,梳理了全球人工智能治理的重要议题,并提出了构建完善全球人工智能治理体系的目标宗旨、原则共识、行动路径,为推动全球人工智能的可持续发展提供了新的思路与路径。

(二)执法层面

总体上,我国人工智能治理在执法方面处于观望状态,尚未形成统一、规范的执法体系。但随着相关政策、规章的出台,我国在监管方面对防范人工智能风险的重视程度正逐渐提升,从事人工智能业务的市场主体的企业合规义务也相应地越来越具体、严格。

目前,我国人工智能领域的监管具有分类分级的特点,其依据为《互联网信息服务算法推荐管理规定》《互联网信息服务深度合成管理规定》《科技伦理审查办法(试行)》《生成式人工智能服务管理暂行办法》等规范性文件,其中规定了服务提供者、技术支持者和使用者,以及包括网络平台在内的一些其他实体的义务,包括但不限于算法推荐技术、深度合成技术、人工智能生成内容(AIGC)技术、伦理风险科技活动等方面,涉及生成及合成(如人工智能生成内容的相关产品和服务)、个性化推送(如根据网络购物应用的消费习惯作出产品推荐)、篇章生成、文本风格转换、问答对话等生成或者编辑文本内容、人脸生成、人脸替换、人物属性编辑、人脸或姿态操控等生成或者编辑图像、视频内容中生物特征(如深度伪造技术)等众多具体应用领域。

从宏观来看,我国人工智能领域的监管主要围绕应对人工智能生成内容的相关风险并维护国家及社会安全展开,强调发展与监管并重,注重伦理与安全,属于一定程度上的选择性执法;在监管处罚方面,根据《生成式人工智能服务管理暂行办法》第21条,相关主体可能受到警告、通报批评等行政处罚,构成犯罪的,依法追究刑事责任。例如,上海市徐汇区监管局执法人员于2023年根据网络上有关当事人运营微信公众号涉嫌仿冒ChatGPT产品的报道,对当事人开展调查,调查中发现当事人在经营过程中涉嫌不正当竞争,认为当事人的上述行为违反了《反不正当竞争法》第6条第4项关于"经营者不得实施下列混淆行为,引人误认为是他人商品或者与他人存在特定联系:(四)其他足以引人误认为是他人商品或者与他人存在特定联系的混淆行为"的规定,最终责令当事人停止违法行为,处以违法经营额0.5倍的罚款。2024年7月22日,重庆通报了涉及人工智能生成内容服务的相关处罚案例。其一,"开山猴AI写作大师"网站因违规生成法律法规禁止的信息,监管部门对运营主体重庆初唱科技有限公司给予行政警告处罚,并责令该公司限期全面整改,暂停网站信息更新及AI算法生成式写作功能15日;其二,"灵象智问AI""重庆哨兵拓展迷"等网站未经安全测评备案、违规提供生成式人工智能服务,重庆市网信部门责令其立即停止相关服务;其三,"南川区蓉城网络科技工作室"未经安全评估,上线提供ChatGPT生成式人工智能信息服务,重庆市网信部门依法开展执法约谈,并责令其立即关停相关服务。2024年12月2日,"阿水AI"网站的运营主体南昌阿水科技有限公司违规生成法律法规禁止的信息,未尽内容审核的主体责任,南昌市网信办依法调查后对南昌阿水科技有限公司下达了《责令限期改正通知书》,责令其立即关停相关服务,并对照相关法律法规开展自查整改。由此可以看到,我国已逐渐加强对人工智能使用方面的监管,关注反不正当竞争、生成内容违法违规、算法备案、大模型安全评估等方面的问题。

(三)司法层面

我国在人工智能司法领域的探索尚处于起步阶段,但已展现出积极的建设态势。2022年12月,最高人民法院发布了《关于规范和加强人工智能司法应用的意见》,推动人工智能同司法工作深度融合,全面深化智慧法院建设,明确了人工智能在司法审判中的应用进路。在党的二十届三中全会"科技赋能司法审判工作"要求的指引下,广东省深圳市中级人民法院以率先开展"一张网"试点工作为契机,自主研发全国首个司法审判垂直领域大模型,率先启用人工智能辅助审判系统,并于 2024 年 6 月 28 日上线。① 此外,2024 年 11 月 15 日,最高人民法院发布国家级人工智能基础设施"法信法律基座大模型",体现了我国对数字时代提高司法效能,充分挖掘、发挥司法大数据资源价值的追求与探索。

除了在司法审判活动中积极探索人工智能的运用,我国法院也已经开始对人工智能类案件的审理进行主动摸索。在与人工智能相关的案件中,多见于人工智能侵权、生成式人工智能的著作权权属层面,较为典型的有"春风图案"②和"奥特曼案"③,聚焦对人工智能生成内容生成物能否作为作品的考量。④ 在"春风图案"中,原告借助人工智能生成涉案图片并将其发布于小红书平台,法院经审理判定,对于人工智能生成的图片,原告从构思到选定图片的过程存在智力投入,且对画面元素等进行了设计安排,使得图片具备独创性,故认为人工智能生成的作品应被认定为美术作品,原告依法享有著作权。该案实则表明了在司法层面,我国对生成式人工智能输出内容版权性的认定。在"奥特曼案"中,原告拥有奥特曼 IP 的独占性授权,起诉网络平台利用人工智能技术公司生成的作品与奥特曼作品构成实质性相似。法院认为网络平台未采取措施避免侵权行为,违反了《生成式人工智能服务管理暂行办法》与《互联网信息服务深度合成管理规定》,这一案例引起了关于网络平台作为人工智能服务提供者的责任边界之问题的讨论,也标志着《生成式人工智能服务管理暂行办法》与《互联网信息服务深度合成管理规定》的合规要求在司法层面的落地。此外,2024 年 4 月 23 日,北京互联网法院宣判了全国首例人工智能生成声音人格权侵权案。该案的法院判决认为,自然人的声音具有独特性等特征,原告的声音权益涵盖涉案人工智能生成的声音,最终判定中间商承担侵权责任,而人工智能平台因无主观过错不承担责任。前述三个典型案件均在一定程度上彰显了我国在人工智能方面的司法探索。当然,其中也存在一些尚待解决的争议性问题,如人工智能平台的角色定位与注意义务、如何区分人类在人工智能生成中的贡献等问题,这些

---

① 参见李倩:《司法人工智能时代,来了》,载微信公众号人民法院报(网址:https://mp.weixin.qq.com/s/hQj4Iq2AAR44msCjto1rdQ),访问日期:2024 年 12 月 14 日。
② 参见北京互联网法院(2023)京 0491 民初 11279 号判决书。
③ 参见广州互联网法院(2024)粤 0192 民初 113 号判决书。
④ 参见《全国首例 AI 生成声音侵权案一审宣判》,载中新网(网址:https://www.chinanews.com.cn/sh/2024/04-25/10205621.shtml),访问日期:2024 年 12 月 10 日。

疑难问题仍需在司法实践中深耕。

总的来说,我国在人工智能司法应用方面正逐步构建起一套较为完善的法律框架,通过具体审判案例的实践,不断探索和明确人工智能在司法领域的应用边界,为保护公民权益、促进技术发展提供有力的司法支持。

(四)小结

人工智能的发展深深地凝聚着时代的烙印,随着技术的迭代和纵深发展,相关的问题也愈加暴露,需要建构相关的治理体系和治理框架。作为全球人工智能创新的领跑者,近年来,我国在科技创新方面的实力实现了从"跟跑"到"并跑",再到"领跑"的跨越式发展,人工智能的技术创新与社会场景应用已步入全球领先水平。由此,我国也逐渐探索出较为统一稳定的人工智能治理范式,形成了一种实验主义的人工智能发展进路。

实验主义治理(Experimentalist Governance)起源于对欧盟治理政策的总结性思考和提炼[1],也是2024年欧盟《人工智能法》的立法原理之一。具体而言,实验主义治理在宏观层面提出实验性的治理目标,鼓励人工智能发展多方主体在具体应用场景下自我探索、试错,主张监管与实验主体的合作共建,最终通过汇总实验中的经验,不断对此前的实验性框架进行优化,以促进监管与技术的良好共进。[2] 纵观我国人工智能的发展历程,政府一直有意识地在新技术的迭代上采用实验主义治理路径,鼓励技术主体探索尝试,不断调整治理细则和方法。

2016年以前,人工智能技术尚未进入高速发展期,我国对人工智能领域的治理多为探索式,治理理念、治理主体均存在不清晰的状况,体系框架的建构也较为缓慢。2017年开始,随着《新一代人工智能发展规划》《促进新一代人工智能产业发展三年行动计划(2018—2020年)》等国家宏观战略引导和政府政策支持的不断推进,我国人工智能治理的范式逐渐转为回应式,鼓励新产业、新技术的创新,关注算法、平台方面的治理,希望短期内促进人工智能技术的快速发展,初步搭建了实验性框架。到2020年,随着技术的纵深发展,数据隐私保护、科技伦理要求与国际治理参与受阻等多方面的人工智能治理问题开始更多地

---

[1] See Charles F. Sabel & Jonathan Zeitlin, *Experimentalist Governance in the European Union: Towards a New Architecture*, Oxford University Press, 2010.

[2] 参见武振国:《欧盟人工智能的实验主义治理路径及中国借鉴》,载《西北大学学报(哲学社会科学版)》2014年第6期。

显现,我国转入了集中式的人工智能治理模式,治理理念和治理对象开始由鼓励创新为主(注重数据积累、算法创新、算力提升)向风险规制为主(注重数据泄露、算法歧视、平台推荐、场景滥用)倾斜,社会道德导向越来越占据系统治理的主导地位,但仍相应地给予人工智能技术更多的发展与创新机会。

2022 年以后,随着技术发展的增速加快,人工智能面临的未知性与不确定性挑战愈发艰巨[1],社会各界开始意识到法律法规等硬性治理工具因需要遵循特定程序而容易出现时效性不足等问题[2],但柔性治理工具也会因缺乏执法标准约束而无法确保参与主体始终遵守规定,因而我国也转向了敏捷式的人工智能治理策略,维系技术创新与风险规制间的动态平衡。[3]

在发展的过程中,可以看到,从 2021 年印发《法治中国建设规划(2020—2025 年)》到 2023 年发布《生成式人工智能服务管理暂行办法》,建立"包容审慎监管等新型监管方式"成为在人工智能治理方面一贯的要求与追求。此外,《市场监管部门优化营商环境重点举措(2024 年版)》第 15 条中所述的"研究探索沙盒监管等模式"也是我国实验主义治理的一大典型展现,由监管机构依据法律规定设立的受控测试环境,在限定时间内,允许人工智能系统进行开发与测试。[4] 总的来说,我国一直基于安全底线开展政策实验,给予人工智能发展中的基层主体一定的自由裁量权,通过监管与被监管主体间的反馈,不断寻求人工智能治理的最佳解决方案。

未来,我国将会在一种实验主义的治理模式下,不断完善人工智能领域的政策制定与专门立法,形成体系化、规范化的监管与司法框架,营造有利于人工智能创新发展的良好法治环境和人文环境,保障人工智能技术科学研发、安全运用、向善发展,增强人工智能企业的合理预期,增强监管能力,提升社会对于人工智能应用的信任,进而有效推动人工智能安全可信发展[5],最终形成一套具有新时代中国特色的人工智能治理方案。

---

[1] See Charles F. Sabel & Jonathan Zeitlin, Experimentalism in the EU: Common Ground and Persistent Differences, 6 Regulation & Governance 410, 410-426 (2012).
[2] 参见薛澜、赵静:《走向敏捷治理:新兴产业发展与监管模式探究》,载《中国行政管理》2019 第 8 期。
[3] 参见武振国:《欧盟人工智能的实验主义治理路径及中国借鉴》,载《西北大学学报(哲学社会科学版)》2014 年第 6 期。
[4] 参见林洹民:《论人工智能立法的基本路径》,载《中国法学》2024 年第 5 期。
[5] 参见张吉豫:《赋能型人工智能治理的理念确立与机制构建》,载《中国法学》2024 年第 5 期。

第三章 美国人工智能治理

一、人工智能的产业发展情况

长期以来,美国在开发人工智能方面始终保持全球领先地位,持续引领着机器学习、自然语言处理、机器人技术等多个子领域的发展。作为拥有全球最大且最具影响力的人工智能产业的国家之一,根据数据统计公司 Statista 的数据,预计到 2031 年,美国人工智能市场规模将达到 3097 亿美元,在 2025 年至 2031 年期间的复合年均增长率(CAGR)为 26.95%。[1] 人工智能在医疗健康、金融、零售、制造业、交通运输等各个行业得到广泛应用,涵盖从自然语言处理中的虚拟助手到人工智能驱动的自动驾驶汽车等多种应用场景。本章将概览美国人工智能的产业发展情况,并在此基础上进一步分析美国发展人工智能产业面临的机遇和优势,以及挑战。

(一)情况概览

美国人工智能产业的主要参与者包括科技巨头、初创企业和研究机构三大类。谷歌、微软、亚马逊、苹果和 Meta(原名 Facebook)等领先的美国公司在人工智能研发方面投入巨大。例如,谷歌旗下的 DeepMind 在深度学习和强化学习等领域处于领先地位,而微软的 Microsoft Azure 人工智能云平台为人工智能的广泛应用提供了坚实支持。硅谷及其他科技中心聚集了数百家人工智能初创企业与新兴公司,这些企业的范围涵盖从专注于人工智能基础模型开发的 OpenAI,到在机器人流程自动化(RPA)和大数据分析领域应用人工智能技术的 UiPath 和 Palantir 等。美国的顶尖大学和智库,如麻省理

---

[1] See Statista, Artificial Intelligence-United States, https://www.statista.com/outlook/tmo/artificial-intelligence/united-states? currency=USD, 访问日期:2025 年 2 月 2 日。

工学院、斯坦福大学、加州大学伯克利分校和卡内基梅隆大学,在人工智能研究方面享有世界声誉,培养了众多行业领先的专家。这些学术机构与私营企业开展紧密合作,通过将前沿理论研究应用于实践,推动了技术进步。

自2022年起,生成式人工智能异军突起。OpenAI公司推出的ChatGPT激发了人们对人工智能应用的热烈关注。美国正在加强对人工智能芯片和大规模模型开发的资本投资,为全行业的突破奠定基础。在投资端,风险投资依然是推动美国人工智能革命的主要动力。2024年,美国人工智能领域的风险资本投资超过808亿美元,占全球总额的74%以上。热门子行业包括生成式人工智能、人工智能芯片和医疗保健领域的人工智能应用。其中,仅生成式人工智能就吸引了约474亿美元的投资。[①] 在消费者端,人工智能的广泛应用已深刻改变了用户体验和消费行为。例如,亚马逊的Alexa和谷歌助理等虚拟助手的应用在智能家居和日常生活中得到普及,提升了用户互动的便捷性和生活质量。同时,电子商务平台中的人工智能个性化推荐系统,如Netflix的内容推荐算法和亚马逊的商品推荐算法,已经成为提升用户体验和促进消费的重要工具。

(二)优势与机遇

在全球人工智能发展的浪潮中,美国始终占据着举足轻重的地位。通过数十年在基础研究、产业应用和创新生态构建等方面的持续投入,美国在人工智能产业方面已经形成了独特优势。其优势主要体现在三个关键维度:一是长期积累形成的技术领先地位,为产业发展奠定了坚实基础;二是经过市场检验形成成熟的商业化运作模式,有效推动了技术创新向经济价值的转化;三是开放共生的创新数字生态系统,为产业持续发展提供了良好的土壤。这些优势不仅巩固了美国在全球人工智能竞争中的领先地位,也为其未来发展创造了广阔机遇。

1. 长期的技术领先地位

美国在人工智能研发领域保持着全球领先地位。根据斯坦福大学于2024年4月发布的《2024年人工智能指数报告》(Artificial Intelligence Index Report 2024),美国在人工智能领域领先于中国和英国,是顶级人工智能模型的主要来源地。人工智能的发展具有三大基础要素:算法、算力和数据。在算法方面,美国的研究机构和企业在深度学习、机器学习等领域取得了重大突破,推

---

① See Dealroom, Opening Moves in Global AI, https://dealroom.co/uploaded/2025/02/Dealroom-AI-Summit-2025.pdf？x63517,访问日期:2025年4月8日。

出了ChatGPT等具有革命性的前沿技术。随着生成式人工智能的发展,算力正逐渐成为人工智能领域的核心生产力。在先进芯片的设计、制造方面,美国拥有英特尔、英伟达、AMD等众多领先的公司和研究机构,加上Frontier、Aurora等超级计算机的加持,为人工智能应用的规模化部署提供了强大的计算能力。ChatGPT的快速迭代即是美国强大人工智能技术的例证。GPT-O1模型已具备实时处理音频、视觉和文本的能力,支持超过50种语言,并在处理速度和推理能力上实现了显著提升,其反应速度是GPT-4的两倍。此外,得益于人工智能的迅猛发展,英伟达的芯片业务在产品性能、质量和市场销售规模等方面均占据行业领先地位,成为推动人工智能硬件进步的重要力量。

2. 成熟的商业化运作模式

自2021年以来,美国在人工智能领域取得了一系列重大突破,标志着人工智能的商业化运作逐步成熟。以OpenAI公司的ChatGPT为代表的生成式大语言模型在2023年得到了广泛应用,展现了人工智能在内容创作、客户服务等领域的强大能力。此外,美国在自动驾驶领域也取得了显著进展。特斯拉、Waymo和Cruise等公司在自动驾驶技术的开发和测试方面不断推进,通过整合先进的传感器技术、深度学习算法和实时数据处理能力,不断提升自动驾驶系统的安全性和可靠性,已经在多地投入测试和使用。医疗领域同样受益于人工智能的发展,IBM Watson Health和谷歌健康等人工智能驱动的医疗工具,通过个性化医学、药物研发和患者护理预测分析等应用,正在推动疾病诊断、药物研发和患者护理流程的革新。

人工智能行业的发展同样带动了其上下游行业的经济增长。作为人工智能芯片领域的领导者,英伟达2024财年第三季度财务报告显示,其收入同比增长206%,达到181.2亿美元,其中超过80%的收入来自数据中心运营。[①] 这一数据反映了英伟达在高性能计算和人工智能硬件领域的强大市场需求。微软通过将OpenAI公司的模型集成到其Azure云计算服务中,稳步推动了其云业务的增长。

3. 创新的数字生态系统

美国人工智能产业的生态较为完善,涵盖硬件、软件、服务和应用等多个

---

① 参见《NVIDIA发布2024财年第三季度财务报告》,载NVDIA网(网址:https://blogs.nvidia.cn/blog/nvidia-announces-financial-results-for-third-quarter-fiscal-2024/),访问日期:2025年1月12日。

领域。许多科技巨头如谷歌、微软、亚马逊等在人工智能领域都有广泛的布局,涉及云计算、大数据、机器学习等多个方面。美国独特的创新生态系统使得学术界、产业界和政府部门能够紧密合作,共同推动人工智能的进步。对此,对人工智能的学术研究能够迅速转化为商业应用,私营企业则通过政府对研究项目的资助和政策支持推动技术创新。例如,在制造行业,利用人工智能技术使云端平台连接产业上中下游,形成智能化的制造业生态系统。具体而言,美国不仅依赖私营企业的大量投资,联邦政府也通过美国国家科学基金会(NSF)和美国国防部(DOD)等机构提供充足的资金。美国的顶尖大学持续产出高水平的人工智能研究成果,为行业提供源源不断的人才和技术支持。美国科技企业则积极推动人工智能的商业化应用,拓展了人工智能在各个行业的应用场景。通过学术界、产业界与政府部门的紧密合作,形成了一种良性循环,进一步巩固了美国在全球人工智能领域的领先地位。

(三)面临的挑战

随着人工智能技术的快速发展和广泛应用,美国在保持产业优势的同时,也面临着诸多挑战。这些挑战既包含技术本身的特性,也包含复杂的外部环境。具体而言,美国人工智能产业发展主要面临三个方面的问题:一是人工智能相关法律法规体系尚未完善,难以为产业发展提供全面的规范指导;二是人工智能在实际应用过程中可能产生伦理、安全等方面的风险且日益凸显;三是全球范围内人工智能领域的竞争日趋激烈,美国的领先优势持续面临其他国家的挑战。这些问题的存在,不仅影响着美国人工智能产业的健康发展,也考验着产业各方参与者的应对能力。

1. 缺乏全面的法律框架

近年来,尽管美国政府积极采取措施对人工智能技术的发展进行监管,但在制定清晰统一的法律法规方面仍然面临着诸多挑战。在国家层面,美国尚缺乏一个全面且统一的人工智能法律治理框架。尽管各州和联邦政府已经开始制定相关法规,但这些法规往往存在碎片化和不一致性,未能形成系统性的法律框架。[①] 法规的不确定性不仅增加了企业在人工智能技术开发和应用过程中的合规成本,还可能抑制创新活力,使美国在全球人工智

---

① 参见陈凤仙、连雨璐、王娜:《欧美人工智能监管模式及政策启示》,载《中国行政管理》2024年第1期。

能竞争中处于不利地位。欧盟《人工智能法》的出台为全球人工智能的监管设立了规范标准,这对美国企业在全球市场中的运营带来了新的挑战,迫使其在遵循国际法规的同时,调整自身的技术发展和商业模式。

2. 人工智能的应用风险

人工智能的应用引发了许多新兴风险,尤其是算法偏见、隐私保护及就业冲击等。[①] 人工智能系统可能在招聘、执法、贷款审批等环节产生偏见,导致特定群体在机会获取和权益保障方面处于不利地位。而人工智能系统缺乏透明度的特性使其决策过程难以被理解和追溯,也增加了决策结果的不确定性和不可预测性。人工智能系统需要处理海量的个人信息,包括敏感数据,如个人的健康记录、金融状况和行为习惯等。如果这些数据未经适当保护,可能会被滥用、泄露或遭受网络攻击,导致个人隐私受到严重侵犯。[②] 此外,人工智能系统的广泛应用对就业市场也带来了显著冲击。自动化和智能化的生产流程在提高生产效率的同时,可能导致大量低技能岗位的消失,尤其是在制造业和服务业领域。这种就业结构的变化引发了社会对失业率上升和劳动者再就业问题的广泛关注,使风险不仅局限于个人的健康和安全,还进一步扩展至整个社会和经济系统,可能带来更为复杂的系统性风险。

3. 全球人工智能竞争

近年来,尽管美国在人工智能领域长期处于领先地位,但我国和其他国家、地区正在迅速缩小与美国的差距,从而形成激烈的全球竞争格局。这种竞争不仅体现在技术研发和创新能力上,还涉及产业应用、人才培养、政策支持及国际合作等多个层面。根据德勤发布的《全球人工智能发展白皮书》,中国人工智能产业发展迅速,在自然语言处理、语音识别、机器视觉等人工智能技术层面均呈现显著的追赶态势。自2023年生成式人工智能概念兴起至今,中国国产生成式人工智能大模型迅速涌现,产业链覆盖芯片、算法、数据、平台、应用等上下游关键环节。欧盟则建立了完善的数字立法框架,并出台全球首部对人工智能进行全面治理的《人工智能法》,这势必会通过"布鲁塞尔效应",对全球范围内的人工智能监管产生影响。全球人工智能竞争,不仅

[①] 参见毕文轩:《生成式人工智能的风险规制困境及其化解:以ChatGPT的规制为视角》,载《比较法研究》2023年第3期。

[②] 参见陈禹衡:《生成式人工智能中个人信息保护的全流程合规体系构建》,载《华东政法大学学报》2024年第2期。

是技术的竞争,也是监管和价值观念的竞争。在这一多维度的竞争格局中,美国虽然在技术创新和产业应用方面依然保持全球领先地位,但在监管政策协调和价值观念塑造方面,面临着来自亚欧等地区的挑战。

二、人工智能领域的规制现状

美国人工智能技术在全球范围内享有领先地位。一直以来,美国科技监管的核心特征是通过灵活的行业指引和地方性自治平衡创新与风险管理。在应对新兴的生成式人工智能技术所带来的潜在风险时,美国的监管态度呈现出从创新驱动到逐步建立政策框架的变化。从联邦层面到地方层面,美国在人工智能监管领域的实践与政策逐步呈现出软性顶层设计和硬性地方性法规相结合的特点。

(一) 概述

在联邦层面,美国并无任何监管人工智能的法案,而仅限于总统发布的行政命令。总统发布行政命令的权限或者来自《美利坚合众国宪法》第2条所赋予的行政权,或者来自美国国会的立法授权,行政命令可能具有法律的强制力,但本身并不是严格意义上的法。同时,随着政府换届,前任政府的行政命令可能被后任政府推翻或束之高阁。根据行政命令的要求,美国联邦机构或其下属部门可能会发布一系列政策、标准或声明。这些文件往往也不具备约束力。[1]

关于人工智能最早的行政命令是2019年特朗普政府发布的第13859号行政命令《维持美国在人工智能领域的领导地位》(Maintaining American Leadership in Artificial Intelligence)和2020年拜登政府发布的第13960号行政命令《促进联邦政府使用值得信赖的人工智能》(Promoting the Use of Trustworthy Artificial Intelligence in the Federal Government),前者主要规定美国政府在人工智能研究及人工智能应用的治理指南、人工智能对美国劳动力市场的影响等;后者主要规定除国家安全和国防领域以外的联邦政府机构应用人工智能的原则。根据这两份行政命令,美国白宫管理和预算办公室协同有关部门,发布了《人工智能应用规范指南》(Guidance for Regulation of Artificial Intelligence Applications),规定行政机关在制定关于人工智能应用的监管举措时应当考虑的原则。这两份行政命令对于人工智能的态度,实际上是坚持

---

[1] 参见丁晓东:《全球比较下的我国人工智能立法》,载《比较法研究》2024年第4期。

发展优于监管，目的是维持美国在人工智能领域的世界领先地位。因此，其对于人工智能的监管相当宽松。根据这两份行政命令，美国通过了《2020年国家人工智能倡议法案》(National Artificial Intelligence Initiative Act of 2020)，规定设立一个协调统筹机构促进联邦加速人工智能研究和应用，以推动经济繁荣和国家安全。

拜登政府没有进一步执行这两份行政命令，而是通过美国白宫科技政策办公室(Office of Science and Technology Policy)发布的《人工智能权利法案蓝图》(Blueprint for an AI Bill of Rights)重新讨论了人工智能风险这一主题。但是，拜登政府也并非完全改弦更张，而是沿用了人工智能的宽松监管模式。《人工智能权利法案蓝图》重点强调保护个人隐私和防止算法歧视，力图平衡创新与社会伦理风险。尽管这一文件没有强制执行力，但它为人工智能技术的伦理框架和社会影响提供了明确的指引。其后，美国国家标准与技术研究院(NIST)制定了《人工智能风险管理框架》，为最小化人工智能负面影响，且最大化人工智能正向收益提供了基本的分析框架，为搭建可信赖人工智能提供了治理路径。不过，这一框架是基于企业自愿实施、不具有法律或标准强制力的文件。在行业内仍然依赖企业的自我规制，而非政府制定单一标准来规制相关风险。2023年，拜登政府发布的第14110号行政命令《关于安全、可靠和值得信赖地开发和使用人工智能的行政命令》(Executive Order On the Safe, Secure, and Trustworthy Development and Use of Artificial Intelligence)是迄今为止美国联邦政府关于人工智能最全面的政策文件，充分反映了其对于人工智能的态度。该命令对联邦各部门应用和监管人工智能均作出了详细的规定，着重于推动人工智能技术的安全发展，同时强化数据隐私和公平性问题。此后，绝大多数联邦政府部门发布了各自与人工智能相关的政策框架。根据这一行政命令，2024年10月24日，拜登政府发布了美国有史以来第一份关于人工智能的国家安全备忘录，以激励联邦政府采用人工智能推进国家安全的使命，确保美国引领人工智能发展。

综上所述，美国政府在人工智能治理方面采取了多层次、渐进式的规制路径，大致可以归纳为：基于风险、针对具体部门、高度分散于各联邦机构。[①] 这种

---

① See Alex Engler, The EU and US diverge on AI regulation: A transatlantic comparison and steps to alignment, https://mediawell.ssrc.org/news-items/the-eu-and-u-s-diverge-on-ai-regulation-a-transatlantic-comparison-and-steps-to-alignment-brookings/? pdf=77982, 访问日期：2024年12月12日。

规制路径有其优势,但也造成人工智能发展的不平衡。虽然美国政府就人工智能的风险制定了若干指导性联邦文件,但这些文件并没有针对人工智能风险制定出一种统一的方案。这一规制体系主要由两类政策工具构成:一是以硬法形式出现的行政命令与联邦文件,重点关注维护美国在人工智能领域的领先地位、推动联邦政府应用人工智能,以及确保人工智能的安全可靠发展;二是以软法形式出现的非强制性指引,包括《人工智能应用规范指南》《人工智能权利法案蓝图》《人工智能风险管理框架》等文件,为人工智能产业发展提供原则性指导。这种"硬法+软法"相结合的规制模式,既体现了美国政府对人工智能发展的重视与支持,也反映了在快速演进的技术领域采取灵活监管方式的现实考量。

(二)行政命令与联邦文件

在人工智能治理体系中,行政命令作为美国联邦政府的重要政策工具,体现了在国家层面对人工智能发展的战略部署和监管意图。目前,美国政府通过一系列行政命令与联邦文件构建了初步的人工智能治理框架,主要包含三个方面的内容:一是通过政策保障确保美国在全球人工智能领域的领先地位,巩固国家竞争优势;二是推动联邦政府机构采用可信赖的人工智能系统,发挥政府在技术应用方面的示范作用;三是就人工智能的安全性、可靠性等关键议题制定规范标准,为技术发展设定基本遵循。行政命令与联邦文件的出台,标志着美国正从国家战略的高度加强对人工智能发展的规范与引导。

1.《维持美国在人工智能领域的领导地位》(EO 13859)

第13859号行政命令《维持美国在人工智能领域的领导地位》(也称为《美国人工智能倡议》)由特朗普总统于2019年2月11日签署。该命令的主要目的是重申并加强美国在人工智能领域的全球领导地位。通过制定一个全面的战略框架,该行政命令强调了美国在人工智能领域持续领先对国家安全、经济增长、技术创新,以及保护美国价值观的重要性。

该命令建立在五项基础性指导原则和六项战略目标之上。这五项指导原则包括:第一,协作推进技术突破。美国必须推动联邦政府、产业界和学术界在人工智能领域取得技术突破,以促进实现科学发现、经济竞争力和国家安全。第二,制定技术标准。美国必须推动制定适当的技术标准,减少安全测试和部署人工智能技术的障碍,以便能够推动人工智能相关产业的发展与应用。第三,劳动力培训。美国必须对当前和未来几代美国劳动力进行培训,使他们掌握开发和应用人工智能技术的技能,为当前经济和未来就业做好准备。第四,增强公众信任。美国必须促进公众对人工智能技术的信任和信心,并在应用过程中保护公民自由、隐私和美国的价值观,以充分发挥人工智能技术的潜力。第五,塑造国际环境。美国必须推动支持美国人工智能研究和创新的国际环境,为美国人工智能产业开辟市场,同时保护美国在人工智能领域的技术优势,保护关键人工智能技术不被战略竞争对手和敌对国家获取。六项战略目标则是对这五项指导原则的进一步细化,包括:第一,政府与产业界、学术界、国际合作伙伴和盟友,以及其他非联邦实体合作,促进对人工智能研发的持续投资;第二,加强对高质量和完全可追溯的联邦数据、模型和计算资源的访问;第三,减少使用人工智能技术运用的障碍,促进其创新应用;第四,确保技术标准,最大限度地保护公众免受恶意攻击;第五,培训下一代人工智能的研发者和使用者;第六,保护美国在人工智能和相关关键技术方面的优势,以维护国家安全。

该命令详细规定了联邦政府对人工智能研发的投资,并提出在保护隐私和安全的前提下,增加公众访问联邦政府数据和计算资源的机会,将联邦数据作为研发人工智能的战略资产,并优先为人工智能相关应用分配高性能的计算资源。同时,该命令还指示白宫管理和预算办公室主任及白宫科技政策办公室主任等协商发布一份备忘录,为监管机构提供初步的指导,包括监管性方法或非监管性方法,并考虑如何减少使用人工智能技术的障碍,以促进其创新应用。同时,也要维护公民自由、隐私和美国价值观。此外,商务部长应通过美国国家标准与技术研究院制定一项关于人工智能技术标准的联邦计划,以支持使用人工智能技术的可靠、稳健和可信系统。

总体来说,第13859号行政命令代表了一个战略框架,旨在维持美国在人工智能领域的领导地位。它确保人工智能的发展不仅与国家安全和经济增长的利益相一致,而且符合伦理治理和国际合作的原则。通过实施该命令,美国在力图推动创新的同时,确保在一个以人工智能为驱动的世界中保护其价值观。

2.《促进联邦政府使用值得信赖的人工智能》(EO 13960)

2020年12月3日,拜登政府发布第13960号行政命令《促进联邦政府使用值得信赖的人工智能》。虽然拜登政府没有进一步执行第13859号行政命令,但这并不意味着其对于人工智能的监管政策与上一届政府背道而驰。相反,第13960号行政命令的目标与第13859号行政命令完全一致:在保护隐私、公民权利、公民自由和美国价值观的同时,促进公众的信任和信心。这一命令为美国国家安全和国防领域之外的联邦政府机构应用人工智能提供了基本指导原则,并进一步确立了通过跨机构的共同政策指导实施这些原则的程序。

根据该命令,在联邦政府中设计、开发、获取和使用人工智能时,各机构应遵守以下原则:第一,合法并尊重美国价值观,并与宪法和其他现行法律、政策相一致,包括涉及隐私、公民权利和自由的法律和政策。第二,目的明确,以绩效为导向。各机构应寻求设计、开发、采购和使用人工智能的机会,前提是此种做法的好处明显超过风险,并且这些风险可以被评估和管理。第三,确保人工智能的使用准确、可靠和有效。第四,确保人工智能应用的安全、可靠和韧性。第五,确保人工智能应用的运行和结果具备易于理解。第六,确保人工智能各环节责任的明确性和可追溯性。第七,对人工智能应用进行定期监测。第八,依法披露,确保使用人工智能的透明性。第九,建立问责制和保障措施。

除此之外,该命令在原则的实施、机构人工智能用例清单、机构间协调和人工智能的专业知识和技能层面均作了规定。在原则的实施层面,白宫管理和预算办公室应与关键利益相关方协调,公开发布白宫管理和预算办公室拟创建或修订的政策指导路线图以更好地支持人工智能的使用,并与本命令保持一致。各机构应依法继续使用由行业参与制定的自愿共识标准。在机构人工智能用例清单方面,联邦首席信息官委员会(以下简称"CIO工作委员会")应与其他相关跨机构组织协调,识别并提供指导,公开发布各机构非机密和非敏感人工智能应用案例的清单标准、格式和机制,并定期更新。在机构间协调层面,各机构应参与跨机构组织,以便根据本命令推进原则的实施和人工智能的使用。CIO工作委员会应限期发布一份跨机构组织和论坛的推荐名单,各机构可根据各自的权限和任务酌情选择参加。在人工智能的专业知识和技能层面,由美国总务管理局(GSA)与其他机构合作管理的总统创新研究员(PIF)项目应确定优先的专业领域,并建立人工智能轨道,以吸引产业界和学术界的专家与机构合作。

3.《关于安全、可靠、可信和值得信赖地开发和使用人工智能的行政命令》

(1)主要内容

拜登政府于2023年10月发布第14110号行政命令《关于安全、可靠和值得信赖地开发和使用人工智能的行政命令》。这是美国迄今为止对于人工智能监管最为全面的政策文件。该命令建立在八个核心原则之上,包括确保人工智能安全可靠、促进创新和竞争、保护工人、促进公平和公民权利、保护消费者、患者、乘客和学生、隐私和数据保护、确保联邦政府负责任地有效使用人工智能,以及加强美国在国外的领导力和促进国际合作。

①人工智能必须安全可靠。第14110号行政命令要求对人工智能系统进行稳健、可靠、可重复和标准化的评估,同时制定相应的政策、机构和必要的其他机制,用以测试、理解和减轻这些系统在投入使用前可能带来的风险。还需要解决人工智能系统面临的最紧迫的安全风险,包括生物技术、网络安全、关键基础设施,以及其他国家安全领域的威胁,同时,应当应对人工智能的复杂性和不透明性。第14110号行政命令认为,测试和评估,包括部署后的性能监控,将有助于确保人工智能系统按预期功能运行,具备抵御滥用或修改危险的能力,确保系统在伦理上得到开发并以安全的方式操作,同时,符合适用的联邦法律和政策。此外,第14110号行政命令还要求政府帮助开发有效的标签和内容来源机制,使美国民众能够区分由人工智能生成的内容。

相比于特朗普政府时代,生成式人工智能和"双重用途基础模型"的出现加剧了人工智能的风险,因此,第14110号行政命令将大量的注意力集中在确保人工智能的安全性和可靠性。其采取的主要行动包括:第一,要求最强大的人工智能系统开发商与美国政府共享其安全测试结果和其他重要信息。根据《国防生产法》,第14110号行政命令将要求任何开发对国家安全、经济安全或公共健康和安全构成严重风险的基础模型的公司,在训练模型时必须通知联邦政府,并且必须共享所有红队测试的结果。第二,制定标准、工具和测试,帮助确保人工智能系统安全、可靠和可信。美国国家标准与技术研究院将制定严格的标准,进行广泛的红队测试,以确保在公开发布前的安全性。国土安全部将把这些标准应用于关键基础设施部门,并成立人工智能安全和安保委员会。能源部和国土安全部还将应对人工智能系统对关键基础设施的威胁,以及化学、生物、辐射、核风险和网络安全风险。在这些方面,第14110号行政命令要求政府部门和机构分析人工智能如何使基础设施避免受到关键故障和物理(网络)攻击的威胁,并考虑如何应对这些脆弱性。第三,通过制定强有力的生物合成筛选新标准,防范利用人工智能设计危险生物材料的风险。资助生命科学项目的机构将把制定这些标准作为联邦资助的条件之一,从而形成强大的激励机制,确保进行适当的筛选,并管理人工智能可能带来的更大风险。第四,通过建立检测人工智能生成内容和认证官方内容的标准,以及最佳实践,保护人们免受人工智能欺诈和欺骗。商务部将制定内容认证和水印指南,明确标注人工智能生成的内容。第五,建立一个先进的网络安全计划,开发人工智能工具,以发现和修复关键软件中的漏洞。第六,就广泛提供模型权重的两用基础模型征求意见。通过公众咨询程序,征求私营部门、学术界、民间社会和其他利益相关方的意见,探讨与模型权重广泛可用的两用基础模型有关的潜在风险、益处、其他影响,以及适当的政策和监管方法。第七,促进安全发布和防止恶意使用联邦数据进行人工智能培训。扩大公众对机器可读格式的联邦数据资产的访问,同时也应考虑安全因素,包括单个数据资产中的信息在孤立情况下不构成安全风险,但与其他可用信息结合后构成此类风险的可能性。第八,由国家安全委员会和白宫办公厅主任制定一份国家安全备忘录,指导有关人工智能和安全的进一步行动。这份文件将确保美国军方和情报界在执行任务时安全、合乎道德和有效地使用人工智能,并将指导行动,打击对手在军事上使用人工智能的行为。

②促进创新和竞争。第 14110 号行政命令的第二项指导原则侧重于促进创新和竞争。其主要目标不仅是吸引人才、促进创新和提升竞争力,而且还要保持美国在研发领域的领先地位。例如,通过吸引和留住更多的人工智能专家,以及发展和加强公私合作伙伴关系,以推进人工智能的创新、商业化和风险缓解方法。这些方法包括:第一,通过"国家人工智能研究资源"(National AI Research Resource)的试点,促进全美的人工智能研究——该工具将为人工智能研究人员和学生提供获取关键人工智能资源和数据的途径,并扩大对医疗保健和气候变化等重要领域人工智能研究的资助。第二,为小型开发者和创业者提供技术援助和资源,帮助小型企业实现人工智能商业化的突破,并鼓励联邦贸易委员会行使其权力,从而建立公平、开放和有竞争力的人工智能生态系统。第三,利用现有授权,通过更新和简化签证标准、面试和审查,扩大具有关键领域专业知识的高技术移民和非移民在美国学习、居留和工作的能力。

第 14110 号行政命令第 5 节还强调了高等教育、学术界,以及小型企业在人工智能领域中的独特角色和责任,并提出了更好支持这些机构的措施。例如,第 14110 号行政命令要求为至少启动一个国家科学基金会(NSF)区域创新引擎和四个新的国家人工智能研究所提供资金,举办人工智能技术竞赛,推动与人工智能相关的资助项目,加速人工智能领域的研究,并解决人工智能所带来的版权及其他知识产权问题(如生成式人工智能的专利资格和人工智能相关的知识产权盗窃问题)。此外,第 5 节 5.3 涉及应对因集中控制关键投入而产生的风险,采取措施制止非法串通,防止涉嫌垄断的企业对竞争对手造成不利影响,以及努力为小企业和创业者提供新的机会。要求美国联邦贸易委员会(FTC)利用其职权确保人工智能市场中的公平竞争,并确保消费者和工人免受使用人工智能可能带来的危害。同时,该命令要求建立一家或多家小型企业人工智能创新与商业化研究所,为小型企业提供支持、技术援助及其他资源,并优先为小型企业提供资金和资助。

③保护工人。第 14110 号行政命令第三项指导原则侧重于工作场所权利、工人保护和加强工人支持。它指出了人工智能虽然能提高生产率,但也可能会造成工作场所中的新型风险,如工作场所被监控、算法偏见、大规模失业等。为了降低这些风险,提高工人集体谈判的能力,并使所有人都能获得劳动力培训和发展,第 14110 号行政命令第 6 节建议采取措施保护工人,特别是那些被人工智能影响的工人。这些措施包括:第一,制定原则和最佳实践,通过解决失业、劳动标准、工作场所公平、健康和安全,以及数据收集等问题,减轻人工智能对工人的伤害,并最大限度地提高其效益。通过运用这些原则和最佳实践提供指导,防止雇主对工人的补偿不足、对工作申请评估的不公平或影响工人的组织能力,从而使工人受益。第二,编写一份关于人工智能对劳动力市场潜在影响的报告,研究并确定加强联邦对面临劳动力中断(包括人工智能)的工人的支持方案。例如,完善失业保险政策,增加扩大教育和再培训的机会。第三,为了培养多样化的人工智能人才队伍,国家科学基金会主任应优先利用现有资源,通过现有项目支持人工智能相关教育和人工智能相关人才培养。

④促进公平和公民权利。第 14110 号行政命令第四项指导原则要求促进公平和公民权利。这项原则包括加强刑事司法系统中的人工智能和公民权利,保护与政府福利和计划相关的公民权利,在更广泛的经济中加强人工智能和公民权利。第 14110 号行政命令指出,不负责任地使用人工智能会导

致并加深刑事司法、医疗保健、住房,以及消费者金融和劳动力市场(例如,当使用基于技术或人工智能的招聘系统时)中的歧视、偏见和其他滥用行为。除了制定《人工智能权利法案蓝图》,并发布第13985号行政命令《通过联邦政府进一步促进种族公平和支持弱势群体》(Advancing Racial Equity and Support for Underserved Communities Through the Federal Government),指出各机构打击算法歧视和相关人权的问题。第14110号行政命令还指出各机构应采取如下行动,包括:第一,通过制定在判刑、假释和缓刑、审前释放和拘留、风险评估、监视、犯罪预测和预测性警务中使用人工智能的最佳做法,确保整个刑事司法系统的公平性。第二,通过培训、技术援助,以及司法部和联邦民权办公室之间就调查和起诉与人工智能有关的侵犯民权行为的最佳做法进行协调,解决算法歧视问题。第三,为房东、联邦福利计划和联邦承包商提供明确指导,防止人工智能算法被用于加剧歧视。

⑤保护消费者、患者、乘客和学生。除了对工人的保护之外,第14110号行政命令还关注广义的消费者保护,即"为消费者、患者、乘客和学生提供保护"。因为(生成式)人工智能可能误导、伤害或损害人们,尤其是医疗保健、公共卫生和服务部门。因此,第14110号行政命令要求探索更好地保护消费者的方法。对于消费者来说,鼓励独立监管机构在其认为适当的情况下,考虑使用其全部权力来保护美国消费者免受欺诈、歧视和隐私威胁,并对使用人工智能可能产生的其他风险进行监管。在医疗领域,促进人工智能在医疗保健领域的负责任使用,开发负担得起的救命药物。卫生与公众服务部还将制定一项安全计划,以接收涉及人工智能的伤害或不安全医疗行为的报告,并采取补救措施。在运输领域,与相关机构协商,促进运输部门安全和负责任地开发和使用人工智能。如评估在交通领域使用人工智能方面对信息、技术援助和指导的需求。支持现有和未来与人工智能交通相关的应用试点计划,探索与交通相关的人工智能机遇和挑战。在教育领域,教育部长应当制定有关人工智能的资源、政策和指南,确保教育领域安全、负责和非歧视性地使用人工智能。另外,还应当创造资源,支持教育工作者部署人工智能教育工具,如学校的个性化辅导,从而利用人工智能改善教育。

⑥隐私和数据保护。第14110号行政命令敦促国会通过两党数据隐私立法,保护所有人,尤其是儿童的隐私。此外,还应当采取如下行动:第一,联

邦应优先支持加快开发和使用保护隐私技术,包括使用尖端人工智能技术,以及在使人工智能系统得到训练的同时,保护训练数据隐私的技术。第二,通过资助研究协调网络(RCN),加强保护隐私的研究和技术,如保护个人隐私的加密工具,推动隐私增强技术(PETs)快速突破和发展。国家科学基金会还将与该网络合作,推动联邦机构采用最先进的隐私保护技术。第三,评估各机构如何收集和使用商业可用信息,包括从数据经纪人那里获得的信息,并加强对联邦机构的隐私指导,以应对人工智能风险。这项工作将特别关注包含个人身份的商业可用信息。第四,为联邦机构制定指导方针,以评估隐私保护技术的有效性,包括在人工智能系统中使用的技术。

⑦确保政府负责任地有效使用人工智能。第 14110 号行政命令涉及政府使用人工智能的一些道德问题,如歧视风险和不安全决策。为了确保政府负责任、安全地使用人工智能,第 14110 号行政命令建议发布各机构使用人工智能的指南,包括保护权利和安全的明确标准(类似于《人工智能风险管理框架》),改进人工智能采购,加强人工智能部署。此外,应当通过更快、更高效地签订合同,帮助各机构更快捷、方便、有效地获得指定的人工智能产品和服务;还应当加快对人工智能专业人才的招聘,使其作为由人事管理办公室、美国数字服务部、美国数字军团和总统创新奖学金领导的全政府人工智能人才激增计划的一部分,各机构将为相关领域的各级员工提供人工智能培训。在组织架构方面,各机构应当指定一名首席人工智能官,与其他负责官员协调,主要负责协调本机构对人工智能的使用,促进本机构的人工智能创新,管理本机构使用人工智能的风险。

此外,第 14110 号行政命令特别提到,应当推动联邦政府负责任且安全地使用生成式人工智能。第 14110 号行政命令不鼓励对机构使用生成式人工智能实施广泛的一般性禁令或封锁。相反,各机构应根据具体的风险评估,在必要时限制对特定生成式人工智能服务的访问;制定关于适当使用生成式人工智能的准则和限制;在采取适当保障措施的情况下,为其人员和项目提供访问安全可靠的生成式人工智能的机会,至少是为了影响美国人权利的低风险实验和日常任务。美国人事管理办公室主任应与白宫管理和预算办公室主任协调,制定关于联邦工作人员在工作中使用生成式人工智能的指南。

⑧提升美国在海外的领导力。第14110号行政命令考虑了人工智能对外交政策的影响,并寻求促进美国在国际上的领导地位。拜登政府认识到国际合作,以及双边、多边和多方参与的必要性。美国国务院将与商务部合作,牵头建立强有力的国际框架,以利用人工智能的益处,管理其风险并确保安全。其目标是建立强有力的国际框架,并与国际伙伴和标准组织一起加快制定和实施重要的人工智能标准,确保技术安全、可靠、可信和可操作。这些工作均应当以《人工智能风险管理框架》和《关键和新兴技术国家标准战略》中规定的原则为指导。同时,还应当促进在国外安全、负责任和尊重权利地开发和部署人工智能,以应对全球挑战,如推进可持续发展和减轻关键基础设施面临的危险。

为确保第14110号行政命令的实施,第14110号行政命令要求在总统行政办公室内设立白宫人工智能特别委员会,负责协调联邦政府各机构的活动,以确保有效制定、发展、沟通、行业参与,以及及时实施人工智能相关政策。该委员会主席由总统助理兼负责政策的办公厅副主任担任,成员由各部部长和主任组成。

(2)对第14110号行政命令的批评

目前,学术界和业界对第14110号行政命令的批评主要集中在其过于依赖使用软性法律术语、采用最佳做法原则和指导方针,导致缺乏强有力的治理制度,即充分有效的监督、执行和制裁机制。此外,有学者认为第14110号行政命令缺乏类似于欧盟《人工智能法》所引入的基于风险的框架,并且优先考虑国家或网络安全问题,而不是其他重要的人工智能伦理问题,如可持续性风险。Manuel Wörsdörfer教授将其批评主要归纳为六个方面①:

①缺乏硬性法律语言。第14110号行政命令本身不具有法律约束力,往往使用"鼓励""促进"等软性法律术语。因此,其要求并不具体和明晰,并且存在自由裁量的余地。此外,第14110号行政命令还在很大程度上依赖最佳做法原则和指导方针,但其中许多尚未起草。例如,它要求美国国家标准与技术研究院制定"标准、工具和测试,以帮助确保人工智能系统的安全、可靠和可信"。然而,目前仍不清楚标准化过程将如何进行,以及如何确保利益相

---

① See Manuel Wörsdörfer, Biden's Executive Order on AI: Strengths,Weaknesses, and Possible Reform Steps, *5 AI and Ethics 1669*, 1669-1683(2024).

关者的充分参与。

②缺乏监督机制。第14110号行政命令明显缺乏监督,因为它没有指定单独的政府机构(如人工智能委员会)监督合规情况并对违规行为实施制裁,而是在很大程度上依赖于公司的自我监督和行业自律。例如,第14110号行政命令要求"最强大的人工智能系统的开发者与美国政府分享其安全测试结果和其他重要信息"。然而,该命令并没有明确对于违反该命令的开发者的惩罚措施。

此外,由于自我评估过程是由人工智能提供商,而非独立第三方进行的,导致科技公司拥有相当大的自由裁量权。因此,有学者担心,在缺乏外部监管政策监督的情况下,该评估可能并不会起到效果。同时,第14110号行政命令将监管和制定标准的权力下放给各种标准化机构,这可能会带来各种道德问题,如监管俘获。因为中介机构可能缺乏所需的独立性和公正性,无法独立于接受评估的人工智能提供商。况且人工智能的开发者往往是大型科技公司,拥有巨大的市场力量,加剧了俘获风险。

③缺乏执行机制。第14110号行政命令在执行方面不够明确。其类似于一份软性的法律文件,没有提及行政处罚或其他结构性补救措施,也没有为监管机构提供适当的资金和人员配备。例如,其要求在总统行政办公室内成立白宫人工智能特别委员会。该委员会的职能是"协调联邦政府各机构的活动,以确保有效制定、发展、沟通、行业参与,以及及时实施人工智能相关政策"。但没有提供更多细节,也没有提到民主问责、司法监督或可能的程序权利(即补救和投诉机制)。因此,该第14110号行政命令在执行层面具有相当大的灵活性。第14110号行政命令呼吁多个政府机构、部门和国会采取行动,甚至规定了详细的期限,但是,由于美国政治的特殊性,国会可能陷于党派分歧而无法采取行动。

最重要的是,第14110号行政命令很容易被推翻,尤其是在2024年11月大选之后,共和党同时赢得美国总统和国会多数席位。这就意味着其并不具备长期导向和可预测性,难以指导企业按照该命令行动。特朗普已经在采访中明确提出,可能会推翻这一行政命令。2025年1月20日,特朗普在上任后几小时内就废除了该命令。

④缺乏责任机制。责任机制的缺失既包括民主监督和司法控制的缺乏,也包括程序性权利的不足。将制定规则的权力下放或外包给标准化机构

可能导致缺乏民主监督和司法控制。这种做法可能会使相关利益方(如民间社会组织和消费者权益团体)无法影响标准的起草,也无法在标准通过后利用司法手段对其进行监督和控制。这主要源于四个理由:第一,标准化进程和相关机构往往未能让包括消费者和公民社会代表在内的利益相关群体充分参与进来。第二,标准通常由标准制定组织制定,行业代表拥有相当大的影响力,而民间社会组织和消费者权益团体的声音往往被边缘化或忽视。特别是在人工智能领域,人工智能提供商与其他相关利益群体和标准化机构之间存在严重的权力不对称。第三,标准化机构活动的透明度有限,主要是因为它们经常将测试、检验和认证活动外包给第三方。第四,人工智能监管需要解决众多复杂的规范性问题,包括定义和减轻训练数据中预先存在的偏差(即算法公平性)。要回答这些问题,需要对规范性概念(如平等、透明和尊严)作出具体解释或认可理论方法,并在相互竞争的利益(如商业与伦理要求)之间作出可接受的权衡。但是,在标准形成过程中,很难在不同利益集团之间进行谈判并达成共识。

此外,第14110号行政命令没有建立一个法律框架,允许个人就人工智能系统的问题起诉提供商、运营商或用户,因此,受人工智能系统不利影响的个人目前无权向监管机构投诉。由于缺乏足够的投诉和司法补救机制,第14110号行政命令暂无有效的私人执行手段(即个人执行权)来弥补公共执行的无效。

⑤缺乏基于风险的框架。与欧盟《人工智能法》不同的是,第14110号行政命令没有考虑限制或禁止特定的人工智能系统,也没有引入基于风险的框架。因此,其缺乏促进透明度和问责制的措施,例如,通过开放黑盒算法。

⑥缺乏对人工智能伦理和可持续性的关注。第14110号行政命令优先考虑了国家安全和网络安全方面的问题,而忽略了人工智能对民主、法治的影响,以及与人工智能相关的环境和社会可持续性问题等。第14110号行政命令在第一项指导原则就明确提出要确保人工智能技术的安全,特别强调了国防、情报界和军队。并要求制定一份国家安全备忘录,指导有关人工智能和安全的进一步行动,却较少考虑人工智能对民主选举和司法系统的影响,以及在伦理层面可能产生的问题,同时,也没有考虑到人工智能对生态可能造成的破坏。

（3）一年以来的情况

2024年10月底，美国政府发布第14110号行政命令取得的主要成就情况说明书。2024年10月30日，联邦机构主要在以下五大方面，采取共计100多项行动以实现第14110号行政命令。

一是在管理安全风险方面。政府采取许多措施以保护人们免受人工智能带来的危险生物材料、软件漏洞等方面的安全风险。其中，较为重要的进展包括：第一，政府利用《国防生产法》的授权，要求大型人工智能系统开发人员向政府报告包括安全、安保测试结果在内的重要信息。第二，开发用于管理人工智能风险的指南与工具。美国人工智能安全研究所和美国国家标准与技术研究院发布管理与生成式人工智能相关的风险框架。第三，发布首个关于人工智能的国家安全备忘录。第四，采取措施降低人工智能生成内容带来的风险，包括标记具体内容和提高人工智能生成透明度等。

二是在工人、消费者、隐私和民权方面。劳工部发布人工智能使用原则和最佳实践；卫生与公众服务部制定人工智能安全计划；教育部发布指南，呼吁教育技术开发人员在遵循保护权利、透明度等要求的前提下设计人工智能；消费者金融保护局发布人工智能在住房领域的非歧视性指南；农业部、卫生与公众服务部发布相关指南，以保证制定关键福利计划时负责任地使用人工智能；美国国家科学基金会和能源部致力于促进隐私增强技术发展。

三是在利用人工智能造福人类方面。联邦政府启动国家人工智能研究资源试点项目，为150多个研究团队提供计算和其他人工智能的访问权限；在美国各地推广人工智能教育和培训；吸引顶尖人工智能科学家、工程师、企业家等高精尖人群来美；提供高达1亿美元资金支持人工智能自主实验应用；投入大量资金促进整个社会负责任开发和使用人工智能；发布解决人工智能和知识产权交叉领域重要问题的指南。

四是在为政府吸引相关人才方面。首次发布推动联邦政府使用人工智能进行创新的政策；发布促进联邦机构负责任采购人工智能的政策；招纳大约250名人工智能相关人才进入联邦政府；成立首席人工智能委员会，进行跨机构协调，以实现资源共享等。

五是在提升美国海外领导力方面。第一，通过并发布了一项具有里程碑意义的联合国大会决议，为世界各国提出一个共同愿景，即促进安全可靠使用人工智能应对全球挑战。第二，与外国领导人加强人工智能国际规则交流。第三,人工智能安全研究所和其他政府支持的科学研究所共同建立全球网络,促进人工智能技术层面的安全。第四,为美国参加全球人工智能标准和相关关键基础设施制定全面计划。

(三)非强制性指引

在正式监管框架之外,美国政府还通过发布一系列非强制性指引,为人工智能的发展提供柔性规制。这些指引文件虽不具有强制约束力,但在完善人工智能治理体系方面发挥着重要作用。具体而言,美国政府先后发布了《人工智能应用监管指南》《人工智能权利法案蓝图》《人工智能风险管理框架》,以及关于人工智能的国家安全备忘录等文件。这些文件分别从应用监管、权利保护、风险防范和国家安全等不同维度,为人工智能的研发与应用提供了原则性指导,体现了美国政府在人工智能治理方面的前瞻性思考和灵活监管理念。

1. 备忘录:《人工智能应用监管指南》

根据第 13859 号行政命令的要求,2020 年 1 月,白宫管理和预算办公室主任与科技政策办公室主任、国内政策委员会主任,以及国家经济委员会主任协调,共同发布一份备忘录,即《人工智能应用监管指南》。① 这份备忘录规定了所有联邦机构在监管非联邦政府开发和部署的人工智能应用时,应当遵循的原则。其明确指出:各机构不应当采取预防性的方法,预先对人工智能系统设定一个过高的安全标准,这样会使得社会无法享受该系统带来的益处。应该采取基于风险的方法来确定哪些风险是可接受的,哪些风险是不可接受的,或者损害的预期成本大于预期收益。各机构应公开其对风险的评估,并在适当的时间重新评估其假设和结论。相应地,无论人工智能工具最终成功与否,其产生的后果及影响程度,都能帮助监管部门确定应采取怎样的监管措施和监管力度,以更好地发现风险并及时防范。任何风险评估都应将该风险与没有人工智能应用时可能发生的风险进行对比;如果人工智能应用减少了本来可能发生的风险,那么,相关的监管原则上应该允许该应用。监管的目的在于支持美国的自由市场、联邦制和良好监管实践(GRPs)。

该备忘录提到了十条人工智能应用监管原则,分别是:提升公众对人工智能的信任;鼓励公众参与,提高公众对人工智能标准和技术的认识;对人工

---

① 参见刘晓春、夏杰:《美国人工智能立法态势介评》,载《中国对外贸易》2023 年第 10 期。

智能和人工智能决策采用科学诚信和信息质量的高标准；以跨学科的方式使用透明的风险评估和风险管理方法；在考虑开发和部署人工智能时，全面评估社会成本、效益和其他外部因素；采用基于绩效的灵活方法，以适应人工智能的快速变化；评估人工智能应用中的公平和非歧视问题；确定适当的透明度和披露程度，以提高公众信任度；采取控制措施，确保人工智能数据的保密性、完整性和可用性，使开发的人工智能安全可靠；鼓励机构间协调，帮助确保人工智能政策的一致性和可预测性。

如果监管机构在考虑某一特定的人工智能应用后，可能会确定现有的监管措施已经足够，或者认为新监管措施的收益不值得其成本。那么，监管机构可以考虑不采取任何行动，或者考虑采取非监管性方法应对某些人工智能应用所带来的风险。这些非监管性方法包括：第一，特定领域的政策指导或框架。如非监管性政策声明、指导意见或行业合作开展的行动手册和自愿激励框架。第二，试点项目和实验。各机构应考虑在现有法律或法规的框架下，授予豁免、偏差和例外，或允许进行试点项目，为特定人工智能应用提供安全港。第三，自愿共识标准。私营部门和其他利益相关者可以制定或参与制定与人工智能应用相关的自愿共识标准。第四，自愿框架。各机构应考虑如何促进、利用或开发数据集、工具、风险管理框架、认证和指导方针，以加速对人工智能的理解、创新和信任。

同时，该备忘录提出了四种减少妨碍人工智能部署和使用障碍的策略，旨在更广泛且有效地应用人工智能技术，包括将联邦数据和模型用于人工智能研发和部署；加强公众沟通；监管机构在自愿共识标准和符合性评估活动中的参与；加强国际监管合作。

虽然以上反映了特朗普政府关于最低限度监管的观点，但也要求各机构制订计划，对人工智能应用进行监管。

2.《人工智能权利法案蓝图》

2022年10月，白宫科技政策办公室发布《人工智能权利法案蓝图》。这一政策文件旨在指导自动化系统的建设、部署和治理，保护公民权利和促进民主价值观的政策和实践，适用于所有可能对美国公众的权利、机会、获取关键资源或服务产生有意义影响的自动化系统。但值得指出的是，该文件不具备约束力，不能取代、修改或直接解释任何现有的法规、规章、政策或国际文书。

该文件基于广泛的公众咨询和专家意见,提出了五项核心原则和相应的实践指南,以确保自动化系统在人工智能时代能够安全、公正地服务于公众。其包括前言、五项原则、关于应用《人工智能权利法案蓝图》的说明,以及一份技术参考手册,其中提供了多种组织(从各级政府到各种规模的公司)可以采取的具体步骤,以将这些保护原则纳入政策、实践或技术设计过程中。

这五项核心原则包括:第一,安全有效的系统。该原则强调公众应免受不安全或无效系统的影响。自动化系统在开发时应咨询不同社区和专家的意见,以识别重要事项、风险和潜在影响。在部署前,系统应进行测试、风险识别和缓解,并持续监测以证明其安全和有效性。在设计时,系统应保护公众免受意外但可预见地使用或影响所造成的伤害,避免使用不必要或不相关的数据,并应进行独立评估和报告。

第二,防止算法歧视。该原则要求自动化系统不应导致基于种族、性别、性取向、年龄等受法律保护的不合理待遇或影响。设计者、开发者和部署者应采取积极措施,确保系统公平使用和设计,包括进行平等评估、使用代表性数据、确保对残疾人友善、持续进行差距测试和缓解,以及进行明确的组织监督。此外,应以算法影响评估的形式进行独立评估,并公开通俗易懂的报告。

第三,数据隐私。该原则强调应有内置保护措施防止数据滥用,并确保个人对如何使用其数据有主导权。这些措施包括:通过设计选择,确保默认情况下包含数据保护措施,如符合合理预期,数据最小化原则等;尽最大可能在收集、使用、访问、转移和删除用户的数据方面征求其许可并尊重其决定;只有在适当且有意义地征得用户同意的情况下,才可将同意作为收集数据的正当理由,并确保同意请求简明扼要,以使得用户能够充分理解;加强对敏感领域(包括健康、工作、教育、刑事司法和金融)和青少年相关数据的保护和限制;对监控技术及其使用场景进行更加严格的监督和限制,并对受影响者进行充分的告知。

第四,通知和说明。该原则要求公众应知道自动化系统正在被使用,并理解它对公众可能产生的影响。自动化系统的设计、开发和部署人员应该提供一般可访问、语言简单的档案记录,包括对整个系统的功能和自动化系统所扮演角色的清晰描述、告知正在使用这些系统、对自动化系统负责的个人或组织,以及对结果清晰、及时和可访问的解释。当自动化系统的用途或关键功能发生变化时,应该及时向受系统影响的人更新通知。此外,还应当告知公众自动化系统对结果的影响程度和影响方式,并对任何需要了解的人提供技术上有效、有意义和有用的说明。

第五,人工的选择、考虑和退出。在适当情况下,公众应能够选择退出自动化系统,并使用人工替代方案。如果自动化系统出现故障、产生错误,或者公众想对其造成的影响提出申诉或质疑,公众应该能够通过后备和升级程序及时获得人工审核和补救。应该对操作者进行培训,以确保人工审核的便利、公平、有效和持续。对于在敏感领域有目的使用的自动化系统,还应该针对目的进行额外的调整和监督。

该文件特别指出,框架所提供的保护措施包括三个层面的内容,即公民权利、公民自由和隐私权;机会的公平;关键资源服务的可获取性。为实现这一框架所提出的愿景而采取的措施,应与对人们的权利、机会和获取能力造成的危害或损害风险的程度和性质相称。

该文件还提供了《从原则到实践:人工智能权利法案蓝图的技术手册》。对于每一个原则,均包含三个部分:这个原则为什么很重要,根据这一原则对自动化系统有什么期望,如何将这些原则付诸实践。其中,对于第三部分,该手册列举了联邦政府、州立法机构、各组织、行业内部通过法律、政策,以及具有技术实践性、社会实践性的方法,将这些原则付诸实践的实例。

3.《人工智能风险管理框架》

美国国家标准与技术研究院根据美国国会的要求,并与私营和公共部门密切合作,制定了《人工智能风险管理框架》,并于2023年1月26日发布。其目的是随着技术的不断进步适应人工智能的发展,并在不同程度和不同能力的组织中使用,从而使社会能够从人工智能技术中获益,同时免受其潜在危害。该框架的制定过程公开、透明,其中包括信息请求、多个征求公众意见的版本草案、多个研讨会,以及其他提供意见的机会。发布该框架的同时,国家标准与技术研究院还发布了一本自愿性人工智能风险管理框架操作手册和路线图,其中提出了导航和使用该框架的方法。2023年3月30日,国家标准与技术研究院启动了可信和负责任的人工智能资源中心,将促进人工智能风险管理框架的实施和国际接轨。

根据该框架的定义,人工智能系统是一种工程或基于机器的系统,它可以针对一组给定的目标生成输出,例如,影响真实或虚拟环境的预测、建议或决策。将人工智能系统设计为能够以不同的自主级别运行。由于人工智能具有独特的风险，需要对其进行适当的控制。其中，风险管理是负责任开发和使用人工智能系统的关键组成部分。该框架的目的是为设计、开发、部署或使用人工智能系统的组织提供资源，帮助管理人工智能的风险，促进人工智能系统的可信和负责任地开发和使用。该框架不具有强制性，可自愿采用并且具有普遍适用性，不针对特定部门或特定场景。

该框架分为两部分。第一部分首先讨论如何构建与人工智能相关的风险并描述目标受众。框架把风险定义为事件发生的概率，以及相应事件后果的大小或程度的综合衡量，既包括事件产生的负面影响或伤害程度，也包括事件发生的可能性。该框架旨在最大限度减少人工智能系统的预期负面影响，并最大限度发挥积极影响。在对人工智能进行风险管理时，可能面临的挑战包括：对未明确定义或未充分理解的人工智能风险的定量或定性难以衡量；风险分级无法确定风险容忍度，即相关主体对风险承担的意愿；难以对不同类型的风险进行排序；人工智能的风险管理可能需要与其他风险进行综合考虑。根据这一框架，人工智能的生命周期包括七个阶段：计划和设计；收集和处理数据；构建和使用模型；验证和确认；部署和使用；操作和监控；使用或受影响。这一框架的受众是在每个阶段执行或管理人工智能系统设计、开发、部署、评估和使用的参与者。此外，该框架分析了人工智能的风险和可信度，概述了可信人工智能系统的特征，包括有效和可信赖性、安全、可靠和弹性、可问责性和透明度、可理解和可解释性、隐私增强，以及公平且控制有害偏见。

第二部分包含框架的"核心"。它描述了四个具体模块，包括治理、映射、衡量和管理，以帮助组织在实践中解决人工智能系统的风险。治理模块涉及在人工智能系统的组织内建立和培养风险管理文化。它包括在人工智能系统的整个生命周期培养风险意识文化；概述识别和管理潜在风险的流程，与组织的价值观和原则保持一致；评估潜在影响，使风险管理与组织政策和优先事项保持一致；确保问责结构到位，并将明确的角色和责任记录在案；在人工智能系统的整个生命周期中，优先考虑风险管理的多样性、公平性、包容性和无障碍性；建立与外部人工智能参与者接触的流程，并应对第三方实体带来的风险。映射模块为了解与人工智能系统相关的风险建立了背景。它包括了解并记录预期目的、潜在影响和背景因素；对人工智能系统进行分类，确定任务和方法，评估科学完整性；了解人工智能的能力、目标和预期效益，并与基准进行比较；绘制包括第三方实体在内的所有组成部分的风险和收益图；确定对个人、群体和社会的影响。衡量模块采用定量和定性工具来分析和评估人工智能风险。它包括确定并应用适当的方法和衡量标准；评估人工智能系统的可信性、安全性和保障性；建立长期跟踪已识别风险的机制；收集有关衡量过程有效性的反馈意见。管理模块的重点是分配资源用于映射和衡量的风险，以及应对突发事件。它包括根据映射和衡量模块的评估结果，确定人工智能风险的优先次序并作出响应；规划和实施战略，以实现效益最大化和负面影响最小化；管理第三方实体的风险和收益；记录和监控风险处理、响应、恢复和沟通计划。在这四个模块中，治理模块处于中心位置，适用于人工智能风险管理的所有阶段，能够影响和融入分阶段的其他模块。

2024年7月26日，国家标准与技术研究院发布了《人工智能风险管理框架：生成式人工智能简介》。该简介的开发部分是为了执行第14110号行政命令，它可以帮助组织识别生成式人工智能带来的独特风险，并提出最符合其目标和优先事项的生成式人工智能风险管理行动。

4. 关于人工智能的国家安全备忘录

2024年10月24日，美国总统拜登发布了有史以来第一份关于人工智能的国家安全备忘录，即《关于推进美国在人工智能领域的领导地位；利用人工智能实现国家安全目标，以及促进人工智能的安全、可靠和可信性的备忘录》（Memorandum on Advancing the United States' Leadership in Artificial Intelligence; Harnessing Artificial Intelligence to Fulfill National Security Objectives; and Fostering the Safety, Security, and Trustworthiness of Artificial Intelligence）。该备忘录的基本前提是：在不久的将来，人工智能前沿领域的进展将对国家安全和外交政策产生重大影响。该备忘录基于拜登政府为推动安全、可靠和可信的人工智能发展所采取的关键步骤，包括第14110号行政命令，以确保美国在把握人工智能的前景和管理其风险方面处于领先地位。

该备忘录旨在激励联邦政府采用人工智能相关措施来推进国家安全使命，包括确保其反映民主价值观并保护人权、公民权利、公民自由和隐私。此外，该备忘录还寻求围绕人工智能的使用制定国际规范，以反映同样的民主价值观，并指导采取行动，跟踪和反击对手出于国家安全目的而开发和使用的人工智能。

该备忘录指示美国政府实施具体且有影响力的步骤，以达成三个目标。

第一,确保美国引领安全、可靠和值得信赖的人工智能的发展;第二,利用尖端人工智能技术推进美国政府的国家安全使命;第三,推动人工智能的国际共识和治理。为了达到第一个目标,该备忘录要求提高芯片供应链的安全性和多样性,并确保美国在支持下一代政府超级计算机和其他新兴技术的发展时,将人工智能考虑在内;加强人工智能领域的反间谍工作,确保发明安全;正式指定人工智能安全研究所为美国工业界在美国政府的主要联络机构。为了达到第二个目标,该备忘录要求确保人工智能以符合民主价值观的方式为国家安全服务;发布《推进国家安全领域人工智能治理和风险管理的框架》;指示各机构提出简化采购的做法和方法,以方便与非传统供应商的合作。为了达到第三个目标,该备忘录要求美国政府与盟国和合作伙伴合作,发布标准、行为准则和政治宣言,建立一个稳定、负责任和尊重人权的治理框架。

与备忘录同步发布的文件还有《推进国家安全领域人工智能治理和风险管理的框架》,其为实施 NSM 提供了进一步的细节和指导,包括要求风险管理、评估、问责制和透明度的机制。这些要求促使机构监控、评估和减轻与侵犯隐私、偏见和歧视、个人和团体安全,以及其他侵犯人权行为相关的人工智能风险。该框架将定期更新,以跟上技术进步的步伐,并确保负责任和尊重权利地应用未来的人工智能。

三、人工智能领域的立法考察

(一)联邦层面的立法

2021 年 1 月 1 日,美国《2020 年国家人工智能倡议法案》正式生效。这部法案是截至当时美国对人工智能监管政策的集大成者,将白宫和整个联邦政府的许多人工智能政策和倡议编纂成法律并加以扩展。该法案通过研究、发展、标准制定、劳动力影响及政策考量等多个维度制定全国战略,推动美国人工智能技术在经济、社会和国家安全等方面的影响,同时分析与人工智能相关的风险和挑战。

该法案分为五个章节,包含国家人工智能倡议、国家标准与技术研究院的人工智能活动、国家科学基金会的人工智能活动、能源部的人工智能研究计划。第一章确立了国家人工智能倡议,其目的是确保美国在人工智能研发领域继续保持领先地位,使人工智能系统为全体美国人民带来最大利益。基于第13859号行政命令,该倡议的关键工作包括增加人工智能研究投资、释放联邦人工智能计算和数据资源、制定人工智能技术标准、建设美国的人工智能人才队伍,以及与美国的国际盟友合作。此外,设立了一系列人工智能相关机构,包括设立国家人工智能倡议办公室(NAIO),隶属于美国白宫科技政策办公室,负责为机构间委员会和咨询委员会提供技术和行政支持,并协调和处理联邦政府的人工智能活动;通过国家科学技术委员会建立或指定一个机构间委员会(Interagency Committee),对联邦人工智能研究、开发和示范活动进行机构间协调,并制定人工智能战略计划;由能源部长与科技政策办公室主任协商设立美国国家人工智能咨询委员会(NAIAC),为总统和相关机构提供咨询建议。此外,该章还要求国家科学院将负责评估人工智能技术对美国劳动力的潜在影响;总审计长负责评估美国人工智能相关硬件和算力需求。第二章要求建立国家人工智能研究机构,以推动基础性人工智能研究,并解决多个行业领域的问题,如医疗保健、制造业、交通运输和环境等。第三章要求美国国家标准与技术研究院负责推动人工智能研究,确保人工智能系统的安全性、可靠性和可信性。国家标准与技术研究院的任务包括对可信人工智能系统的最佳实践和自愿标准进行测量研究和开发,提供高质量数据集,开发人工智能风险管理框架和数据共享的最佳实践。第四章要求国家科学基金会增加对人工智能研究和教育的资金投入。第五章要求美国能源部开发一项人工智能研究计划,专注于解决国家能源挑战,并推动人工智能在能源系统中的创新,改善能源效率和可持续性。

《2020年国家人工智能倡议法案》代表了美国在多个层面推进人工智能领域的全面战略,包括研究、开发、标准制定到劳动力影响及政策考量等多个维度。通过建立跨机构协调机制、促进公私合作、增加基础设施和劳动力准备的投资,该法案为美国在人工智能领域的长期领导地位奠定了基础。同时,它也反映了人工智能作为一种变革性力量在推动经济增长、应对社会挑战和保障国家安全方面的巨大潜力,同时也意识到其带来的伦理问题、隐私问题及劳动力替代等风险。通过这项立法,美国旨在构建一个全方位、前瞻性的人工智能发展框架,最大化其利益,同时减轻潜在的负面影响。

(二)州层面的相关立法

相比于联邦立法,美国州层面的立法相对容易通过。从州的立法历史看,各州出台了一系列应对算法危害的立法,包括加利福尼亚州(以下简称

"加州")、康涅狄格州和佛蒙特州。这些州的立法重点关注了在大型人工智能模型中的歧视与偏见问题、模型的透明度,以及人工智能在生物识别技术中的应用。从犹他州开始,各州开始逐渐转向对人工智能模型本身进行立法。目前,犹他州和科罗拉多州通过了人工智能或与人工智能相关的法律。康涅狄格州的人工智能法案仍在等待审议,而举世瞩目的加州的人工智能法案,在州议会通过后,在最后一步被加州州长否决。综合而言,这些美国州层面的立法对于人工智能的规制主要限定在消费者保护、反歧视、民权保护等领域,其对人工智能企业所施加的义务仍然非常有限。《犹他州人工智能政策法案》(Utah Artificial Intelligence Policy Act)主要规定了使用生成式人工智能时的披露义务。《科罗拉多州人工智能法案》(Colorado Artificial Intelligence Act)主要在消费者保护领域对高风险人工智能进行规制,对其开发者和部署者施加披露、风险管理等义务。而加州的人工智能法案聚焦于重大公共安全风险和监管前沿人工智能带来的重大公共风险。除这一法案外,加州通过的人工智能监管立法均聚焦于场景监管、用例监管,特别是深度合成、虚假信息、版权这三大核心风险场景。这些政策和措施的制定和实施,表明美国正在努力构建一个综合性的人工智能监管框架,旨在平衡创新推动与风险控制。[1]

1.《犹他州人工智能政策法案》

2024年3月13日,犹他州州长斯宾塞·考克斯(Spencer Cox)正式签署了《犹他州人工智能政策法案》,使犹他州成为美国第一个制定法规,且对使用生成式人工智能技术的组织规定透明度义务的州。该法案于2024年5月1日生效。[2]

该法案针对生成式人工智能,将其定义为经过数据训练的人工智能系统,该系统可以通过文本、音频或视觉交流与他人互动,在有限监督或者没有人为监督的情况下,生成类似人类所创造的非脚本输出内容。这包括聊天机

---

[1] See Aziz Z. Huq, The Unexpected Robustness of American AI Regulation, https://www.law.kuleuven.be/ai-summer-school/blogpost/Blogposts/the-unexpected-robustness-of-american-ai-regulation,访问日期:2025年2月14日。

[2] See Jeremy Werner, Utah's Artificial Intelligence Policy Act: Key Takeaways and Impacts, https://babl.ai/utahs-artificial-intelligence-policy-act-key-takeaways-and-impacts/,访问日期:2025年1月17日。

器人、内容生成工具和其他人工智能驱动的通信机制。①

该法案的一项重要内容是严格的披露要求。其区分了两类负有用户保护义务的主体,分别是非受监管主体和受监管主体。受监管主体是指需要获得执照或国家认证才能从事商业活动的主体(如会计师、财务顾问、医生、牙医和护士);非受监管主体是指任何使用、提示或以其他方式使得生成式人工智能能够与人互动的主体。对于受监管主体,必须"显著披露"用户在使用服务时与人工智能互动的情况。这种披露必须在用户与人工智能进行交流或对话开始时以口头方式进行,或者在用户与人工智能进行书面交流之前通过电子邮件进行。② 非受监管主体则适用更加宽松的标准,如果用户要求或者提示,非受监管主体就必须"清楚且显著地披露"用户正在与人工智能系统(而非人类)进行互动。③ 此外,根据该法案,任何公司如果通过使用生成式人工智能违反犹他州消费者保护部门的相关法规,则将对违规行为负责。即使生成式人工智能应用程序中作出了违规声明,或生成式人工智能实施了违规行为,或生成式人工智能被利用从而导致了违规行为,该公司都要对违规行为负责。每次违规将被处以最高 2500 美元的罚款,消费者保护部门除了可以采取行政和禁令补救措施外,还可以向法院提起诉讼以执行法律规定。如果公司不遵守因违反该法案而发布的行政命令或法院命令,则每次违规可能会被处以 5000 美元的罚款。④

该法案的另一项重要内容是设立人工智能政策办公室,并实施人工智能学习实验室计划,由该州部门的执行主任任命的主任进行监督。该办公室的主要职责包括:第一,创建并管理人工智能学习实验室项目;第二,就新出的监管建议与犹他州企业和其他利益相关者进行磋商;第三,设立人工智能学习实验室项目,以分析和研究人工智能技术的所有相关风险、益处、影响和政策影响,并据此建立国家监管框架;鼓励在本州发展人工智能技术;评估当前、潜在和拟议的人工智能法规的有效性和可行性,从而为人工智能立法和监管制定方案和提出建议。该办公室负责对人工智能学习实验室项目的各个方面作出规定,包括确定申请参加该项目的程序、要求和费用,邀请、接受、

---

① See Utah Artificial Intelligence Policy Act, Section 13-2-12 (1) (a).
② See Utah Artificial Intelligence Policy Act, Section 13-2-12 (4) (a).
③ See Utah Artificial Intelligence Policy Act, Section 13-2-12 (3).
④ See Utah Artificial Intelligence Policy Act, Section 13-2-12 (7) (a).

拒绝成员的标准等;第四,每年11月30日前向商业和劳工临时委员会报告人工智能学习实验室拟议的学习议程、人工智能学习实验室的发现和成果,以及根据人工智能学习实验室的调查结果出具的立法建议。①

此外,该法案还引入了"监管缓解"的概念,允许人工智能学习实验室项目的参与者在承担有限责任的情况下开发和测试人工智能技术。参与者必须能够向办公室证明以下几点,才有资格获得监管减免:第一,具有负责任地开发和测试人工智能的技术专长和能力;第二,有足够的财政资源履行测试期间的义务;第三,该人工智能技术为消费者提供了实质性利益,这种利益可能超过减轻法规执行所带来的已确定风险;第四,已经提出了有效计划监测和减少已识别的风险;第五,测试的规模、范围和持续时间会基于上述风险加以限制。为了评估申请人是否符合上述监管缓解的资格标准,办公室可以就该申请咨询相关机构和外部专家。缓解协议应当包括以下内容:第一,对参与者使用人工智能技术范围的限制,如用户的数量和类型、地理限制等;第二,缓解后应当执行的保障措施;第三,具体监管缓解措施。②

2.《科罗拉多州人工智能法案》

2024年5月17日,科罗拉多州颁布了美国第一部州级立法层面全面的人工智能立法,即《科罗拉多人工智能法案》(SB205法案),该法案将于2026年2月生效,但其在文件中的正式标题是"关于与人工智能互动的消费者保护法案"(An Act Concerning Consumer Protections for Interactions with Artificial Intelligence)。③ 该法案的核心内容是在《科罗拉多州修订法规》(Colorado Revised Statutes)中加入了有关人工智能系统的使用规定,主要关注与人工智能交互中的消费者保护。因此,这部法案本质上是一项专注于防止算法歧视的人工智能消费者保护法。科罗拉多州因此成为美国第二个颁布重要人工智能消费者保护法的州,这也是科罗拉多州向州级人工智能监管迈出的重要一步。

该法案借鉴了欧盟《人工智能法》的许多理念,包括要求开发者和部署者采取合理措施,保护消费者免受由"高风险人工智能系统"在使用过程中可能

---

① See Utah Artificial Intelligence Policy Act, Section 13-70-301.
② See Utah Artificial Intelligence Policy Act, Section 13-70-302.
③ See Hope Anderson, Iesha Nunes & John Oltean, Newly Passed Colorado AI Act Will Impose Obligations on Developers and Deployers of High-risk AI Systems, https://www.whitecase.com/insight-alert/newly-passed-colorado-ai-act-will-impose-obligations-developers-and-deployers-high, 访问日期:2025年1月27日。

引发的"算法歧视"风险。① 这些所谓的高风险人工智能系统是指那些在教育、就业、金融服务、政府服务、医疗、住房、保险或法律服务等关键领域进行重大决策影响的人工智能系统。重大决策是指对向任何消费者提供或拒绝服务,以及对服务的成本、条款具有重大法律影响或类似重大影响的决策。② 如果人工智能系统仅用于特定目的或不会取代人工评估,则不被视为"高风险"。该法案也明确排除了一系列特定技术,如反恶意软件、网络安全、人工智能电子游戏和不使用面部识别技术的反欺诈技术,前提是这些技术在部署时不会作出或不会成为作出相应决定的实质性因素。

该法案既适用于在科罗拉多州开发人工智能系统或对人工智能系统进行实质性修改的开发者,也适用于作为最终用户部署这些系统的个人、公司或其他法律或商业实体。"部署"的定义很宽泛,包括对高风险人工智能系统的任何使用。开发者和部署者必须尽到合理谨慎义务,避免因高风险人工智能系统的预期用途和合同用途而产生算法歧视,并在发现涉及高风险人工智能系统的算法歧视后,在 90 天内通知科罗拉多州总检察长。③ 如果使用人工智能系统与消费者互动,应确保消费者知道他们正在与人工智能系统互动。即使人工智能系统不是高风险人工智能系统,这项义务也适用。④

开发者的其他核心义务包括披露义务。例如,他们必须向高风险人工智能系统的部署者或其他开发者提供广泛的披露信息,包括对高风险人工智能系统的合理可预见用途和已知有害或不当用途的描述,以及详细说明用于训练高风险人工智能系统的数据类型、此类高风险人工智能系统的合理可预见限制、此类系统的目的,以及如何对任何此类系统进行算法歧视评估的文件。⑤ 开发者还必须在其网站或公共用例清单中披露其开发的高风险人工智能系统的类型,以及如何管理已知或可合理预见的算法歧视风险。

部署者的其他核心义务包括:第一,实施风险管理政策和计划。明确规定为识别和降低已知或可合理预见的算法歧视风险而部署的流程,并与美国

---

① See Colorado Revised Statutes, Section 6-1-1701.1.
② See Colorado Revised Statutes, Section 6-1-1702.1, 6-1-1703.1.
③ See Colorado Revised Statutes, Section 6-1-1702.5.
④ See Colorado Revised Statutes, Section 6-1-1704.
⑤ See Colorado Revised Statutes, Section 6-1-1702.2.

现有标准保持一致。① 第二，影响评估。高风险人工智能系统的部署者每年必须至少完成一次对任何高风险人工智能系统的影响评估，其中包括对已知或可合理预见的算法歧视风险的分析、部署者用于定制高风险人工智能系统的数据类别概述，以及对任何透明度措施和部署后监控及用户保障措施的描述。② 第三，披露义务。如果该系统被用于作出或成为作出相应决定的重要因素，高风险人工智能系统的部署者则有义务向消费者披露相关信息，包括该系统的用途，并必须在《科罗拉多州隐私法案》规定的范围内，根据该法向消费者提供选择不处理消费者相关个人数据的权利。在使用任何高风险人工智能系统作出不利于消费者的决定时，部署者也有特殊的披露义务，包括披露作出相应决定的主要原因，并允许消费者有机会更正决定中涉及的任何不正确的个人数据，以及有机会对任何不利决定进行人工上诉并进行人工复审。③ 此外，部署者必须在其网站上披露其部署的高风险人工智能系统的类型，如何管理已知或可合理预见的算法歧视风险，以及部署者收集和使用的信息的性质、来源和范围等方面。

根据该法案，科罗拉多州总检察长拥有执行该法案的专属权力。该法案没有明确规定私人诉讼权。根据《科罗拉多州人工智能法案》，违反该法案的行为构成不公平贸易行为④，科罗拉多州总检察长可寻求补救措施，包括对每次违规行为处以最高 2 万美元的民事罚款。该法案为开发者和部署者提供了一个积极的辩护理由，只要他们能证明自己已试图纠正任何已发现的违规行为，并符合某些国内或国际公认的人工智能系统风险管理框架，就可以进行抗辩。此外，科罗拉多州总检察长还可以通过制定有关开发者文件、影响评估、通知和披露要求、可接受的风险管理标准，以及肯定性抗辩和建立可反驳推定的要求等方面的规则，进一步发展该法案框架。

州长贾里德·波利斯（Jared Polis）有保留地签署了该法案，并表示希望该法案能够在实施的两年内得到修订，也希望该法案有助于启动"早该进行的"全国性监管对话，并采取先发制人的联邦行动，从而在各州之间创造一个"公平的竞争环境"。该法案的发起人表示，不断发展的拼凑式监管可能促使

---

① See Colorado Revised Statutes, Section 6-1-1703.2.
② See Colorado Revised Statutes, Section 6-1-1703.3.
③ See Colorado Revised Statutes, Section 6-1-1703.4(b).
④ See Colorado Revised Statutes, Section 6-1-1706.

联邦更加关注,并可能采取先发制人的做法。然而,联邦立法从来都不是一种保障,各州在寻求一种现代的、人工智能认知的消费者保护措施,以及为技术行业提供有利的商业条件时,可能会规划出自己的道路。①

然而,作为美国目前唯一一部州级立法层面"全面的人工智能监管法案",该法案自推出以来便深陷争议。大型和小型公司,以及技术协会都提出了请求,主要集中在该法案中过于模糊的定义上,他们担心这些定义可能会影响从人工智能开发者到提供消费品数字优惠券的公司等所有部分。目前,"开发者"的定义包括开发人工智能系统的所有实体,而不仅仅是开发高风险人工智能系统的实体。② 而且,它对可能具有歧视性的人工智能系统的定义存在问题,如果购买这些系统的部署者在被建议不要进行重大更改后,仍然对这些系统进行了重大更改,那么,这些系统的公司可能会被追究责任。此外,该法案规定消费者有权对主要由人工智能程序作出的决定提出上诉,并要求公司说明不满意决定的原因及输入系统的内容。批评者认为由于执法资源的缺乏,这将是不可操作的。

3. 加州的人工智能法案

(1) 主要内容

2024年2月,加州的州议会议员、民主党人斯科特·威纳(Scott Wiener)等人提出《安全可靠的前沿人工智能模型创新法案》(Safe and Secure Innovation for Frontier Artificial Intelligence Models Act, SB1047)。该法案经过多轮修改,于8月28日在美国加州议会通过。然而,2024年9月30日,该法案被加州州长加文·纽瑟姆(Gavin Newsom)否决。③ 该法案是州级层面第一个对大模型进行全面监管的人工智能法案。

该法案的监管对象是"前沿模型",仅以消耗算力和开发成本确定法案的适用模型(covered model),现有大部分模型产品不受法案影响。适用模型的整数或浮点运算量必须达到10^{26},其算力成本则应高于1亿美元。目前,市

---

① See Alex Siegal & Ivan Garcia, A Deep Dive into Colorado's Artificial Intelligence Act, https://www.naag.org/attorney-general-journal/a-deep-dive-into-colorados-artificial-intelligence-act/#footnote_37_40255,访问日期:2025年2月8日。

② See Colorado Revised Statutes, Section 6-1-1702.7.

③ See Digital Democracy, SB 1047: Safe and Secure Innovation for Frontier Artificial Intelligence Models Act, https://calmatters.digitaldemocracy.org/bills/ca_202320240sb1047,访问日期:2025年2月12日。

面上性能最强的开源模型 Llama 3.1 的 405B 参数模型仍不受法案约束。业内人士预测,未来几年内,只有开发 Llama 4 和 GPT-5 等尖端模型的企业会受到这一法案的实际约束。

该法案设置了完整而严格的开发者义务。根据该法案,开发者是指通过使用足够数量的计算能力和成本来训练一个模型,或者通过使用大于规定金额的计算能力和成本来微调一个现有的适用模型或适用模型衍生品(即分别为 1 亿美元和 1 千万美元),从而对适用模型进行初始训练的人。

在训练适用模型前,开发者必须满足各种要求,包括防止未经授权访问和使用模型,具备"全面关停"模型的能力,起草并保留一份安全和安保协议、测试程序,以及关于开发商如何满足《安全可靠的前沿人工智能模型创新法案》要求的信息,对必要的协议进行年度审查,采取合理谨慎的措施,防止模型造成不合理的风险,以及在显著位置公布经编辑的安全和安保协议副本,并将经编辑的安全和安保协议副本转交总检察长。①

在使用或公开提供适用模型之前,开发者应当评估所涵盖的模型是否能够合理地造成或在实质上促成重大损害,为第三方测试记录必要的相关数据,采取合理的谨慎措施,实施适当的保障措施,防止模型造成或在实质上促成重大损害。此外,采取合理的谨慎措施,确保模型的行动及其因行动而造成的关键危害能够准确可靠地归因于模型。

开发者还需要承担的其他义务包括:第一,年度审计。自 2026 年 1 月 1 日起,企业每年必须聘请第三方审计师进行合规审计,并保留审计报告的未编辑副本。第二,透明度和报告。企业必须向总检察长提交合规声明,并在发生任何人工智能安全事故时及时报告。第三,合规性和培训。企业必须确保其员工和承包商了解并遵守安全和保安协议,并进行必要的培训。第四,鼓励内部员工检举。内部员工可以向州检察长等检举,也可以向开发者依法建立的匿名平台进行内部检举。开发者必须指派无利害关系的高管人员保持跟踪并及时回复。对检举员工进行报复是明确的违法行为,将面临员工个人和劳工专员的起诉。第五,遵守法规和行业最佳实践。企业在履行其义务时,应考虑行业最佳实践和来自美国人工智能安全研究所、国家标准技

---

① See Stephen M. Anstey & Michael J. Breslin, Proposed California AI LawSB 1047-An Overview For Developers, https://ktslaw.com/en/Insights/Alert/2024/9/Proposed-California-AI-Law-SB-1047-An-Overview-For-Developers,访问日期:2025 年 2 月 12 日。

术研究院、政府运营机构,以及其他知名标准制定组织的适用指导。

在责任承担方面,总检察长可对违反法案的行为提起民事诉讼。至于处罚金额,该法案规定,造成他人死亡或身体伤害、财产损害、财产盗窃或侵占,或对公共安全构成迫在眉睫的风险或威胁的,首次违规的民事处罚金额不得超过用于训练所涵盖模型计算能力成本的10%,任何后续违规的民事处罚金额不得超过该价值的30%。总检察长还可寻求禁令或宣告性救济、金钱损害赔偿、律师费和诉讼费,以及"法院认为适当的任何其他救济"。由于备受争议,该法案删除了有关刑事责任的条款。

(2)相关争议

自法案推出以来,美国科技企业、学者和政要纷纷公开评论,态度各异。OpenAI在2024年8月21日写公开信反对法案,称草案可能威胁加州未来增长、拖慢创新、赶走加州的世界级工程师和企业家,并建议在联邦层面而非地方层面推出人工智能大模型监管法案。OpenAI的竞争对手之一、亚马逊投资支持的Anthropic则在8月21日向加州州长写信称,上述草案吸取了Anthropic的诸多建议,具有合理之处,但是草案许多地方仍然非常激进,仍有需要改进之处。特斯拉等科技公司创始人埃隆·马斯克(Elon Musk)在8月26日表示,加州应该通过人工智能安全法案。他在推文中说:"这是一个艰难的决定,会让一些人感到不安。但是,综合考虑所有因素,我认为加州或许应该通过《安全可靠的前沿人工智能模型创新法案》。二十多年来,我一直是人工智能监管的倡导者,正如我们对任何存有潜在风险的产品和技术进行监管一样。"

在学术界,著名华人人工智能科学家李飞飞于2024年8月7日在《财富》杂志撰文表达了担忧,她表示:加州的《安全可靠的前沿人工智能模型创新法案》将产生重大而意想不到的后果。如果通过成为法律,《安全可靠的前沿人工智能模型创新法案》将损害正在萌芽的人工智能生态系统。《安全可靠的前沿人工智能模型创新法案》将不必要地惩罚开发人员,扼杀开源社区,并阻碍人工智能学术研究,此外,该法案并未解决人工智能进步的潜在危害,包括偏见和深度伪造(Deepfake)等。吴恩达也多次表示反对这一法案,他一直强调,"通用技术是否安全,更多地取决于其下游应用,而非技术本身"。杨立昆同样表示反对,他既不相信现在的大模型能达到超人水平,也不认为超级人工智能必然主宰人类。在他看来,现在对人工智能进行严格监管还为时过早。

而其他"人工智能教父"则表达了支持。前谷歌科学家杰弗里·辛顿（Geoffrey Hinton）称，"强大的人工智能系统带来了令人难以置信的前景，但风险也非常真实，应该非常认真地对待，而法案采取了非常明智的方法平衡这些担忧，加州是监管人工智能的天然起点，因为这里是人工智能起飞的地方"。他表示："我们认为，最强大的人工智能模型可能很快就会带来严重的风险，例如，扩大生物武器的获取范围和对关键基础设施的网络攻击。对于前沿人工智能公司来说，测试最强大的人工智能模型是否会造成严重危害，以及这些公司针对此类风险实施合理的保障措施，都是可行且适当的。"而自然语言处理的先驱约书亚·本吉奥（Yoshua Bengio）则在《财富》杂志上称："我们不能让企业自己给自己的功课打分，然后只是提出听起来不错的保证。在制药、航空航天和食品安全等其他技术领域，我们不接受这种做法。为什么要对人工智能区别对待呢？重要的是，要从自愿承诺转变为法律承诺，为公司之间的竞争创造公平的环境。……《安全可靠的前沿人工智能模型创新法案》是朝着促进人工智能生态系统的安全和长期创新迈出的积极而合理的一步，尤其是激励了人工智能安全方面的研究和开发。"

在美国国会，前众议院议长南希·佩洛西（Nancy Pelosi）、佐伊·洛夫格伦（Zoe Lofgren），以及安娜·埃舒（Anna Eshoo）等一批民主党议员反对法案，写信称，"法案的出发点是好的，但欠缺知识。虽然我们希望加州能以保护消费者、数据、知识产权等方式引领人工智能的发展，但《安全可靠的前沿人工智能模型创新法案》对这一目标的实现弊大于利"。加州州长则在否决该法案的致辞中提到，《安全可靠的前沿人工智能模型创新法案》放大了关于人工智能部署所带来威胁的讨论。辩论的核心在于，监管门槛是否应基于开发人工智能模型所需的成本和计算量，还是应不考虑这些因素而评估系统实际带来的风险。《安全可靠的前沿人工智能模型创新法案》仅关注昂贵和大规模的模型，这种监管框架可能会让公众对控制这项快速发展的技术产生一种虚假的安全感。较小、专业化的模型可能同样甚至比该法案所针对的模型更危险，但这可能会以牺牲推动创新的动力为代价，而这种创新本可以造福公众。虽然《安全可靠的前沿人工智能模型创新法案》的出发点是好的，但它没有考虑人工智能系统是否部署在高风险环境中，或涉及关键决策制定和敏感数据的使用。相反，该法案对即使是最基础的功能也实施了严格的标准——只要这些功能是在大型系统中部署的。我不认为这是保护公众免受技术带来的真实威胁的最佳方法。因此，我不同意为保障公共安全而采用一个没有基于人工智能系统与能力的实证数据和科学的解决方案。归根结底，任何有效的人工智能监管框架都必须与技术发展本身保持同步。"[1]

有论者指出，该法案被否决主要是由于四个方面。第一，新法案为市场主体新增繁重的事前合规义务和报告义务，但并未给出相应的激励举措，导致权利—义务不对称，没有合规激励效应，未能体现激励相容原则。第二，风险敞口并不显著、标准指南与最佳实践渐次推出，过早将"软法治理"硬化为前置性的刚性义务，必要性与可行性存疑，利大于弊，与整体治理进路不符。以"最佳实践""标准指南"等软法开展渐进式治理，对刚性立法形成"塑造+牵制"的双向效应，是美国人工智能治理的一个重要特征。法案对此出现了明显的背离。第三，法案背离了以顶层设计、行政牵引为主导的治理模式，过早地让美国人工智能治理进入了联邦—州博弈竞合的阶段，甚至可能冲击联邦确定的发展优先的主航道。第四，法案重横向治理、轻场景治理，且风险场景定义又脱离了"加州特色"，失去立法势能。[2]

4. 加州人工智能相关法案

2024年9月，加州州长加文·纽瑟姆（Gavin Newsom）审议了38项与人工智能相关的法案，尽管拒绝了备受争议的全面人工智能监管法案，但截至九月底，纽瑟姆州长已经签署了19项人工智能法案，试图通过这些法案解决人工智能领域的紧迫问题：从选举假消息到深度伪造色情制品，再到人工智能生成的已故好莱坞演员克隆形象，聚焦场景监管、用例监管。[3] 目前，深度合成、虚假信息、版权，是三大重点方向，也是加州认为的"核心风险场景"。具体包括：

①《生成式人工智能训练数据透明度法案》（Generative Artificial Intelligence: Training Data Transparency Act, AB 2013）。这部法案要求生成式人工智能系统的开发者或对此类系统进行实质性修改的人，在向加州人民提供此

---

[1] See Gavin Newsom, Veto Message on Senate Bill 1047, https://www.gov.ca.gov/wp-content/uploads/2024/09/SB-1047-Veto-Message.pdf，访问日期：2025年2月12日。
[2] 参见顾登晨、彭靖芷、袁媛：《加州法案：起源、演进、否决与启示》，载微信公众号阿里研究院（网址：https://mp.weixin.qq.com/s/oDchnKWJZc1wHtTpmXCWcw），访问日期：2024年10月10日。
[3] 参见陆天渊：《美国加州州长签署19部与AI相关的法案》，载微信公众号越洋网事（网址：https://mp.weixin.qq.com/s/LXDIpgC15cy3FxQjW3EO0Q），访问日期：2024年10月18日。

类系统或服务之前,在其网站上发布有关人工智能系统训练数据的文档,包括数据集的来源、数据使用方式的说明、数据集中的数据点数量、是否包含受版权保护或授权的数据、数据收集的时间段等。提高透明度的目的是为人工智能系统提供更多的问责制,尤其是那些依赖大规模数据进行训练的系统。①

②《加州人工智能透明度法案》(California Artificial Intelligence Transparency Act,SB942)。该法案要求月访问量超过 100 万访问者或用户的生成式人工智能系统的开发人员必须使用不可见、难以去除的水印来标记其系统创建的所有图像、视频和音频;向用户提供在人工智能生成或人工智能修改的图像、视频或音频内容上放置可见水印的能力;向用户提供免费的人工智能检测工具,告知他们特定内容是否由生成式人工智能系统创建或更改。

③三部与深度伪造和虚假信息治理相关的立法。一是《保护民主免受深度伪造欺骗法案》(Defending Democracy from Deepfake Deception Act of 2024,AB 2655)。该法案要求大型在线平台必须为加州居民提供便捷的举报方式,在选举前 120 天标注或删除人工智能生成的重大欺骗性内容,并在选举后 60 天内继续标注或删除那些使选举过程有效性受到质疑的欺骗性内容。二是《选举:广告中的欺骗性媒体》(Elections: Deceptive Media in Advertisements, AB 2839)。该法案将修订现行州法律,禁止个人、委员会或其他实体故意传播含有某些实质性误导内容的广告或其他选举通讯。三是《1974 年政治改革法案:政治广告:人工智能》(Political Reform Act of 1974: Political Advertisements: Artificial Intelligence, AB 2355)。该法案规定,如果广告中的任何内容是使用人工智能生成或实质性修改的,则政治委员会(Political Committee)制作、最初出版或最初分发的任何政治广告都必须包含清晰醒目的免责声明,说明该广告是使用人工智能生成或进行的实质性修改。

---

① See Chanley T. Howell, Leighton B. R. Allen, Decoding California's Recent Flurry of AI Laws, https://www.foley.com/insights/publications/2024/10/decoding-california-recent-ai-laws/,访问日期:2025 年 2 月 8 日。

第四章　欧盟人工智能治理

一、人工智能的产业发展情况

人工智能被视为未来最具潜力的技术,是一个国家或地区重要的战略资源,也是评估一个国家或者地区创新能力、经济实力和地缘政治影响力的关键指标。本部分将概览欧盟人工智能的产业发展情况,并在此基础上进一步分析欧盟发展人工智能产业的机遇和优势,以及其面临的挑战。

(一)情况概览

人工智能的市场规模巨大,据数据统计公司 Statista 预计,全球人工智能产业在 2030 年的市场规模将达到 1.8 万亿美元以上,其中全球人工智能最大的市场将在美国,中国、日本和德国则紧随其后。[①] 在全球人工智能市场中,得益于数字技术的日益普及、公众对人工智能的认识不断提高,以及网络服务的便利,欧洲的人工智能市场正在快速拓展。据国际数据公司 IDC 发布的《全球人工智能和生成式人工智能支出指南》预计,欧洲人工智能的市场规模约为 476 亿美元,约占全球人工智能市场总额的 1/5,在 2022 年至 2027 年,欧洲人工智能市场的复合增长率将达到 33.7%。[②] 当前,欧盟正从政治战略、商业市场、科学研究、社会支持等多方面积极推动和支持人工智能产业发展。由于欧盟地区遵循较为严格的数据保护法和人工智能监管措施,欧盟人工智能企业占全球市场份额较美国、中国等全球竞争者而言,稍显不足。对此,欧盟委员会启动了一系列投资计划和政策支持,以促进欧盟地区人工智

---

① See Statista, Artificial Intelligence-Europe, https://www.statista.com/outlook/tmo/artificial-intelligence/europe#market-size,访问日期:2024 年 12 月 12 日。

② See IDC, Worldwide AI and Generative AI Spending Guide, https://my.idc.com/getdoc.jsp?containerId=IDC_P33198,访问日期:2024 年 12 月 12 日。

能产业的发展。2024年1月,欧盟委员会提出人工智能创新计划,以支持人工智能初创企业,尤其是建立世界领先的超级计算基础设施,以培育欧洲人工智能生态系统。因此,欧盟人工智能产业的一个显著特点是私人企业活跃度有限,较为依赖政策引领与政府投资。

(二)优势与机遇

欧盟及其成员国在发展人工智能产业方面具有独特的优势。近年来,欧盟人工智能产业的发展及市场增长率的提高可以归因于以下几方面:一是人工智能技术的进步,包括计算机视觉、机器学习、自然语言处理和生成式人工智能等;二是政府制定合理的战略规划和研发投资举措;三是拥有高素质的劳动力,包括人工智能专家与技术工人。

1. 科研技术进步,商业市场活跃

人工智能产业的发展需要科研与市场的密切合作,欧盟具备卓越的科研实力和扎实的工业基础,为人工智能产业的发展提供了良好的环境。一方面,欧洲地区具有强劲的科研实力,高水平科研机构密集,全球科研产出占比高。德国、法国、卢森堡、爱尔兰等欧盟成员国国内广泛分布着知名大学和研究机构,为人工智能产业的发展提供强大的科研支持。另一方面,欧洲将这一优势与其深厚的工业基础相结合,从而发展出富有特色的人工智能产业。人工智能服务和机器人自动化是欧盟人工智能的优势领域。2022年,瑞士阿西布朗勃法瑞公司(ABB)和德国的库卡机器人有限公司(KUKA)分别占据全球工业机器人市场份额的21%和9%。[1] 此外,欧盟也凭借蔡司半导体公司和阿斯麦公司,在全球人工智能相关领域的核心零部件制造和半导体生产设备等关键行业占据领先乃至垄断地位。独角兽企业、Aleph Alpha、Mistral AI、Helsing等企业也进入关键成长阶段,从而为欧盟人工智能的创新注入动力。而西门子、达索系统等企业在工业软件、虚拟孪生技术等方面也处于全球领先地位,为欧盟人工智能的发展提供有力支持。[2]

2. 政府投资加大,区域政策支持

政府投资加大和区域政策支持是欧盟人工智能产业发展的关键动力,在

---

[1] See Anna Fleck, The Giants of Industrial Robotics, https://www.statista.com/chart/32239/global-market-share-of-industrial-robotics-companies/,访问日期:2024年12月15日。

[2] 参见郭梦迎、张薇薇:《欧盟人工智能发展与治理面临的机遇和挑战》,载《和平与发展》2024年第5期。

市场培育和产业引导方面尤其发挥着重要作用。早在2010年,欧盟委员会正式发布"欧洲数字议程"(Digital Agenda for Europe),旨在促进信息、通信等数字技术的投资与创新。欧盟不断推进对人工智能的政府投资和政策支持,致力于打造可信和以人为本的人工智能生态环境。"欧洲数字议程"的远景规划为日后欧盟发展人工智能提供了坚实的数字基础设施。2018年,欧盟委员会公布"欧洲高性能计算联合体(EuroHPC JU)"计划,该计划旨在通过部署和运行世界级高性能计算机和数字基础设施,将欧盟打造为全球顶级超级计算区域。超级计算机为人工智能的发展提供强大的算力支持,从而有望大幅提升人工智能产业生态系统的竞争力。2024年1月,欧盟委员会再次推出一揽子政策,支持欧洲初创企业和中小企业开发符合欧盟价值观和规则的可信赖人工智能。在这一揽子政策中,包括一项修改欧洲《高性能计算联合体条例》的提案,鼓励初创企业和创新社区建立人工智能工厂。在决策者层面,欧盟委员会主席乌尔苏拉·冯德莱恩(德语:Ursula von der Leyen)提出的政治指导方针强调人工智能在欧盟发展战略中的重要性,并提出旨在将欧洲变成"人工智能大陆"。在冯德莱恩带领下的欧盟委员会将建立人工智能工厂列为优先事项,并在2024年12月正式启动建立首批人工智能工厂,其目标是在欧洲各地建立至少5家人工智能工厂,以加强欧盟对人工智能技术的创新承诺。在人工智能技术的投资方面,2022年欧盟整体占据全球人工智能技术投资份额的第三名,其中,法国在人工智能技术投资领域尤为突出,旨在打造人工智能技术强国。此外,欧盟委员会也积极推动公共投资计划,例如,在《"地平线欧洲"2023—2024年数字、工业和空间工作计划》中,欧盟委员会指出将投资5000万欧元用于人工智能领域。同时还将动员私营部门和成员国的额外投资,以便在未来实现每年200亿欧元的投资额。[①]

3. 人才储备丰富,劳动力背景多元

欧盟拥有高学历的人工智能人才库,重视发展和培育人工智能劳动力。人工智能人才通常被归入更广泛的科学、技术、工程和数学(STEM)人才类别,而不是被视为一个独特的专业领域,人工智能技术的创新在很大程度上依赖于专业人才的密度与可用性。自2015年以来,世界范围内对人工智能人才的需求增长了5倍,从而加剧了对训练有素的人工智能专家的全球竞

---

① See European Commission, European approach to artificial intelligence, https://digital-strategy.ec.europa.eu/en/policies/european-approach-artificial-intelligence,访问日期:2024年12月15日。

争。欧洲拥有来自不同地区和教育背景的多元化人工智能人才,这使得欧盟具有独特的人才优势。据统计,欧洲人工智能专家的密度比美国高出30%,并且几乎是中国的三倍,具有丰富的人才储备。① 此外,优先发展人工智能专业技术、强化人工智能劳动力竞争也是欧洲决策者近几年反复声明的主题。于2024年连任欧盟委员会主席的冯德莱恩主张欧洲应当齐心协力应对劳动力市场挑战,强调要重视技术人员和劳动力短缺等关键问题。此外,欧盟的政策方针是旨在通过提供必要的基础设施和公私合作伙伴关系来支持研究人员,培养欧洲人工智能人才,并且通过加强学术界和产业界之间的合作吸引并留住顶尖人才。法国总统提出了"吸引顶尖人才,将法国打造成人工智能强国"的指导方针。② 与此同时,欧洲国家正在经历国内人工智能人才流失的情况,这一趋势再次凸显出人才政策的迫切性与重要性。③

(三)面临的挑战

虽然欧盟人工智能产业在科研技术、政府支持和高素质劳动力方面具有独特优势,但相比于其他有竞争力的全球竞争者而言,仍然面临多重发展挑战。

1. 人工智能创新的全球竞争力有待提升

在过去二十年间,欧盟持续增加在人工智能方面的科研、投资和劳动力投入,但相比起全球主要竞争者而言,还存在一定差距,主要体现在以下三个方面:第一,人工智能的全球研发投资相对下降,私人投资强度不足。在全球研发领域,与世界主要竞争对手相比,欧盟在包括人工智能、物联网、区块链技术、量子计算机在内的数字领域的科研投资权重相对有所下降,研发强度仍然低于美国、中国、韩国和日本,尤其是在私人研发投资方面。根据经济合作与发展组织(OECD)于2024年5月14日发布的一份报告,美国在人工智能领域的私人投资约为3000亿美元,中国约为910亿美元,而欧盟仅为450

---

① See News and Events of Oxford University, Expert Comment: AI Demand is Booming for the Right Skills and for the Technology 'Glue-Guys', https://www.ox.ac.uk/news/2023-10-09-expert-commentai-demand-booming-right-skills-and-technology-glue-guys,访问日期:2024年12月1日。

② See ELYSÉE, Gathering of France's top AI talents, https://www.elysee.fr/en/emmanuel-macron/2024/05/22/gathering-of-frances-top-ai-talents,访问日期:2024年12月1日。

③ See Siddhi Pal, Where is Europe's AI Workforce Coming From? Immigration, Emigration & Transborder Movement of AI talent, https://www.interface-eu.org/publications/where-iseuropes-ai-workforce-coming-from,访问日期:2024年12月1日。

亿美元,私人投资额度的差距限制了欧盟在人工智能领域的技术发展深度。① 此外,在欧盟内部,由于税收优惠的减少,政府对私人研发的支持有所降低,而政府风险投资(GVC)的增加也挤占了私人投资的相应份额。尽管欧盟内部发布了诸如"地平线欧洲"等旨在增加人工智能投资的计划,但与全球主要竞争者相比仍较为有限。第二,包括人工智能在内的多个科研领域落后于美国和中国。据经济合作与发展组织统计,从人工智能的出版情况来看,中国的出版数量(包括文章、书籍等)占全球人工智能出版物的22%,数量全球领先,而欧盟(14%)和美国(11%)则紧随其后。② 此外,就独角兽企业的发展情况而言,美国和中国拥有的独角兽企业分别是欧盟的8倍和3倍。2024年6月27日,欧盟委员会发布2024版《科学、研究和创新绩效报告》,该报告指出当前欧盟科技创新面临的三大挑战分别是:(1)科技创新生态利用不足,面临诸多障碍;(2)科技创新存在鸿沟,显示出欧盟的分层结构;(3)与世界其他地区相比,存在技术差距。第三,人工智能企业市场活跃度和创新水平低于美国、中国等全球主要竞争者。据统计,在2023年度推出两个以上机器学习模型的13家机构中,美国有7家,中国有2家,而欧盟成员国中,则仅法国有1家,另外3家分别位于英国、加拿大和阿联酋。③ 此外,据《2023年全球人工智能创新指数报告》统计,美、中两国人工智能综合实力的指数分别为74.71和52.69,位于第一梯队且明显高于其他国家;德国、法国等欧盟成员国则位于第二梯队。因此,总体上看,欧盟人工智能的综合发展水平较美国、中国等全球主要竞争者而言还有一定差距。

2. 成员国之间人工智能发展水平存在鸿沟

欧盟人工智能产业的发展面临的第二个挑战是成员国之间人工智能发展不平衡和欧盟市场呈现碎片化。虽然欧盟常被视作一个整体,但其内部各成员国之间的经济发展水平、工业基础设施、人口素质和教育程度仍存在较明显的不均衡性。与南欧国家相比,西欧和北欧国家人工智能产业的表现较好,欧盟成员国内部在科技创新、劳动力水平、人工智能市场和应用等方面仍

---

① See OECD, Artificial intelligence, https://www.oecd.org/en/topics/artificial-intelligence.html,访问日期:2024年12月5日。
② See OECD, Artificial intelligence, https://www.oecd.org/en/topics/artificial-intelligence.html,访问日期:2024年12月5日。
③ See Stanford University for Human-Centered Artificial Intelligence, Artificial Intelligence Index Report 2024, https://hai.stanford.edu/ai-index/2024-ai-index-report,访问日期:2024年12月5日。

存在发展鸿沟,主要表现为以下三方面:一是科技创新方面的差异。虽然欧盟整体上表现出较好的创新绩效,但成员国内部和国家之间的创新鸿沟较为明显。在区域层面,人工智能科技创新能力强的地区往往位于具有更强大经济实力和创新能力的国家,比如德国、法国,而希腊、西班牙等国内经济和工业发展程度较弱的国家则在人工智能科技创新中表现较为疲弱。二是劳动力水平方面的差异。与南欧国家相比,北欧和西欧国家拥有更多高水平的研究机构和科研院所,也相应地拥有更高比例的国际人工智能人才。例如,欧盟内的卢森堡和欧盟外的瑞士因其多元化的人才库脱颖而出,而意大利则几乎完全依赖于本国人才来培养人工智能的劳动力。在高素质人工智能人才方面的差距也将进一步增加欧盟内部的发展鸿沟。三是人工智能市场和应用方面的差距。在欧盟成员国内部,拥有更强创新驱动、市场活力和人才吸引力的国家易更早将人工智能应用于多个领域,例如,智能制造、智慧城市和智能交通等,其他国家则在人工智能的应用普及方面表现较为普通。

3. 地缘政治冲突干扰产业战略布局

地缘政治冲突因素也增加了欧盟人工智能发展和治理过程中的不确定性。2022年2月,俄罗斯对乌克兰展开"特别军事行动",成为第二次世界大战结束以来欧洲伤亡人数最多的战争。俄乌冲突给欧盟人工智能产业的发展蒙上了一层难以抹去的阴霾。一方面,军费预算挤占了人工智能的投资额度。自乌克兰危机爆发以来,德国、法国、比利时等欧盟多国上调军费预算,这在一定程度上影响了欧盟内部的投资部署,削减了欧盟成员国政府对人工智能公共投资的预算额度。另一方面,地缘政治冲突也干扰了欧盟对外正常的国家合作和交流,在人工智能领域,其表现为欧盟强调与具有共同价值观的伙伴国家合作,从而限制了国际合作的范围,也强化了人工智能国际合作中的政治化倾向。①

二、人工智能领域的规制现状

对欧盟人工智能领域规制现状的分析大体可以分为三部分,以行政监管为主导的政府规制、以企业合规为主的自我规制,以及介于二者之间的合作规制,以下分而述之。

---

① 参见郭梦迎、张薇薇:《欧盟人工智能发展与治理面临的机遇和挑战》,载《和平与发展》2024年第5期。

（一）政府规制

在政府规制方面，主要表现为与人工智能相关的欧盟立法，即欧盟人工智能法律框架。具体的立法考察将在本章第三部分予以详述，在此主要对欧盟人工智能法律框架进行概览，以一窥欧盟人工智能政府规制的全景。欧盟委员会在人工智能法律规制上的目标是建立一个值得信赖、以人为本的人工智能生态，并为用户、开发人员和部署者提供一个安全、友好、创新的环境。据此，欧盟委员会提出了三项相互关联的法律举措，以建立值得信赖的人工智能。这些法律举措与相关立法议案相对应，其中，有的法律已经通过但尚未正式生效，有的法律仍在立法讨论进程之中，三项法律举措分别是：（1）人工智能法律监管框架。该法律监管框架旨在维护基本权利、解决人工智能安全风险。该法律监管框架以欧盟《人工智能法》为主要组成部分，该法案规定了人工智能四个不同的风险级别，分别是最低风险、高风险、不可接受风险和特定的透明度风险，此外，还为通用人工智能引入了专用规则。（2）人工智能民事责任法律框架。该法律框架旨在解决人工智能的民事责任问题，使得对人工智能民事责任的规制与数字时代，以及人工智能的发展相适应。该法律框架以欧盟《人工智能责任指令》和欧盟《产品责任指令》为主要组成部分。（3）行业安全法规。行业安全法规主要是为了解决人工智能产品的安全问题，包括欧盟《机械法规》（Machinery Regulation）和《通用产品安全法规》（General Product Safety Regulation）等，在制定人工智能法律的过程中，欧盟对这些行业安全法规进行了同步修订。

（二）合作规制

在合作规制方面，主要表现为人工智能标准化和合规认证体系。在该体系中，包括政策制定者、行业专家、技术开发者和民间团体等在内的各利益相关方都参与到人工智能的治理过程中，以实现对人工智能的共同监管与合作规制。例如，欧盟《人工智能法》第43条规定了高风险人工智能系统的合格评定义务，指出高风险人工智能系统需根据法案第40条规定的协调标准或者第41条所述的共同规范进行合格评定。而这种合格评定（即认证）过程是由受政府认可且公告的第三方机构实施的。在这一合格评定过程中，政府实际上将人工智能产品的监管权分享给欧洲第三方合格评定机构和标准化组织，体现了一种典型的合作规制结构。此外，欧盟《人工智能法》第40条进一步规定,高风险人工智能系统通过协调标准的即可被推定为合规的系统。而所谓的"协调标准"(Harmonised Standard)指的是一种技术标准,使人工智能的部署者和运营者可以根据该标准提供安全、可信赖的人工智能产品或者服务。目前,该技术标准尚在逐步制定过程中。这种合作规制模式并非一种新鲜事物,其早已存在于欧盟乃至世界其他地区的产品安全管理领域。例如,欧盟强制性产品认证——CE 认证就采取了这种合作规制模式,贴有 CE 认证标识的产品意味着其符合欧盟法规的基本要求,而通过该认证是产品进入欧盟市场的前提。我国也存在此类认证体系,例如,中国强制性产品认证(即 3C 认证),在该认证体系下,先由国家市场监督管理总局下属的认证认可监督委员会对第三方认证机构进行认可,再由被认可的认证机构对目录内市场主体生产的相关产品实施强制性认证,由此实现国家与私人之间的合作规制。

(三) 自我规制

在以企业合规为主的自我规制方面,即企业自愿、自主遵守欧盟人工智能立法相关的监管要求,主要体现为对中低风险等级人工智能系统的规制。自我规制(或者行业自律)显然是人工智能规制工具箱中的一个重要组成部分。一方面,人工智能技术的发展日新月异,依赖于成文法的传统政府规制可能难以跟上技术发展的步伐,从而因其滞后性导致规制不足,又或者规制过度而抑制人工智能的创新。另一方面,由政府和私人进行合作规制将消耗大量社会成本,增加企业的监管负担。因此,考虑到人工智能规制本身的复杂性,以及各类规制手段可能产生的监管过度或者监管不足问题,由企业自身或者行业协会进行自律式自我规制也是一条行之有效的补充方案。这种规制模式也体现在欧盟《人工智能法》中。例如,欧盟《人工智能法》第 95 条规定了由行为准则、行业最佳实践和企业自愿遵守的行为组成的自我规制措施。第 95 条第 1 款指出:"人工智能办公室和成员国应鼓励和促进制定行为准则,包括相关的治理机制,以促进除高风险人工智能系统外的人工智能系统自愿适用本条例第三章第二节中的部分或全部要求,同时考虑可用的技术解决方案和允许应用此类要求的行业最佳实践。"

三、人工智能领域的立法考察

欧盟居于全球数字立法的领先地位，2022年，欧盟通过的涉及人工智能的法规数量为22项，到2023年，这一数字上升到32项。① 其中，最引人注目的立法莫过于2024年3月13日通过的欧盟《人工智能法》，该部立法是世界上首部专门针对人工智能系统的横向集中式立法，具有开创性，为全球人工智能治理提供了一个可供参考的法律框架，并且很可能再次出现"布鲁塞尔效应"，从而对全球人工智能治理产生直接影响。

（一）欧盟《人工智能法》的立法背景

1. 立法目的

欧盟《人工智能法》是一部典型的功能主义立法，其旨在实现包括防范社会风险、保障基本权利、整合数字市场和促进创新发展在内的多重立法目标，具有如下立法目的：

一是应对人工智能对欧洲民主、法治和自由秩序的冲击和威胁。在2020年2月欧盟委员会发布的《人工智能白皮书——欧洲追求卓越和信任的方法》中，欧盟委员会详细地分析了人工智能技术潜在的收益与风险。② 该白皮书指出，一方面，人工智能技术被誉为"21世纪的石油"，能够带来新的经济增长点，具有重要战略价值，甚至可能带来"新一代工业革命"。另一方面，人工智能也可能对民主制度和公民基本权利构成威胁，大型科技公司可能对民主选举施加操纵和影响，人工智能技术也可能对个人隐私和数据保护、公民表达与集会自由、非歧视、获得公正审判和司法救济等权利形成负面影响。自动化决策算法、大语言模型可能以一种技术手段掩盖更加主观的现实，例如，自动化决策算法的不透明性和算法黑箱可能掩盖歧视事实，从而对透明性与可责性构成挑战。

二是促进欧盟地区的市场一体化进程，避免因多头监管导致的市场碎片化和地方保护主义。欧盟《人工智能法》的法律基础是《欧盟运行条约》

---

① See Stanford Institute Human-Centered Artificial Intelligence, Artificial Intelligence Index Report 2024, https://hai.stanford.edu/ai-index/2024-ai-index-report, 访问日期：2024年12月5日。

② See European Commission, White Paper On Artificial Intelligence-A European Approach to Excellence and Trust, https://commission.europa.eu/publications/white-paper-artificial-intelligence-european-approach-excellence-and-trust_en, 访问日期：2024年12月5日。

(Treaty on the Functioning of the European Union)第114条,根据该条规定,欧盟的立法需以协调一致为目的,提议的规章制度必须减少欧盟内部的监管碎片化。而《欧盟运行条约》本身的立法目的也是减少贸易壁垒,加强欧盟内部的统一性,其是包括欧盟《人工智能法》《数字市场法》在内的多部欧盟法律的立法基础。因此,欧盟《人工智能法》的另一个重要立法目的是通过设立统一的监管机构和监管体系,促进欧盟成员国国内人工智能市场的一体化进程,为人工智能企业提供更多的法律确定性,减少贸易壁垒,避免监管的碎片化。而这一立法目标也使得欧盟《人工智能法》无论是在规则设置上,还是在立法安排上都更接近于产品安全和市场监管立法。事实上,在最终出台的法案中,很多用语都与欧盟2008年发布的《有关产品安全的决定》相类似,法案中主要的法律实施机构也是市场监管机构,这也与欧盟早先制定的产品法相类似。

2. 立法演变

从立法演进史来看,欧盟《人工智能法》的立法演变经历了从软法到硬法的变迁。由于在人工智能领域存在大量立法空白,欧盟最初并未选择直接制定法律,而是通过确立人工智能伦理准则等软法的方式凝聚社会共识,为后续立法奠定基础。2017年1月,欧洲议会法律事务委员会主动起草了一份报告,提出了一项具有立法性质的动议,这项动议本身并非立法倡议,而是一套针对欧盟委员会的建议,要求欧盟委员会为机器人制定法律。该动议包括:(1)机器人的伦理规则;(2)对机器人和人工智能进行定义;(3)责任规则;(4)机器人的四项伦理规则(善意、非恶意、自主性、公平)。道德行为准则的目的是确保机器人和人工智能完全按照法律安全和道德标准运行,特别强调人的安全、隐私、尊严和自主。[①] 2018年4月10日,24个欧盟成员国和挪威签署了《人工智能合作宣言》,随后,另外4个成员国也加入该宣言。该宣言再次重申了建设"单一数字市场"(Digital Single Market)的战略目标,包括三项支柱:(1)在整个经济范围内刺激欧盟技术、工业能力和人工智能应用的增长;(2)为人工智能所带来的经济社会转变做准备;(3)确保一个恰当的伦理和法律框架。为了实现上述宣言内容,欧盟委员会组成了一个人工智能高水准专家团队,该团队包括了52名来自学术界、产业界和公民社会的专

---

① See Nikos Th. Nikolinakos, *EU Policy and Legal Framework for Artificial Intelligence,* Robotics and Related Technologies-The AI Act, Springer, 2023.

家,为人工智能的伦理、投资和政策制定提供咨询,并在2018年12月18日发布了一项详细的伦理手册(第一稿)。① 2019年,该伦理手册被最终制定。此伦理手册采取的是一种非强制性、软法路径对人工智能进行规范。人工智能高水准专家团队认为人工智能的全生命周期应该符合三个要素:合法性、伦理性、稳健性,并基于此确立了值得信赖的人工智能七项道德准则要求,包括:(1)人的代理与监督;(2)技术稳健性与安全性;(3)隐私和数据治理;(4)透明性;(5)多元、非歧视和公平性;(6)社会和环境友好;(7)可问责性。

自2020年始,欧盟委员会开始逐步向制定人工智能方面硬法的目标努力。2019年12月1日,欧盟委员会主席冯德莱恩承诺将于上任后的100天内提出立法,并"就人工智能对人类和伦理的影响采取协调一致的欧洲方法"。上任不到3个月,冯德莱恩就实现了她的承诺,尽管没有在期限内启动实际的立法程序,但至少发布了一份"白皮书",详细地说明了即将出台的人工智能监管框架的首选方案。2020年2月19日,欧盟委员会发布了备受期待的《人工智能白皮书——欧洲追求卓越和信任的方法》以征求意见。该白皮书列出具体措施和拟议的监管规定,旨在促进人工智能应用的开发、转化和使用,明确表示欧盟正在考虑适用人工智能正式监管制度。2021年4月21日,欧盟委员会提出欧盟《人工智能法》提案,由此开始了更具法律约束力、更具监管性质的立法程序。2022年12月6日,欧盟理事会内部达成一致,发布立场文件。2023年6月14日,欧洲议会确定一读文件。其后,欧洲议会与欧盟理事会同意开始三方会谈协调立场。2023年12月8日,欧盟《人工智能法》第四次三方会谈结束,达成临时协议。2024年2月2日,欧盟常驻代表委员会批准综合文本。2024年3月13日,欧洲议会批准了综合文本。欧盟《人工智能法》采用了"平衡和适当的水平监管路径"(balanced and proportionate horizontal regulatory approach),遵循"基于风险"(risk-based)的监管方法,呈现横向立法、议题多元、全生态主体参与、基于风险监管的特征。②

(二)欧盟《人工智能法》的主要内容

作为一部横向集中式立法,《人工智能法》的内容丰富。从监管行业来看,其涉及金融、医疗、教育、能源、运输、法律等行业;从参与主体来看,人工

---

① See Nikos Th. Nikolinakos, *EU Policy and Legal Framework for Artificial Intelligence*, Robotics and Related Technologies-The AI Act, Springer, 2023.

② 参见严少华、杨昭:《欧美人工智能治理模式比较及启示》,载《战略决策研究》2024年第3期。

智能系统的提供者、部署者、进口商和分销商均被列入了监管范围;从监管工具来看,透明度、监管沙箱、数据库管理、市场监督、信息共享等相关议题均有覆盖;从监管框架来看,该部立法划分为"不可接受—高—有限—低"的风险框架,并主要针对前两种风险类别的人工智能进行监管。

1. 人工智能的定义与监管范围

如何对人工智能作出定义,是欧盟《人工智能法》草案谈判和修改过程中最具争议性的几个问题之一,因为不同的学科对人工智能的定义有所不同。在技术层面,对人工智能的定义围绕着人类行动、人类思考、理性思考和理性行动等方面展开。例如,《大英百科全书》将人工智能定义为"由数字计算机或计算机控制的机器人执行通常与智能生物相关的任务的能力"。1956年,达特茅斯会议的召集者约翰·麦卡锡(John McCarthy)则将人工智能定义为"制造智能机器的科学和工程"。在法律监管层面,对监管主体进行定义至关重要,因为它决定了监管的适用范围。虽然人工智能的定义备受争议,但最终通过的欧盟《人工智能法》仍然对"人工智能系统""通用人工智能模型""通用人工智能系统"等关键术语进行了定义。

(1)人工智能系统(AI System)。《人工智能法》第3条第1项将人工智能系统定义为,"一种基于机器的系统,该系统旨在以不同程度的自主性运行,部署后可能表现出适应性,并且为了明确或隐含的目标,根据收到的输入推断如何生成输出,例如,可以影响物理或虚拟环境的预测、内容、建议或决策"。在法案的引言部分,立法者对该定义进一步进行了澄清:首先是通过"推断"能力将人工智能系统与其他自动化系统相区别。引言中指出,"人工智能的概念不应该涵盖完全基于自然人定义的规则来自动执行操作的系统,人工智能系统的一个关键特征是它们的推断能力,这些推断技术包括从数据中学习如何实现某些目标的机器学习方法,以及基于逻辑和知识的方法,从要解决的任务的知识编码或符号中进行推断。人工智能系统的推断能力超越了基本的数据处理,可以进行学习、推理或建模"。其他自动执行操作的系统,如 Excel 工作表中的求和公式,该求和公式也可能存在目标(求和)、输入(条目)和可能影响环境的输出(与总和相关的任何决策),但它并不是人工智能。而人工智能的两种方法,一种是机器学习,另一种是基于符号或知识的方法(专家系统)都被统一包括在"推断"(inference)这一术语中。

(2)通用人工智能模型(General-Purpose AI Model)。对通用人工智能的规制亦构成欧盟《人工智能法》的一个重要维度。2022年11月30日,由Open AI发布的人工智能大语言模型ChatGPT问世后,对人工智能的发展产生了巨大影响,这也促使欧盟在立法时将快速兴起的通用人工智能模型考虑在内。在理论层面上,通用人工智能指的是"在任何任务中都等于或者超过人类智能"的一种未来形式的人工智能,但这种智能形态尚未出现。在技术层面上,使用庞大数据训练量并且可以执行不特定任务的人工智能便可以被称作通用人工智能模型,例如,生成式人工智能就是一种典型例子。欧盟《人工智能法》主要采取了第二类方式,从技术层面定义通用人工智能模型,该法案第3条第63项将通用人工智能模型定义为"包括使用大规模自监督方法利用大量数据进行训练的人工智能模型,该模型表现出显著的通用性,无论以何种方式投放市场,均能胜任多种不同任务,并可以集成到各种下游系统或应用中,但投放市场前用于研究、开发或原型设计的人工智能模型除外"。

（3）通用人工智能系统（General-Purpose AI System）。通用人工智能系统是使用通用人工智能模型的人工智能系统,例如,生成式人工智能系统就是使用生成式人工智能模型,如大语言模型,从而可以根据提示生成文本、图像或者其他媒体内容的人工智能系统。典型的生成式人工智能系统包括ChatGPT、文心一言、通义千问等基于大语言模型构建的聊天机器人。对此,欧盟《人工智能法》第3条第66项将通用人工智能系统定义为"基于通用人工智能模型,能够满足多种用途的人工智能系统,既可以直接使用,也可集成到其他人工智能系统中"。

2. 人工智能的分级分类监管规则

欧盟《人工智能法》最显著的特点是其采取"基于风险"的路径,将人工智能系统的风险分为不可接受风险、高风险、有限风险和最小风险四个等级。该法案禁止不可接受风险的人工智能系统,对高风险的人工智能系统施加特殊要求,同时,保持有限风险和最小风险的人工智能系统尽可能少地受到立法限制。

（1）不可接受风险。根据《人工智能法》第5条的规定,存在"不可接受风险"的人工智能系统将被禁止使用,这种系统包括但不限于使用社交评分的人工智能系统,以及使用欺骗或者剥削技术以可能造成伤害的方式实质性扭曲人的行为的人工智能系统。此外,除某些特定情况外,远程生物识别系统也被禁止使用。

①操纵系统。操纵系统分为两类:第一类系统通过潜意识技术①对个体或群体意识进行操纵或欺骗,从而使个人或群体的行为受到扭曲、难以作出明智决策,并违背自身意志作出有损于个人、他人或者群体的决策。欧盟委员会对该定义进行了列举。例如,在科幻剧《黑镜》中有一集涉及工作时间指令,在剧集中,卡车上播放一种难以听见的声音,该声音迫使司机们超长时间驾驶,以达到效能的最大化。另一个例子是,一个具有声音系统的娃娃以有趣或酷为幌子,诱导未成年人从事危险的行为或挑战。② 第二类系统利用个体或者群体因为年龄、残疾或者特定社会与经济形势的脆弱性,扭曲该个体或群体的行为,并可能导致对其自身或者他人造成伤害。该系统包括一个重要子类别,即生物识别分类系统,指根据生物识别数据对自然人进行分类,以推断他们的种族、政治观点、工会会员资格、宗教信仰、性生活或性取向。但是,在执法领域对合法获得的生物特征数据集基于标签或过滤进行分类的情况并不被禁止使用。

这里的"操纵"与一般意义上的操纵不同,其指的是操纵者有意且暗中利用他人弱点来达到自身目的。该定义的达成需要符合四个要素,分别是有意、暗中进行、利用弱点和达成操纵者自身的目的。由于"有意"很难被证明,因此,该法案在修改过程中删去了这一项要求,仅要求具有行为扭曲的后果。同时,触发该项禁令的条件并非操纵者的最终目的被达成,而是行为导致了他人心理或物理层面的损害。③ 但是,并非所有的操纵系统最终都会造成损害结果,这也成了禁令中的一项漏洞。在现实生活中,伤害在单次可能并未达到严重阈值的情况下持续积累,导致其难以被证明,而这些日渐积累的伤害会随着它们对个体环境的影响而增强。例如,在与亲密关系有关的暴力行为中,法律已经在考虑潜在动态,而非一次性事件。此外,《欧盟人工智能法》排除了那些与用户行为交织在一起的扭曲或操纵类人工智能系统,例

---

① "潜意识技术"是指使用高于或低于人类有意识感知阈值的感官刺激(如图像、文本或声音)技术。

② See Michael Veale & Frederik Zuiderveen Borgesius, Demystifying the Draft EU Artificial Intelligence Act-Analysing the Good, the Bad, and the Unclear Elements of the Proposed Approach, *22 Computer Law Review International 97,* pp.98-99(2021).

③ See Nikos Th. Nikolinakos, *EU Policy and Legal Framework for Artificial Intelligence,* Robotics and Related Technologies-The AI Act, Springer, 2023, p.378.

如,在约会软件或者在线市场中歧视性的排名或推荐。①

②社会评分系统。社会评分系统指那些用于在一定时间内根据自然人或群体的社会行为来推断或预测他们的人格特征,并对其进行评估和分类,其社会评分将导致以下两种情况:一是在与数据最初产生或收集无关的环境中,对这些自然人或群体给予不利待遇;二是给予某些自然人或群体不合比例或者与其社会行为及其严重性不成比例的不利待遇。

目前,社会评分系统的范围尚有待欧盟委员会进一步澄清。一方面,其是否仅仅包括公共部门建立的评分系统,还是将私营部门的评分系统也纳入在内。在"数据化福利国家"的背景下,如果狭义地看待社会评分系统,则可能只与公共部门的行为相关,例如,福利行为中基于识别需要社会照顾的儿童进行的评估。广义上看,则可以将私营部门的行为也纳入其中,例如,领英app 中的"社交媒体背景调查",其可以对在线生活进行评分,也涉及前述定义,并影响到被评分者的公共就业情况。在法案修订后,被禁止的社会评分系统不仅包括公共部门及其代理人,也包括了私营部门。

③实时远程生物识别系统。按照立法规定,"远程生物识别系统"指通过将个人的生物识别数据与参考数据库中包含的生物识别数据进行比较,进而远距离识别自然人的人工智能系统,并且在事先不知道该人是否在场的情况下也可以进行识别。"实时"则指这种生物特征数据的采集、比较和识别是在没有明显延迟的情况下进行的,不仅包括了即时识别,也包括有限的短期延迟识别。除基于下述特定执法目的外,在公共部门执法过程中的实时远程生物识别系统应该被禁止:第一,有针对性地搜寻绑架、贩卖人口和对人类进行性剥削的特定受害者,以及搜索失踪人员;第二,防止对自然人生命或人身安全形成具体、重大和迫切的危险,或者防止恐怖袭击和真实、可预见的威胁;第三,为了给欧盟《人工智能法》附录规定的、在有关成员国可以判处至少四年监禁或拘留令的罪行进行刑事调查、起诉或者执行刑事处罚,而对犯罪嫌疑人进行定位或识别。《执法指令》(Law Enforcement Directive)对远程生物识别系统的执法使用进行了规范。如人脸识别等用于执法用途的生物识别系统,相比于其他系统更容易获得授权。这一禁令有两项说明:第一,与前

---

① See Nikos Th. Nikolinakos, *EU Policy and Legal Framework for Artificial Intelligence,* Robotics and Related Technologies-The AI Act, Springer, 2023, pp.99, 378.

两者不同,远程生物识别系统只是被禁止使用,而未被禁止投放入市场,这意味着欧盟供应商可以将此系统出售给第三国使用。例如,法国公司IDEMIA(Morpho)向上海公安局出售面部识别系统,或者荷兰公司Noldus向中国公安部出售面部表情分析工具"FaceReader"。第二,该项禁令存在许多例外情况,以至于批评意见指出其并非真正的禁令。[1] 而在草案公布后的多次谈判过程中,欧盟委员会又再次放宽了对例外情况的要求。

(2)高风险。根据欧盟《人工智能法》的要求,高风险人工智能系统在进入欧盟市场前,需要严格遵守特殊强制性规定,并且通过事前合格评定(Ex-Ante Conformity Assessment),以最大程度保障其安全使用。据欧盟委员会称,"人工智能系统可能对个人的健康和安全产生负面影响,尤其是该系统作为产品一部分时,因此,有必要阻止和减轻包括人工智能系统在内的整个产品的安全风险"。而高风险人工智能系统指的是那些可能会对成员国公民的健康、安全、基本权利产生重大负面影响的系统。[2] 根据《人工智能法》第6条,高风险人工智能系统需要符合两项要求:一是其属于规定在附录二中的产品或作为产品的安全组件;二是该以人工智能系统作为安全组件,或者以其系统作为产品本身的产品,在投入市场前或者投入使用前必须经过第三方合格评估。

高风险人工智能系统包括两类:一类是已经受现有产品安全法规范,需要通过第三方合格评定的产品,这一部分被规定在附录二中;另一类是单独的人工智能系统,这一部分由附录三所确定。简而言之,第一类是指产品,包括含有人工智能系统的产品和以该系统本身构成的产品,而第二类是指人工智能系统。具体而言,第一类高风险类型是指人工智能系统用于欧盟产品安全法规范围内的产品,包括玩具、航空、汽车、医疗设备和电梯等。第二类高风险类型是指需要在欧盟数据库中进行注册的八个领域人工智能系统,包括:①自然人的生物识别和分类;②关键基础设施的管理运营;③教育和职业培训;④就业、工人管理和自主创业;⑤获得和享受基本私人服务、公共服务及福利;⑥执法;⑦移民、庇护和边境管制管理;⑧协助法律解释和法律适用。

---

[1] See Nikos Th. Nikolinakos, *EU Policy and Legal Framework for Artificial Intelligence,* Robotics and Related Technologies-The AI Act, Springer, 2023, pp.99, 378.

[2] See Nikos Th. Nikolinakos, *EU Policy and Legal Framework for Artificial Intelligence,* Robotics and Related Technologies-The AI Act, Springer, 2023, pp.412-413.

必须在上市前和整个生命周期内对高风险人工智能系统进行评估。

（3）有限风险。有限风险的人工智能系统，是指使用者在应用系统时能够意识到在与人工智能互动，且使用者仍然能以自己的判断作出明智的决定。该风险类型的人工智能系统在欧盟《人工智能法》的监管框架下有较高的自由度，投放市场或投入使用前无须取得特殊的牌照、认证或履行繁杂的报告、监督、记录留存等义务。当前，市场上常见的聊天机器人、文字和图片识别及生成软件、人工智能伴侣等大多属于这一风险类型。

（4）最小风险。未归类在不可接受风险、高风险和有限风险类型的其他人工智能系统，都属于最小风险类型。该风险类型的人工智能系统没有特殊的干预和审查制度，但提供者可以自愿建立各行业的行为准则。

3. 人工智能的风险管理

人工智能的风险管理是欧盟《人工智能法》中的关键内容，主要是针对高风险人工智能系统，规定在《人工智能法》第9条。该条没有直接定义"风险管理系统"（risk management system）一词，从法条表述上看，它指的是第9条第1款至第7款所述的所有措施，主要由两部分组成，分别是：(1)风险管理过程（risk management process），规定在第9条第2款至第4款；(2)检测程序（testing procedures），规定在第9条第5款至第7款。此外，还包括与未成年人及弱势群体相关的特殊规则（第8款），以及内部风险管理的相关规定（第9款）。

风险管理过程包括三个步骤：识别并分析已知或可预见风险、进行风险评估和评价、采取风险管理措施。[①]

（1）识别并分析已知或可预见风险。《人工智能法》第9条第2款第a项规定："识别和分析高风险人工智能系统在按照其预期使用途径时，可能对健康、安全或基本权利造成的已知和可合理预见风险。"该条款中包含了两个动词，分别是"风险识别"（risk identification）和"风险分析"（risk analysis），但《人工智能法》本身并未对二者进行进一步阐释。根据国际标准化组织（ISO）的定义，风险识别指系统地利用现有信息来识别危害。[②] 至于风险分

---

① See Jonas Schuett, Risk Management in the Artificial Intelligence Act, *15 European Journal of Risk Regulation 367*, 367-385(2024).

② See ISO, ISO/IEC Guide 51:2014 Safety Aspects-Guidelines for Their Inclusion in Standards, Clause 3.10 and 6.1，https://www.iso.org/ standard/53940.html，访问日期：2024年12月5日。

析，则需要高风险人工智能系统供应商依靠现有的技术和方法（如风险分类法、事件数据库或者情景分析）来完成。从风险类型上看，包括了两类风险，即"已知风险"（known risk）和"可预见风险"（foreseeable risk）。"已知"是指可以通过合理努力知道的内容，而非实际知道的内容。如果风险在过去发生过或者未来肯定会发生，则风险就是"已知"的。如果风险尚未发生，但已经可以识别，则该风险是"可预见的"。至于需要投入多少精力来识别"可预见风险"，则需要遵循以下经验法则：风险的潜在影响越大，则需要投入越多精力来预测和识别。

（2）进行风险评估和评价。《人工智能法》第9条第2款第b项规定："评估和评价高风险人工智能系统，在按照其预期目的和在可合理预见的滥用条件下使用时可能出现的风险。"该条款中同样包含两个动词，分别是"风险评估"（risk estimation）和"风险评价"（risk evaluation）。由于《人工智能法》同样未对其作进一步阐释，因此，仍然可以借助ISO标准和IEC标准中的相关定义予以理解，即"风险评估"指对危害发生的概率和危害的严重程度进行估计①，而"风险评价"则指确定风险是否可以被接受。② 由于该风险评估和风险评价只涵盖了"按照其预期目的"和"在可合理预见的滥用条件下"使用时可能出现的风险，因此，对于未按照预期目的或者以不可预见的方式滥用时产生的风险，将不被包括在内。

（3）采取风险管理措施。《人工智能法》第9条第2款第c项规定了"风险管理措施"（risk management measure），风险管理措施也被称为风险应对（risk response）或风险处理（risk treatment），指为了减少已被识别、评估的风险而采取的行动。风险管理措施的相关细节被更多地规定在《人工智能法》第9条第3款和第4款中。根据《人工智能法》第9条第3款，风险管理措施"应适当考虑第二章规定的各项要求的综合应用所产生的影响和可能的相互作用，以便更有效地将风险降至最低，同时，在执行措施以满足这些要求时实现适当的平衡"。虽然第3款提出了风险管理措施的总体要求，但《人工智能法》并未设置一个具体统一的执行标准或者共同规范，未来尚需由标准机构

---

① See ISO, ISO/IEC Guide 51:2014 Safety Aspects-Guidelines for Their Inclusion in Standards, Clause 3.9 and 3.10, https://www.iso.org/ standard/53940.html，访问日期：2024年12月5日。

② See ISO, IEC 31010:2019 Risk Management Risk Assessment Techniques, Clauses 3.12, https://www.iso.org/standard/72140.html，访问日期：2024年12月5日。

依据高风险人工智能系统的使用情景,从而确定风险管理措施中的具体标准和框架。

尽管这三个步骤是依顺序进行的,但它们本身是不断迭代的,风险管理的过程需要重复,直到所有的风险都被减少到可接受的水平。在进行前两个步骤之后,提供者需要确定风险是否已经可以被接受,如果确定,则可以记录这一决定并完成风险管理过程;如不确定,则应该进行第三步,而在采取了适合的风险管理措施之后,需要重新评估风险并决定剩余风险是否可以被接受。如此反复迭代,若剩余风险最终依旧无法达到最低可接受的水平,则应当停止开发或者部署。

前述风险管理过程必须贯穿于高风险人工智能系统的整个生命周期。高风险人工智能系统的提供者必须采取三种类型的风险管理措施,这类似于ISO/IEC 指南的"三步法"。首先,供应商必须尽可能以消除或者减少风险发生的方式设计和开发系统。例如,为减少语言模型输出有害语言,提供者可以对模型进行微调。其次,如果无法消除风险,则供应商必须实施恰当的缓解和控制措施。例如,对语言模型的微调无法消除风险的情况下,可以使用安全过滤器或者其他方法来检测内容。最后,必须向用户提供充分信息,并酌情提供培训。只有当所有步骤都按照必要标准执行时,风险才能被认定为可接受风险。[1]

4. 人工智能监管沙盒

人工智能监管沙盒(Regulatory Sandbox)是欧盟《人工智能法》中最为重要的内容之一,其目标是在实施风险监管的同时鼓励和支持创新。"监管沙盒"的概念最早是在 2015 年被提出,2015 年英国金融行为监管局率先推出了金融科技监管沙盒机制。根据经济合作与发展组织统计,截至目前,全球约有 100 个监管沙盒倡议。[2] 从定义上看,监管沙盒指的是一种允许企业在有限的时间内对新的、具有创新性的产品或服务,在监管机构的监督下进行测试和试验的监管工具。从功能上看,监管沙盒具有双重功能:其一是促进商业学习,即在真实世界环境中进行开发和测试创新;其二是促进监管学习,即

---

[1] See Jonas Schuett, Risk Management in the Artificial Intelligence Act, *15 European Journal of Risk Regulation 367*, 367-385(2024).

[2] See OECD, Regulatory Sandboxs in Artificial Intelligence, https://www.oecd.org/en/publications/regulatory-sandboxes-in-artificial-intelligence_8f80a0e6-en.html, 访问日期:2024 年 12 月 12 日。

制定试验性的法律制度,以支持和指导企业在监管机构的监督下进行创新活动。因此,通过使用监管沙盒,既可以在控制风险的情况下进行商业创新,又可以提高监管机构对新技术的理解。①

欧盟委员会在2021年4月起草《人工智能法》文本的草案时,就引入了"人工智能监管沙盒"的概念,并将其标记为支持创新的具体措施。其目标是通过在开发阶段为创新的人工智能技术、产品和服务建立受控的实验和测试环境,等技术和监管成熟后再将其投放入市场,以促进人工智能技术创新。在2024年3月通过的最终版《人工智能法》中,"沙盒计划""人工智能监管沙盒"等被规定在第3条第53款至第55款和第57款中,关于监管沙盒的建立、运行和个人数据保护等问题则被规定在第57条至第59条中,其中:第57条讨论了监管沙盒的一般规定;第58条规定了监管沙盒具体的建立、开发、实施、运营、监督等问题;第59条则是有关监管沙盒内部个人数据保护的处理问题。

(1)监管沙盒的建立与监督。根据《人工智能法》第57条规定,成员国应当确保其主管当局在国家一级建立至少一个人工智能监管沙盒,并在本条例生效24个月后投入运行。该人工智能监管沙盒应当提供一个可控的环境,以促进创新,并根据提供者或潜在提供者和主管当局之间商定的具体沙盒计划,将创新的人工智能系统投放市场或提供服务之前,在有限的时间内为其开发、培训、测试和验证提供便利。此外,主管当局应酌情在沙盒中提供指导、监督和支持,以确定风险,特别是基本权利、健康和安全、测试、缓解措施方面的风险,以及这些措施在本条例义务和要求方面的有效性,并在相关情况下,确定在沙盒中受监督的其他欧盟和成员国立法的有效性。

(2)监管沙盒的安排与运作。根据《人工智能法》第58条规定,人工智能监管沙盒向任何提出申请且符合资格和选择标准的人工智能系统提供者或潜在提供者开放,这些标准应透明和公平,且成员国主管当局应在申请后3个月内通知申请人其决定。此外,为了鼓励和促进中小企业在人工智能方面的创新,该条还规定,"包括初创企业在内的中小企业可以免费进入人工智能监管沙盒,但不影响国家主管当局以公平和适当的方式征收特殊费用"。在

---

① See S. Ranchordas, Experimental lawmaking in the EU: Regulatory Sand boxes, *EU Law Live*, 22 October 2021, pp.2-12.

运行监管沙盒时,《人工智能法》也规定了沙盒与本法规定的合格评定、认证认可和标准制度之间的联动。例如,《人工智能法》第 58 条第 2 款第 g 项规定,人工智能监管沙盒应促进人工智能生态系统中其他相关参与者的参与,如通知机构和标准化组织、中小型企业(包括初创企业)、创新者、测试和实验设施、研究和实验室,以及欧洲数字创新中心、卓越中心、个人研究者,以允许和促进与公共和私营部门的合作。

(3)监管沙盒的数据处理。数据处理是人工智能监管沙盒中的一个重要问题,尤其是涉及个人信息的数据,因为这涉及与欧盟《通用数据保护条例》的衔接问题。《人工智能法》第 59 条规定,在符合特定条件的情况下,可以仅以开发、训练和测试沙盒中的人工智能系统为目的,处理因其他合法目的收集的个人信息,这些条件包括:第一,为了维护重大公共利益而开发的系统;第二,为了预防、调查、侦查或者起诉刑事犯罪而开发的人工智能系统。此外,在符合重大公共利益的情况下,还需要使用有效的监测机制、为个人数据提供受保护的处理环境、记录个人数据处理日志,并且在终止沙盒测试后删除个人数据。总而言之,若人工智能监管沙盒超出《通用数据保护条例》的"目的限定原则"处理个人数据,将会受到严格的约束与限制,数据主体所享有的数据权利并不会因监管沙盒而被剥夺。

5. 法律适用

(1)适用范围。欧盟《人工智能法》不仅适用于欧盟地区,而且具有涉外效力,任何投放进入欧盟市场或者输出结果位于欧盟境内的人工智能系统都必须符合立法中的合规要求。其适用范围包括:第一,任何在欧盟市场上投放或者以其他方式投入使用人工智能系统或通用人工智能模型的供应商,无论该供应商是设立在欧盟境内还是第三国;第二,任何在欧盟境内设立或者主要营业地位于欧盟的人工智能部署者;第三,虽然设立地点位于第三国,但在欧盟境内产生输出结果的人工智能系统。

(2)适用对象。欧盟《人工智能法》的适用对象几乎涵盖了人工智能价值链上除终端用户外的每一位主体,包括供应商、分销商、进口商、部署者等,每一位角色都有其对应的合规义务。首先,根据《人工智能法》第 3 条第 3 项规定,任何开发了人工智能系统或者通用人工智能模型,以及开发并将其投放入欧盟市场的自然人或者法人、公共主管部门和其他机构组织,均属于该法规定的人工智能"提供者"(providers)。其次,任何位于或设立在欧盟境内的自然人或法人,将带有第三国商标或名称的人工智能系统投入欧盟市场的,均属于该法规定的人工智能"进口商"(importers)。再次,在供应链中不是提供者或者进口商,但在欧盟市场上提供人工智能系统的,属于该法规定的人工智能系统"分销商"(distributors)。最后,任何在其权力或权利范围内使用人工智能系统的自然人或法人、公共主管部门、机构(在个人非专业活动中使用人工智能系统的除外),均属于该法规定的人工智能"部署者"(Deployers)。此外,欧盟《人工智能法》还规定了"运营商"(operators)概念,前述人工智能系统或者通用人工智能模型的供应商、产品制造商、部署者、进口商和分销商或者授权代表都属于该法定义下的运营商。

(3)适用行业。欧盟《人工智能法》作为一部集中式横向立法,并不针对特定行业,而是适用于所有行业,这进一步扩大了该部立法的适用范围。

6. 执行与罚则

违反《人工智能法》第9条有关风险管理系统相关的规定,高风险人工智能系统的提供者可能面临行政责任、民事责任或刑事责任三种责任。行政责任由法案直接规定,民事责任和刑事责任则主要取决于当事人之间的合同约定和成员国自身的立法规定。[①]

(1)行政责任。违反《人工智能法》第9条规定的高风险人工智能系统供应商可能会面临高达6.2亿美元的行政罚款。如果违规者是一家公司,则最高罚款总额可能达到其上一财政年度全球营业额的4%,二者以较高者为准。在实施罚款之前,国家主管当局通常会要求高风险人工智能系统供应商证明其符合第9条的规定,如果无法提供正确、完整的信息,则可能导致主管当局作出罚款决定。

(2)民事责任。高风险人工智能系统供应商也可能要承担民事责任。首先,供应商可能要承担合同的违约责任。如果其导致缔约方受到损害,则该受损害的缔约方可以要求赔偿,但是,这取决于遵守《人工智能法》第9条的规定是否属于合同附带义务。此外,高风险人工智能系统还可能产生侵权责任,受害方可以向供应商提出索赔。当然,这在很大程度上取决于《人工智能法》第9条的立法目的是否"保护个人"。

---

① See Jonas Schuett, Risk Management in the Artificial Intelligence Act, *15 European Journal of Risk Regulation 367,* 367-385(2024).

(3)刑事责任。《人工智能法》第 9 条无法通过刑法强制执行。法案本身没有提及任何刑事处罚措施,但是,在一些成员国,违反《人工智能法》第 9 条仍然可能构成刑事犯罪。例如,未能实施风险管理制度可能构成疏忽大意。

(三)其他人工智能相关立法

1.《人工智能责任指令》

《人工智能责任指令》(Artificial Intelligence Liability Directive)的立法提案最早由欧盟委员会于 2022 年 9 月发布,目前该立法进程被暂时搁置,尚未得到欧洲议会和欧盟理事会的审议。根据该立法提案,欧盟委员会主张对既有的欧盟责任框架进行补充和现代化,以引入专门针对人工智能系统造成损害的新规则。这一新规则旨在确保受到人工智能系统损害的人可以享有与其他被侵权人相同的保护。此外,《人工智能责任指令》还将更新"因果关系推定"规则,以减轻受害人的举证责任,并赋予法院命令涉嫌造成损害的人工智能系统披露相关证据的权力。随着人工智能等数字技术的兴起,确定损害后果与人工智能技术之间的因果关系将变得十分复杂,在此背景下,欧盟委员会提议通过新的立法以应对此挑战,从而为人工智能产业的发展创造稳定的投资预期,并鼓励公众信任且使用人工智能产品。然而,该部立法提案在产业界引发广泛争议,科技行业普遍认为其增加了不必要的法律负担。2025 年 2 月 11 日,欧盟委员会在其公布的 2025 年工作计划中确认将不再推进《人工智能责任指令》,并同时撤回了《电子隐私条例》(E-Privacy Regulation)等其他涉及科技行业的提案。这一举措也被视为对外界批评的回应。

2.《产品责任指令》

《产品责任指令》(Product Liability Directive)最早由欧盟理事会于 1985 年发布,是欧盟统一产品责任法律制度的重要内容之一。该部立法为欧盟地区引入了一套协同的产品责任规则,主要体现为无过错责任(也称严格责任)制度,即责任的承担不依赖于制造商的过错或过失,无论产品缺陷是否由制造商的过错或过失导致,消费者都可以对因产品或服务造成的损害提出索赔请求。此外,《产品责任指令》还规定了 3 年的索赔时效,而自产品投放市场 10 年后,制造商将不再承担任何责任。2022 年 9 月,欧盟委员会提交了更新《产品责任指令》的立法议案,其与欧盟《人工智能责任指令》并行不悖。该立法议案指出,为促使欧盟的产品责任制度与数字时代下的商业模式和全球价值链相适应,使消费者能够获得欧盟和欧盟以外地区缺陷产品的赔偿,有必要进行法律修改,引入新的法律条款,解决诸如人工智能软件和人工智能产品等数字产品与服务的责任问题。

人工智能产品和服务往往具有无实体性、对数据的依赖性、内部结构的复杂性、供应链的连通性等特征,对传统以无过错责任为主的产品责任规则提出了挑战,消费者和其他受害方在因人工智能技术致损时可能难以获得赔偿。为应对此类问题,2024年3月12日,欧洲议会投票通过了新的《产品责任指令》,本次修订更新了已颁布近四十年的消费者保护法律。该指令更新了以下内容:第一,改变了"产品"和"经营者"的定义。其中,"产品"的概念扩展到了软件、人工智能系统和其他融合了人工智能系统的商品,例如,自动驾驶汽车中的导航软件、智能家居和智能可穿戴设备等。"经营者"的范围也被扩展到了在产品投入市场后,对其进行实质性修改的自然人或者法人,这样可以解决部分人工智能产品研发过程中的"多手问题"(many-hands problem)。此外,该指令还修订了第7条有关"经济运营商"(economic operator)包含的主体类型,将网络平台也包括在内。第二,扩展了产品责任制度中的关键权利义务,将"没有提供公众有权期待的安全"这一情形也纳入了"产品缺陷"的范围中,这就使得作为事后救济的产品责任制度可以与事先的风险管理措施相联动,使人工智能部署者与开发者可以充分考虑人工智能的风险与安全问题,并将该社会成本充分内化。第三,更新了举证责任规则。根据新的《产品责任指令》,当原告提出了足以支持其请求的事实和证据时,法院有权命令被告披露其掌握的相关证据,如果被告不予披露或者其披露的产品缺陷与造成原告损害的产品缺陷一致时,法院将推定产品存在缺陷。考虑到人工智能致损中,原告举证存在困难,受害人只需要提供证据证明"索赔的合理性",即证明其损害与产品缺陷的存在,就可以在特定情况下推定损害后果与产品缺陷间存在法律上的因果关系,除非运营商可以提出充足的反证。

3.《通用数据保护条例》

《通用数据保护条例》于2016年通过,并于2018年5月25日起正式实施。该条例取代了1995年的《数据保护指令》(Data Protection Directive),为欧盟地区的数据处理和数据保护提供了基本法律框架。该条例确立了接收、处理个人信息的合法公平透明原则、最小必要原则、目的限制原则、准确性原则、储存限制原则、完整性和保密性原则,并且凭借其"布鲁塞尔效应"对欧盟以外的地区也产生了影响,许多国家和地区的个人保护法都对《通用数据保护条例》进行了借鉴与模仿。① 数据是人工智能的燃料,《通用数据保护条例》也成为人工智能治理中相关的重要法律。从法律体系来看,《通用数据保护条例》与欧盟《人工智能法》互为补充,换言之,人工智能系统部署者必须遵守以《通用数据保护条例》为首的欧盟数据保护法的相关规定。一个较为明显的例子是欧盟《人工智能法》第 27 条的规定,该条规定了高风险人工智能系统部署者有对该系统进行基本权利影响评估的义务。该条第 4 款规定,如果该部署者根据《通用数据保护条例》第 35 条实施数据保护影响评估,那么则本条所述基本权利影响评估应作为该数据保护影响评估的补充。根据欧盟理事会对此条所作的解释,其指的是如果部署者已经根据《通用数据保护条例》的要求进行了数据保护影响评估,那么为了避免因义务重叠而给部署者造成额外负担,在《人工智能法》中相应的义务可以免除,以使得二者保持贯通和一致。

  综上所述,欧盟是全球人工智能治理与立法的先驱,其制定通过的欧盟《人工智能法》是世界上第一部专门针对人工智能的监管性法律,旨在维护欧盟地区公民的基本权利、预防人工智能风险、加强技术治理与监管,同时,鼓励和促进人工智能的技术创新与有序发展。虽然欧盟在人工智能的治理与立法方面走在世界前列,但其人工智能产业发展也面临着严峻挑战,过严的监管要求可能及早抑制人工智能的发展,加速本土人工智能企业向"监管低地"的流动与迁徙。本部分概览了欧盟人工智能的产业发展情况、规制现状和立法考察。欧盟作为全球人工智能治理体系中重要一环,其率先迈出的立法步伐和详细的规制策略将为后来者提供宝贵的参考样本。

---

① 参见金晶:《欧盟〈一般数据保护条例〉:演进、要点与疑义》,载《欧洲研究》2018 年第 4 期。

第五章　英国人工智能治理

一、人工智能的产业发展情况

英国作为全球第三大人工智能市场，其产业规模已突破140亿英镑，拥有约四千家活跃企业，在研发、网络安全等多个细分领域具有较强竞争力。从市场结构来看，人工智能产业呈现典型的"金字塔"结构，虽然微型企业占比58%，构成产业主体，但4%的大型企业创造了80%的产业收入，收入分布显示出明显的集中态势。从空间分布来看，以伦敦为核心的区域聚集了超过70%的企业和投资资源，同时，人工智能产业具有较强的国际化特征，65%的企业从事出口业务，体现出显著的全球化发展趋势。

（一）情况概览

从产业规模和市场结构来看，截至2024年3月，英国在全球人工智能市场格局中确立了其第三大市场主体地位，仅次于美国和中国。[①] 2023年，英国人工智能产业的总收入突破140亿英镑。当前，约有四千家英国企业在人工智能产品与服务领域保持活跃状态。其中，Google Deepmind、Darktrace及Limejump等企业分别在人工智能研发、网络安全和能源管理等细分领域形成了较强的市场影响力。就产业规模结构而言，根据英国政府的统计数据表明，3713家受调查企业呈现出明显的"金字塔"结构特征。其中，微型企业2150家，占比58%，构成产业主体；小型企业1047家，占比28%；中型企业357家，占比10%；大型企业159家，占比4%。值得关注的是，产业收入分布呈现显著的集中态势，仅占企业总数4%的大型企业创造了80%的产业收

[①] See Stanford Institute for Human-Centered Artificial Intelligence, The Glob al AI Vibrancy Tool, https://hai.stanford.edu/ai-index/global-vibrancy-tool, 访问日期：2024年9月20日。

入，约合 114 亿英镑。①

从投资市场的发展态势来看，2023 年，英国人工智能产业的投资规模达到 37.8 亿美元。然而，与上一年度相比，投资价值呈现出 53% 的显著下降趋势，这一现象与高增长生态系统整体投资收缩的宏观背景相吻合。② 就市场活跃度而言，尽管投资规模收缩，但交易量仅下降 4%，基本维持稳定态势，这种现象可能为投资者创造更优的价值空间。值得注意的是，2023 年，人工智能企业的平均交易规模已回归至 2020 年之前的水平，这表明市场正在从 2021 年和 2022 年的异常繁荣期向常态化发展阶段转变。

从技术发展水平来看，英国在人工智能领域的专利授权和基础模型发展上呈现出明显的差异性特征。在专利授权方面，获得 379 项人工智能专利授权，相比之下，在基础模型方面的表现较为突出：拥有 8 个基础模型，1 个数据集，以及 2 个应用。③ 这些数据表明，尽管英国在人工智能专利授权的数量上仍有提升空间，但在基础模型的开发和应用方面已经建立了较强的竞争优势，特别是在基础模型的实际应用领域表现尤为突出，展现了英国在人工智能基础研究向实际应用转化方面的显著能力。

从地理空间分布来看，英国国内的人工智能产业呈现出明显的区域集聚特征。具体而言，以伦敦东南部和英格兰东部为核心的区域聚集了 75% 的企业注册地和 72% 的实际经营场所，形成了显著的产业空间集中态势。

从投资的地域分布来看，伦敦地区保持着显著的资本集聚优势。具体表现为，2023 年，伦敦地区吸引的股权投资达 8.22 亿英镑，占总投资额的 70% 以上。与此同时，英国人工智能行业展现出强大的国际影响力。根据政府调查报告的数据显示，从事出口业务的企业比例达到 65%，较 2022 年提升了 14 个百分点，体现出人工智能行业国际化程度不断提升的发展趋势。其中，60% 的企业的出口收入占比达到或超过 40%，且 75% 的企业对未来 12—18

---

① See Department for Science, Innovation & Technology, Artificial Intelligence Sector Study 2023, https://www.gov.uk/government/publications/artificial-intelligence-sector-study-2023/artificial-intelligence-sector-study-2023，访问日期：2024 年 11 月 1 日。

② See Department for Science, Innovation & Technology, Artificial Intelligence Sector Study 2023, https://www.gov.uk/government/publications/artificial-intelligence-sector-study-2023/artificial-intelligence-sector-study-2023，访问日期：2024 年 11 月 1 日。

③ Stanford, op. cit.

个月的出口增长持积极预期。① 这些数据表明,英国人工智能产业已深度融入全球价值链体系,具有显著的国际竞争优势和发展潜力。

(二)优势与机遇

科研技术领域的先发基础、政策层面的有力支持,以及国际合作层面的积极参与使英国在发展人工智能产业方面具备独特优势。

首先,英国在人工智能的发展历程中始终占据着举足轻重的地位。英国数学家艾达·洛夫莱斯和被誉为"计算机科学和人工智能之父"的艾伦·图灵的开创性工作,为现代人工智能的发展奠定了重要理论基础。20世纪五六十年代,随着人工智能展现出巨大的发展潜力,爱丁堡大学、萨塞克斯大学、埃塞克斯大学和剑桥大学等顶尖学府相继建立了专门的人工智能研究中心。时至今日,凭借其深厚的学术积累和持续的创新能力,英国仍然是全球公认的人工智能研究和创新重镇,在全球人工智能的发展格局中保持着重要影响力。

其次,英国政府部门通过积极投入人力、物力,以及提供政策利好大力支持人工智能产业发展。作为英国主要的研究资助机构,英国研究与创新署(UKRI)近期批准了逾700万英镑的专项经费,用于推动人工智能领域的技术创新与产业转化。② 2025年1月13日,英国政府公布了"人工智能机遇行动计划",旨在为英国成为"世界人工智能领导者"提供政策支撑。③ 该计划提出了五十项具体建议,并围绕三大核心领域展开系统部署:一是夯实人工智能的发展基础,构建支撑产业发展的基础设施体系;二是推动人工智能技术与社会生活深度融合,充分发挥技术创新对改善民生的积极作用;三是着力发展自主可控的人工智能技术,确保国家在该领域的长期竞争优势。

最后,英国政府积极参与人工智能治理的国际规则塑造,以期提升本国

---

① See Department for Science, Innovation & Technology, Artificial Intelligence Sector Study 2023, https://www.gov.uk/government/publications/artificial-intelligence-sector-study-2023/artificial-intelligence-sector-study-2023,访问日期:2024年11月1日。

② See UK Research & Innovation, Over £7 million Awarded to Help AI Boost Growth in the UK, https://www.ukri.org/news/over-7-million-awarded-to-help-aiboost-growth-in-the-uk/,访问日期:2025年1月14日。

③ See Department for Science, Innovation & Technology, AI Opportunities Action Plan, https://www.gov.uk/government/publications/ai-opportunities-action-plan/ai-opportunitiesaction-plan,访问日期:2025年1月13日。

在该领域的战略地位与话语权竞争优势。2023年11月,英国首相在布莱切利庄园召开首届人工智能安全峰会。在该峰会上,与会国家就人工智能治理问题达成多项共识,并汇总成为重要成果性文件《布莱切利宣言》。该宣言的签署方承诺通过科学、循证的研究方法识别人工智能安全风险,并据此构建以风险为导向的政策框架,从而确保人工智能技术的安全发展。该宣言还特别强调,尽管各国可能在本国内采取不同的治理路径,但国际合作在实现全球人工智能安全方面仍将发挥重要作用。①《布莱切利宣言》的签署标志着国际社会在人工智能治理领域达成首个多边共识,亦彰显了英国在全球人工智能治理格局中所发挥的重要作用。

(三) 面临的挑战

近年来,尽管英国在人工智能领域取得了显著进展,但在其发展道路上仍面临着若干挑战。这些挑战主要体现在以下几个方面。

首先,英国在高性能计算设施和数据中心基础设施方面与美国等领先国家存在明显差距。特别是在高性能GPU等关键硬件设备方面存在较强的对外依赖性,这不仅影响着产业发展的自主性,还可能带来供应链的安全风险。②

其次,英国企业面临着数字化转型迟滞与人工智能相关人才供给不足的困境。众多中小企业对数字技术的认知和应用仍显不足。近三分之一(31%)的中小企业尚未采用云计算技术,将近半数(47%)的企业目前尚未使用人工智能工具或应用程序。在人才技能方面,五分之二的企业在招聘具备良好数字技能的员工时面临困难,这种技能短缺既包括数据分析、信息技术等传统数字岗位,也涉及新兴的人工智能特定技能。例如,提示词工程师(Prompt Engineer)等新型职业岗位的出现,凸显了开展再培训和技能提升项目的迫切需求。

最后,脱欧所带来的政治经济格局变动亦为英国人工智能产业的发展带

---

① See Prime Minister's Office 10, Downing Street, AI Safety Summit 2023: The Bletchley Declaration, https://www.gov.uk/government/publications/ai-safety-summit-2023-the-bletchley-declaration/the-bletchley-declaration-bycountries-attending-the-ai-safety-summit-1-2-november-2023,访问日期:2025年2月2日。

② See Jeremy Werner, UK AI Sector Sees Rapid Growth and Challenges in Investment, Talent, Access and Infrastructure, DSIT Report Reveals, https://babl.ai/uk-ai-sectorsees-rapid-growth-and-challengesin-investment-talent-access-and-infrastructure-dsit-report-reveals/,访问日期:2025年2月2日。

来一定挑战。失去欧盟单一市场准入权后,英国人工智能企业需要重新规划其市场战略。在商业运作过程中,企业可能会面临英国本土的宽松监管与欧盟严格监管间的冲突,企业在运作过程中需对相关的监管冲突问题进行审慎权衡。①

二、人工智能领域的规制现状

与欧盟《人工智能法》采取的统一监管模式形成鲜明对比,英国政府正在构建一种基于原则的独特监管框架。欧盟的做法是为人工智能领域的各类主体(包括供应商、进口商、分销商和部署者等)设置新的合规义务,而英国则选择了一条不同的发展路径。英国的监管思路是建立一个原则性的框架体系,由现有监管机构在其特定的行业领域内进行解释和应用。

(一)人工智能规制的早期政策

英国在人工智能治理领域位居全球前列,其国家级人工智能治理政策的数量仅次于美国。② 英国的人工智能治理体系以促进创新(pro-innovation)为核心目标,采用了基于原则(principle-based)且以行业为主导(sectoral-based)的灵活分散式治理方法。构建英国人工智能治理体系的关键政策文件主要包括 2021 年的《国家人工智能战略》(National AI Strategy)、2023 年的《促进创新的人工智能监管方法》白皮书(AI Regulation: a Pro-Innovation Approach,以下简称《人工智能白皮书》),以及正处于立法进程中的《人工智能(监管)法案》[Artificial Intelligence(Pegulation) Bill]。这些政策文件共同构建了英国独具特色的人工智能治理框架。

自 2018 年以来,英国各监管机构开始在各自管辖领域制定针对性的人工智能治理措施。英国信息专员办公室(ICO)率先行动,于 2019 年和 2022 年分两次发布《人工智能审计指南》。③ 2020 年,竞争与市场管理局(CMA)、信息专员办公室及通信管理局(Ofcom)三个主要人工智能监管机构联合成

---

① See Joshua Krook et al., A Systematic Literature Review of Artificial Intelligence(AI) Transparency Laws in the European Union(EU) and United Kingdom(UK): A Socio-Legal Approach to AI Transparency Governance,https://doi.org/10.2139/ssrn.4976215,访问日期:2025 年 2 月 2 日。

② Stanford, op. cit.

③ See Information Commissioner's Office, A Guide to ICO Audit: Artificial Intelligence(AI) Audits,https://ico.org.uk/media2/migrated/4022651/a-guide-to-ai-audits.pdf,访问日期:2024 年 12 月 21 日。

立数字监管合作论坛(DRCF),以加强数字技术治理领域的机构协作。2021年4月,英国金融行为监管局(FCA)加入该论坛,进一步强化了跨机构协调机制。

2021年9月,英国发布《国家人工智能战略》提出了一个十年规划,旨在巩固英国作为全球人工智能大国的地位,并建立"全球最值得信赖且最具创新性的治理框架"。[①] 该战略确立了三大核心目标:一是通过投资与规划巩固英国在科学与人工智能领域的领导地位;二是支持向人工智能驱动型经济转型,确保创新成果普惠各行业与地区;三是完善国内外人工智能治理框架,在推动创新和投资的同时,保护公共利益与核心价值观。该文件虽然提出需重新评估现有基于行业的治理方法,特别是在监管权限和一致性方面,但并未实质改变英国的人工智能治理立场,而是将具体治理方案的阐述交由后续发布的《人工智能白皮书》完成。

(二)《人工智能白皮书》

2022年夏季,在经过利益相关方的咨询后,2023年3月,英国发布《人工智能白皮书》进一步确认了英国人工智能治理的方向。该白皮书延续了2018年确立的政策思路,强调以促进创新为导向,优先采用情境适应的非立法性规制模式。同时,白皮书提出政府应建立基于原则的监管框架,让各监管机构可以在其职权范围内灵活解释和应用。[②]

在基于原则的监管框架下,白皮书所确立的五项核心原则包括:①安全性、保密性和稳健性;②适当的透明度和可解释性;③公平原则;④问责和治理;⑤可争议性和补救措施。这些原则以经济合作与发展组织于2019年发布的人工智能原则为基础,其指导方向与经济合作与发展组织内许多其他司法管辖区的相关规定保持一致。这些原则构成了英国政府人工智能治理方法的主要基础,作为指导各经济部门采用和调整的准则,旨在促进人工智能负责任开发和使用。作为促进创新方针的一部分,政府要求主要监管机构在2024年4月前公布各自的人工智能风险和机遇管理计划,确保这些计划与基

---

① See Department for Science, Innovation and Technology, National AI Strategy, https://www.gov.uk/government/publications/nationalai-strategy, 访问日期:2024年12月21日。

② See Department for Science, Innovation & Technology and Office for Artificial Intelligence, AI regulation: a Pro-Innovation Approach, http://www.gov.uk/government/publications/ai-regulation-a-pro-innovation-approach/white-paper, 访问日期:2024年12月22日。

于原则的监管框架和现行法律保持一致。

白皮书通过设计指导案例展示了基于原则的监管方法在实践中的具体应用。在指导案例当中,某企业采用人工智能系统对求职者进行初步筛选,该行为虽然显著提升了招聘效率,但可能存在算法偏见导致的隐性歧视问题。在新框架下,平等与人权委员会(EHRC)、信息专员办公室和标准检查局(EASI)将联合发布指南,以落实公平、透明度、可争议性和补救措施等核心原则。这些指南将就信息披露要求、供应链管理实践、偏见检测与缓解措施,以及争议解决机制提供具体指导。企业还可参考 IEEE 7001-2021 透明度标准或 ISO/IEC TR 24027:2021 偏见缓解标准等技术标准,确保人工智能系统的合规使用。通过遵循这一框架,企业能够实现人工智能系统在招聘过程中的负责任开发和部署。

在基于原则的监管框架下,英国政府所采取的人工智能治理方式具有以行业为主导的特征。具体而言,在五项原则的指导下,各监管机构被授权制定标准和执行措施,并承担相应的监管责任。这些监管机构需要根据其管辖领域的特殊需求和挑战,制定更有针对性的人工智能治理原则,以实现精细化监管,有效应对各行业的独特问题。英国采取的行业主导治理模式主要体现在情境性和灵活性两个维度。[①] 在情境性方面,人工智能技术的伦理风险具有高度的情境依赖性,不同应用场景需要差异化的监管强度。例如,高风险的医疗人工智能系统需要进行严格审查,而低风险的物流人工智能系统则可采取较宽松的监管措施。此外,作为一种通用技术,人工智能的不同子领域和应用可能需要特定的监管措施,笼统的监管难以满足实际需求。在灵活性方面,不依赖单一立法的情境敏感型治理方法,使英国能够更灵活地应对各行业的人工智能风险。在公共部门人工智能应用领域,已有多个监管机构针对平等、公共采购和算法透明度等方面发布了最佳实践指南,以确保符合现行法规要求。英格兰和威尔士警方发布的《授权专业实践:实时人脸识别》指南就是典型例子,该指南为警方部署实时人脸识别技术提供了符合数据保护法和人权法的具体指导。[②] 这种方式可在无须新立法的情况下适应技术发

---

① See Huw Roberts et al., Artificial Intelligence Regulation in the United Kingdom: A path to Good Governance and Global Leadership?, 12 *Internet Policy Review* 1, 1-31(2023).

② See Huw Roberts et al., Artificial Intelligence Regulation in the United Kingdom: A path to Good Governance and Global Leadership?, 12 *Internet Policy Review* 1, 1-31(2023).

展,但其保护效力仍将取决于基础性法律框架的健全程度。

根据白皮书,英国政府拟设立新的中央职能机构,在维护现有监管机构独立性的基础上,对人工智能监管框架的发展进行协调、监测与调适。该机构将从整体视角评估框架的实施效果,发现完善空间,并通过提升清晰度与公信力强化体系透明度。此外,该机构将致力于促进监管机构、国际伙伴、产业界、民间组织、学术界及公众等多元利益相关方的协同合作。[①] 通过构建多方参与机制,政府旨在增进监管的一致性,推进有利于创新的人工智能治理模式。

中央职能机构的具体实践之一是建立跨部门风险评估机制,其旨在评估跨行业人工智能技术的相关风险。此种机制基于人工智能应用的影响往往超越单一监管领域的认知,通过整体性视角对风险进行识别、排序和管理,以防止监管真空的出现。[②] 以自动驾驶汽车为例,其风险评估需要多个部门的协同参与。具体而言:(1)交通部门需关注公共安全,包括事故风险和安全协议;(2)数据保护部门需规制乘客和行人个人数据的收集使用;(3)保险部门需应对责任从驾驶员向制造商或开发商转移的认定问题;(4)城市规划部门则需考虑自动驾驶汽车对交通模式和基础设施的影响。这表明,有效的人工智能风险治理需要交通、数据保护、保险及城市规划等相关监管机构的协同配合。最终,跨部门合作还应推动制定联合监管框架,解决包括安全标准、数据隐私法规及责任问题等方面的挑战,从而确保所有相关风险能够得到有效管理。

三、人工智能领域的立法考察

(一)未来立法方向:公众对《人工智能白皮书》的反馈意见与政府回应

人工智能治理体系的未来立法方向在英国引发了理论界与实务界的广泛讨论。通过对智库白皮书咨询过程中公众意见的征集及政府回应文件的

---

① See Department for Science, Innovation & Technology and Office for Artificial Intelligence, AI regulation: a Pro-Innovation Approach, http://www.gov.uk/government/publications/ai-regulation-a-pro-innovation-approach/white-paper,访问日期:2024年12月22日。

② See Department for Science, Innovation & Technology and Office for Artificial Intelligence, AI regulation: a Pro-Innovation Approach, http://www.gov.uk/government/publications/ai-regulation-a-pro-innovation-approach/white-paper,访问日期:2024年12月22日。

系统梳理,可见英国在政策制定过程中建立了多元化的利益相关方参与机制,体现了不同主体间的博弈与协调。本部分拟以英国政府的官方政策讨论文件为基本素材,结合各方对现行治理框架提出的意见与建议,剖析英国人工智能治理体系未来可能的发展路径。

为推进人工智能治理体系的制度构建,政策制定者依据白皮书提出了一系列咨询问题,广泛征求社会各界意见。在公众参与环节,政府通过书面反馈、圆桌会议及专题研讨会等多元化渠道,收集了 400 余份书面意见及 300 余名利益相关方的建议。经系统梳理反馈意见,发现社会各界对现行原则导向型治理框架仍持保留态度,并就治理原则的规制范围、人工智能的相关法定义务与侵权救济渠道,以及监管部门的监管能力等方面提出建议。

首先,从规范价值的角度来看,实践中的利益相关方强调人工智能治理框架应当扩展其规制范畴,将人权保护、运营韧性、数据质量、国际协同、系统性风险防控、社会整体影响、可持续发展,以及教育普及等要素明确纳入规制范围。例如,在人权保护领域,白皮书所倡导的"敏捷"和"灵活"监管模式存在制度设计上的缺陷。这种监管方式不仅可能削弱法律的确定性与法治原则,其对人权、民主与法治的关注也显得过于形式化且力度不足。白皮书的政策导向主要服务于数字产业发展目标,即"使英国成为全球创建基础性人工智能公司的最佳地点之一"。这种政策导向不仅造成公众利益被边缘化,更将公众信任工具化,将其仅视为推动人工智能技术得到采纳的手段。这种做法可能与英国在国际法框架下承担的基本权利保护义务相悖,尤其是在公共行政领域,监管不足的人工智能应用可能损害正当程序原则,并引发公共安全风险。[①]

其次,许多反馈意见还提出,为确保人工智能监管框架的有效落实,有必要采取针对性的法定措施。就监管权限而言,现行法律对部分监管机构的法定职权范围设定了一定限制,这可能影响其充分履行人工智能的监管职责。因此,扩展监管机构的权限范围成为一项迫切需求,尤其是在调查权限与执法能力方面。现有治理体系下的人工智能侵权救济途径也存在明显不

---

① See Andrew Charlesworth et al., Response to the UK's March 2023 White Paper 'A pro-innovation approach to AI regulation', https://www.researchgate.net/publication/ 371844411, 访问日期:2024 年 12 月 11 日。

足。① 针对这一问题,收集的反馈意见中主要提出了两种不同的改革方向。一是通过监管指引明确人工智能相关的法律权利义务关系,二是引入法定要求以强化规制的效力。在具体救济机制的构建方面,各方建议建立便捷可及的救济渠道,其中较具代表性的观点是主张设立跨部门的统一救济机构,如专门的人工智能申诉专员制度。一些反馈意见还主张效法欧盟,采取更广泛的横向法定措施,例如,发布具体的人工智能立法、设立新的人工智能监管机构,以及关于在某些情况下使用人工智能的严格规定等。

最后,从监管能力建设的角度来看,为确保人工智能监管框架的有效实施,政府需要着力提升监管机构的能力。当前,反馈意见的部分参与人员对缺乏专门机构支持框架的实施与监督表示担忧。从监管协调的视角来看,人工智能技术跨领域和跨部门的特性为监管工作带来了挑战。对于某些新兴风险,往往难以明确是否归属于现有的特定监管范畴。在这种背景下,为避免重复监管,监管机构与中央职能部门之间的紧密协作具有重要意义。在专业能力方面,增强人工智能专业知识储备将有助于监管机构在现有职权范围内有效落实相关原则。监管人员对人工智能技术的深入理解,是确保监管效能的关键要素。建立共享的人工智能专家团队或成为应对监管领域能力差异的有效方式。该团队应当具备多元化和多学科的特点。

在考虑了这些反馈意见后,政府于2024年2月6日发布了新的政策文件以回应公众的关切(以下简称"回应")。回应中指出,第一,就监管原则的设定而言,鉴于民主、人权、法治和可持续发展等基本价值已然嵌入现行法律体系,且监管机构须恪守相关法律规范,故无须在监管原则中专门重复规定这些价值要素。监管机构在具体执法实践中,可依据其所获授权,结合本部门的职责范围,通过配套指引落实相关原则。第二,就法定义务而言,政府将在非法定实施阶段结束后,考虑对监管机构施加遵循相关原则的法定义务。政府会采取审慎态度,而非仓促立法,将评估引入该法定义务的必要性与有效性。当前阶段,非法定监管方式具有关键的适应性优势。政府将持续关注监管实践的发展,尤其是各监管机构于2024年4月30日前发布的人工智能战略方针的更新情况。目前,诸多监管机构已在其职权范围内积极采取措施规制人工智能的发展并落实相关原则。竞争与市场管理局、广告标准管理局和

---

① Yeung, op. cit.

通信管理局等机构均开展了相关工作,信息专员办公室、药品和健康产品管理局等机构也在推进相关计划。第三,为提升各监管机构的监管效能,政府宣布将投资1000万英镑用于提升监管机构的技术能力。在资金运用方面,政府将与监管机构密切合作,找寻最具潜力的投资机会。政府计划设计更有效的交付模式,以替代白皮书中提出的中央专家库方案。考虑到各监管机构在能力和资源上存在差异,该基金将专门用于支持人工智能专业能力相对薄弱的监管机构开展研究工作,帮助其获取基础性见解,从而开发或调整实用工具,确保在人工智能驱动的未来中有效履行监管职责。[①]

在人工智能系统的风险分类治理方面,政府根据不同类型人工智能系统的特性进行了分类监管。具体包括三类:一是功能强大的通用人工智能(Highly Capable General-Purpose AI),即可以执行多种任务且性能达到或超过当前最先进水平的基础模型;二是功能强大的狭义人工智能(Highly Capable Narrow AI),即在特定领域(如生物学)具有先进能力的基础模型;三是人工智能代理(Agentic AI or AI Agents),即能够长期通过多个步骤完成任务的新兴人工智能技术。政府特别关注功能强大的通用人工智能对英国基于情境的监管方法带来的挑战,计划在后期发布有关其开发者新责任的工作信息。[②]值得注意的是,政府对于横向规制立法仍采取审慎态度,除非人工智能的能力呈指数级增长且行业自愿措施无法有效应对相关风险,否则不会贸然引入新的立法。

(二)《人工智能(监管)法案》

除"十年规划"和《人工智能白皮书》之外,英国在人工智能治理领域的另一重要文件是拟议《人工智能(监管)法案》。该立法文件旨在将白皮书中的五大原则法定化,并引入多项制度性安排。具体而言,该法案提出了以下法律制度设计:(1)设立人工智能监管的权威机构;(2)建立监管沙盒制度;

[①] See Department for Science, Innovation & Technology, A Pro-Innovation Approach to AI Regulation: Government Response, https://www.gov.uk/government/consultations/ai-regulation-apro-innovation-approach-policy-proposals/outcome/a-pro-innovation-approach-to-ai-regulation-government-response,访问日期:2024年9月20日。

[②] See Department for Science, Innovation & Technology, A Pro-Innovation Approach to AI Regulation: Government Response, https://www.gov.uk/government/consultations/ai-regulation-apro-innovation-approach-policy-proposals/outcome/a-pro-innovation-approach-to-ai-regulation-government-response,访问日期:2024年9月20日。

(3)要求企业设置人工智能责任官;(4)规定相关主体的透明度和知识产权义务;(5)完善公众参与人工智能治理的机制。这些制度设计体现了英国在推进人工智能治理法治化过程中的系统性思维。

《人工智能(监管)法案》的具体内容为:第一部分要求设立统一的人工智能监管权威机构,其职责包括协调产品安全、隐私和消费者保护等相关法规,评估监管框架的有效性,评估和监控人工智能在经济领域的风险,采用远景扫描方法应对新兴人工智能技术,支持监管沙盒机制,推行人工智能审计资格认证,以及开展公众人工智能素养教育等。第二部分重申了与白皮书一致的人工智能治理原则,旨在将这些原则法定化。第三部分则规定了人工智能监管沙盒的具体制度安排。第四部分规定企业须设立人工智能专员以确保合规。该部分建议修订《2006 年公司法》,新增条款要求企业披露其人工智能技术的使用、开发或部署情况,并指定人工智能专员负责确保企业的行为符合《人工智能(监管)法案》的要求。这一制度设计通过强化信息披露和专人负责机制,旨在提升人工智能的活动透明度,并在公司治理框架内建立明确的责任机制,以保障企业在人工智能领域的合规性与可问责性。第五部分明确要求在人工智能的使用中实现透明性与问责性,并规定了一系列具体措施。人工智能训练相关人员须向监管机构提供第三方数据和知识产权的详细记录,以确保符合知识产权法律并获得知情同意。人工智能产品或服务的提供者须向用户提供清晰的警示、标识及同意选项,保障用户知情权。使用人工智能的企业须接受经认证的第三方独立审计,验证其透明性和合规性。这些规定通过强化信息披露和外部监督机制,旨在规范人工智能技术的应用并增进社会信任。第六部分要求人工智能监管机构应建立长期公众参与计划,以探讨人工智能的机遇与风险。该机构须通过咨询公众和利益相关方,制定有效的公众参与框架,并借鉴国际实践进行完善。这一制度设计通过构建广泛而持续的公众参与机制,旨在提升人工智能治理的透明性和公众信任度。

2024 年 11 月,该法案在英国上议院进行第三次读议。在议会审议过程中,政府持续与各利益相关方保持协商,以完善法案内容,确保其能够有效应对人工智能技术带来的挑战与机遇。

综上所述,英国的人工智能治理实践为我们提供了一个独特的治理范式。作为全球第三大人工智能市场,英国采取了一种平衡创新与监管的治理方法,其特色在于基于原则和以行业为主导的分散式治理模式。通过《国家人工智能战略》《人工智能白皮书》,以及正在审议中的《人工智能(监管)法案》等政策文件,英国构建了一个灵活而富有韧性的治理框架。这一框架既确立了安全性、透明度、公平性等核心原则,又赋予各行业监管机构在具体实践中的解释和应用空间。

  值得注意的是,英国的人工智能治理实践也面临着一些挑战。公众的反馈意见显示,在人权保护、侵权救济途径和监管能力等方面仍存在改进空间。政府对这些关切作出积极回应,包括投入专项资金提升监管机构能力,以及针对不同类型人工智能系统采取分类监管方案。整体而言,英国的人工智能治理实践经验表明,在快速发展的技术领域,建立一个兼顾促进创新和风险防控的治理体系,需要政府、监管机构、产业界和公众的持续对话与协作。这种治理模式为其他国家在制定人工智能政策时提供了有益借鉴。

第六章 日本人工智能治理

一、人工智能的产业发展情况

日本作为全球科技强国之一,在高科技产业领域始终保持着强劲的发展势头,其人工智能技术的研发与应用走在世界前列。长期以来,日本在半导体、精密制造、机器人等领域的技术积累为人工智能技术的研发提供了坚实的支撑。日本政府将人工智能发展视为国家战略,通过制定一系列发展规划推动人工智能在工业、医疗、交通等领域的深度融合。从工业机器人到智能家居,从自动驾驶到医疗诊断,人工智能技术已深度融入社会生活的方方面面。同时,日本在人工智能伦理和社会责任方面的探索也为全球提供了重要参考。中国和日本分别作为世界第二和第三大经济体,既是一衣带水的近邻,也是长期重要的经贸伙伴。对于正处在数字经济高速发展期的中国而言,日本人工智能产业在发展路径、政策支持、技术突破,以及伦理规范等方面的经验,可为中国人工智能产业的可持续发展提供重要的借鉴和启示。本章将聚焦于日本人工智能的产业发展情况,总结其面临的问题和挑战,以期为中国的人工智能发展提供参考与借鉴。

(一)情况概览

根据数据统计公司 Statista 的预计,2025 年,日本人工智能产业的市场规模为 101.5 亿美元,在全球范围内位列第三,仅次于市场规模达 739.8 亿美元的美国以及以 465.3 亿美元市场规模位居第二的中国。[1] 尽管日本人工智能的市场规模不及美国和中国,但仍然可观,且预计将以较高的年增长率

---

[1] See Statista, Artificial Intelligence-Japan, https://www.statista.com/outlook/tmo/artificial-intelligence/japan? currency =USD,访问日期:2024 年 12 月 12 日。

(26.3%)持续扩大,到 2031 年预计将达到 411.9 亿美元。日本在人工智能方面的基础研究和特定领域(如机器人、医疗)具有独特优势,但在全球市场份额和生态系统建设上与美国和中国相比,稍显不足。近年来,日本政府高度重视人工智能发展,将其视为国家战略,并通过《人工智能战略 2022》等政策文件明确了发展目标,投入大量资源支持基础研究和产业化应用,在确保安全的基础上,加快推动人工智能的实际应用。日本拥有丰田、索尼、软银、日立等众多在全球范围内具有影响力的科技企业,这些企业在人工智能技术的研发和应用上投入了大量资源,并在特定领域取得了显著成果。因此,日本人工智能产业的显著特点是政府引导与私营企业协同发展,私营企业在技术创新和商业化方面表现活跃,而政府通过政策支持和资金投入为人工智能产业发展提供了重要保障。这种"官民合作"的模式使日本在特定领域保持全球竞争力,也为其未来的进一步发展奠定了基础。

(二)优势与机遇

1. 具备良好的科研基础与技术能力

日本在人工智能领域起步较早,拥有东京大学、京都大学等一批全球顶尖的科研高校和机构,在人工智能深度学习和机器学习的研究中有一定建树,在 20 世纪八九十年代曾是深度学习的中心。例如,日本数学家甘利俊一曾提出为深度学习奠定理论基础的"随机梯度下降方法",杨立昆、余凯等载入科技史册的泰斗级人物都曾在日本的 AI 实验室工作。在人工智能技术方面,日本人工智能技术的发展起步较早,早在 20 世纪 80 年代便开始研究,主要集中在机器人和专家系统领域。日本人工智能领域的技术和专利自 21 世纪 10 年代逐渐起步发展,在机器人、制造业、材料科学等领域具有领先的技术和经验,在仿生学和人机协作等方面处于世界领先梯队[①],为人工智能技术的突破提供了坚实的理论基础。

在科研投入方面,日本政府持续通过财政投入和税收支持推动人工智能技术的发展。在 2018 年度预算中,日本政府分配给人工智能研发的初始预算为 770 亿日元,补充预算中又追加了 300 亿日元。根据世界银行统计,2023 年,中国的研发支出占 GDP 的比例约为 2.5%,而日本的研发支出占 GDP 的比例约为 3.3%。2024 年,日本首相石破茂提出,日本政府将在 2030 财年前

---

① 参见陈祥:《日本人工智能战略论析》,载《大连理工大学学报(社会科学版)》2023 年第 5 期。

提供至少10万亿日元(约合4688亿元人民币)的支持,推动半导体和人工智能产业的发展。从外部投资来看,2024年4月,美国微软宣布计划在两年内对日本的数据中心投资29亿美元,用于提升其在日本的云计算和人工智能基础设施,并计划在未来三年内为300万人提供人工智能技能培训。与此同时,日本软银(Softbank)计划在2025年年底前投资1500亿日元(约9.6亿美元)用于生成式人工智能的研发,旨在提升其运算能力,打造世界级生成式人工智能。① 两家公司的投资不仅将推动日本人工智能技术的进步,还将促进日本在全球人工智能产业中的竞争地位。

2. 政府不断完善总体战略布局和措施安排

日本政府深谙人工智能在推动经济增长中的巨大潜力,期望通过人工智能实现经济结构的转型和升级。2015年,日本安倍晋三政府明确将人工智能纳入国家战略层面,将其作为重点扶持的关键产业行列。2016年,日本政府发布《第五期科学技术基本计划》,提出"社会5.0"概念,核心目标是构建一个以人为本、高度网络化、数据驱动的社会。2017年,日本政府发布了第一个国家级人工智能战略——《下一代人工智能推进战略》,将人工智能纳入《科学技术创新综合战略2016》。自2019年起,日本持续推出或修订年度人工智能战略,明确发展目标和重点领域等方面。2022年,日本政府提出构建国际化人工智能研究教育与社会基础网络的新目标,并立志研发尖端人工智能技术,规划建设一批在全球范围内具有强大吸引力的人工智能研究基地。日本政府还成立了"人工智能战略委员会"等机构用于跨行业、跨部门协作,从国家层面发力推动人工智能产业的发展。同时,日本积极发展与七国集团的伙伴关系,意图通过财政支持引进国外资本,为本国人工智能的发展注入动力。日本还积极参与国际组织和活动,如人工智能全球合作伙伴组织(GPAI),以提升在国际标准制定中的话语权,并推动国际技术合作。

2022年,日本积极布局人工智能产业与量子技术领域,出台了最新的战略规划,全力推动两项前沿技术在本国的落地应用与持续发展进程。此规划从多个维度制定了战略目标,涵盖技术领域高端人才的汇聚与培养、产业核心竞争力的锻造、完备技术体系的搭建、国际合作的拓展,以及风险预警分析等板块,同时着力探索人工智能、量子技术及生物技术之间的战略协同发展

---

① 参见朱帅:《日本"顽固劣势"影响AI技术发展》,载环球网(网址:https://baijiahao.baidu.com/s?id=1802237667188628551),访问日期:2024年10月19日。

新模式,旨在实现三者之间的有机融合与相互促进。同年4月,日本政府正式颁布《人工智能战略2022》,明确了几大关键目标:一是加速打造人工智能专业人才的培育生态系统,为行业发展提供坚实的智力支持;二是强化人工智能技术在各产业的广泛应用,助力产业竞争力的稳步提升;三是构建一体化的人工智能技术体系架构,保障社会发展的可持续性;四是搭建起全球化的人工智能基础教育平台,提升全民的人工智能素养与认知水平。次月,日本专利局(JPO)推出2022年至2026年人工智能技术应用行动计划。鉴于技术领域的飞速发展与持续变革态势,日本正重新审视并规划在未来五年内,如何更为高效、精准地运用人工智能技术,以契合时代发展的潮流与自身发展的需求,确保在全球技术竞争的赛道上占据有利地位。

3. 拥有人工智能技术应用的广阔市场空间

在人工智能技术的应用方面,日本作为全球制造业强国,长期以来在智能制造、工业互联网等领域积累了丰富的数据和实践经验,为人工智能技术的应用提供了广阔的市场空间。日本人工智能产业主要依托制造业的优势,深化机器人发展和制造业智能应用,高度重视聚焦解决社会挑战,将机器人技术、智能制造、医疗护理和社会服务等作为重点应用范围,以推动社会制度改革,解决人口老龄化和劳动力短缺的问题,提高生产效率和社会服务水平。日本政府联合企业于2017年提出了"互联工业战略",通过构建开放的数据共享平台,促进不同企业间的协作与数据流通。截至2024年,这一举措已成功促使多个行业形成联盟,有效推动了数据驱动的生产模式优化,以及供应链管理效率的提升,为人工智能算法模型的训练和验证构筑了极具价值的实践场景。例如,作为全球最大的工业机器人制造商之一,日本发那科公司利用人工智能技术开发了先进的机器人控制系统,实现了机器人之间的协作和自主学习。与此同时,日本企业十分擅长将先进技术与实际产业需求相结合,人工智能在医疗、制造业、零售等多个行业的应用案例丰富。例如,在医疗领域,松下公司推出的机器人可以在医院环境中协助护士,进行远程沟通、监测患者状态,甚至在必要时提供心理慰藉,减轻了医护人员的负担,提升了医疗服务的质量。

(三) 面临的挑战

1. 总体竞争力相对落后,发展后劲不足

日本在人工智能领域起步较早,尽管日本政府不断完善人工智能总体战略布局和措施安排,通过数字化转型和智能制造提高了劳动生产率水平和产品质量,但日本在全球竞争中逐渐落后。据数据统计公司 Statista 的分析,2023 年日本人工智能的市场价值为 60 亿美元①,中国为 251 亿美元,而美国人工智能的市场价值高达 474 亿美元。按照目前的发展速度,日本与其他国家之间的差距很可能会进一步扩大。

一方面,日本人工智能的发展后劲不足,加上制造业保守的经营发展战略,导致其人工智能产业的组织形态和商业模式改革整体较为滞后。在新一轮全球人工智能革命中,日本缺乏较为著名的人工智能企业和领先的人工智能大模型,在 2023 年全球市值 100 强上市公司排行榜中,日本没有一家电子化、数字化企业进入 100 强,也没有企业像 IBM 那样拥有具备人工智能超级计算机训练能力的"世界级设备"。日本人工智能模型在评测中的表现远逊于国际先进模型。

另一方面,日本长期重硬件而轻软件。根据世界经济论坛(WEF)发布的《全球竞争力报告》,日本的研发支出大部分投向了传统的制造业和硬件领域,在先进计算芯片、半导体制造设备和技术等方面具有领先优势,但在诸如人工智能算法、大模型等领域发展落后。与美国、中国等国家相比,日本在人工智能的企业数量、基础研究、数据收集、风险投资等领域存在劣势。近年来,在人工智能领域的顶级会议如 NeurIPS 等主流的会议期刊上,来自日本的论文数量和质量都远远落后于美国、中国等国家。据世界知识产权组织(WIPO)于 2024 年 7 月发布的生成式人工智能专利态势报告(Patent Landscape Report-Generative Artificial Intelligence, GenAI)显示,2014 年至 2023 年十年间生成式人工智能相关的专利申请数量,日本仅为 3409 件②,远低于中国(38210 件)、美国(6276 件)等国家,在专利申请方中,日本的电报电话公司(NTT)和索尼集团分别位列第十三位和第二十位。日本的风险投资市场相对保守,投资者更倾向于成熟企业而非初创企业,限制了初创企业获得更多早期资金。2023 年,日本初创企业获得的风险投资额约为数十亿美元,远低

---

① See Statista, Artificial Intelligence-Japan, https://www.statista.com/outlook/tmo/artificial-intelligence/europe#market-size,访问日期:2024 年 12 月 12 日。

② See World Intellectual Property Organization, Patent Landscape Report: Generative Artificial Intelligence(GenAI), https://www.wipo.int/web-publications/patent-landscape-report-generative-artificial-intelligence-genai/en/index.html,访问日期:2025 年 1 月 20 日。

2. 人才短缺限制了人工智能产业的推广与应用

此外，日本人工智能的研究还存在"技术依赖"现象。据统计，日本人工智能的研究团队中有相当一部分是来自中国和其他国家的科学家。虽然日本政府和企业采取了一系列解决人工智能技术人才短缺的措施，但少子化、老龄化人口结构下劳动力不足的问题在较大程度上限制了人工智能产业的市场推广与制造业应用。同时，日本公司传统的治理模式和按部就班、论资排辈的用人模式一定程度上阻碍着人工智能人才的培养和发展，导致企业研发滞后于科技创新的快速发展，尤其在人工智能这一科技创新领域表现尤为明显。根据日本文部科学省 2020 年的调查显示，日本每年人工智能相关专业硕士毕业生约 2800 人，博士毕业生 460 人，远落后于美国（每年 2.5 万人）和中国（每年 1.8 万人）。日本数据分析师、数据开发工程师等数字化人才十分短缺，根据日本人才派遣公司 Human Resocia 公布的《从数据看全球 IT 工程师报告（2023 年版）》调查报告显示，日本的 IT 工程师人数为 144 万人，全球排名第 4，与排名第 3 的中国（328.4 万人）相差一倍以上[①]，人工智能相关企业存在用人荒的问题。据日本经济产业省预测，到 2030 年，日本将面临 78.9 万名软件工程师短缺的问题。[②] 日本面临经济增长缓慢和人口老龄化引发的困境，且国内市场规模有限，对外依赖度高。

3. 数据壁垒森严阻碍人工智能产业发展

与中美相比，日本在数据收集、共享和分析等方面存在较大壁垒，尤其是企业间数据共享不足，严重限制了中小企业人工智能技术的应用和发展。日本在 2003 年颁布实施了《个人信息保护法》，此后经过多次修订完善，特别是在 2023 年的最新版本中，不仅扩大了法律适用范围至境外实体，还强化了对违规行为的惩处力度。在此背景下，很多企业担心违反隐私相关法律法规，在处理用户数据时普遍秉持着极为谨慎、保守的态度。以金融服务、电子商务及社交媒体平台等领域为例，企业在收集数据时严格遵循法律法规的各项要求，往往要求提供详细隐私条款并确保用户知情同意。这种严谨的做法

---

① 参见《日本 IT 技术人员的年收入跌至全球第 26 位 与外国的差距拉大》，载人民网（网址：http://japan.people.com.cn/BIG5/n1/2024/0218/c35421-40178867.html），访问日期：2024 年 10 月 18 日。

② 参见徐海：《日本在人工智能领域为何落后》，载新浪财经网（网址：https://finance.sina.com.cn/roll/2023-11-19/doc-imzvekhf4339063.shtml），访问日期：2024 年 10 月 19 日。

虽然在一定程度上有力地保障了用户的隐私权益,但也不可避免地导致数据收集范围相对狭窄和数据收集速度受限,在一定程度上也影响到人工智能模型的训练和优化,成为制约日本人工智能产业高速发展的一个关键因素。

二、人工智能领域的规制现状

对日本人工智能领域规制现状的分析大体可以划分为两个部分,分别是组织机构建设、人工智能相关战略部署。

(一) 组织机构建设

日本是继美国之后在全球第二个正式制定人工智能国家战略的国家。日本政府希望通过人工智能技术的革新应对日益严峻的人口老龄化与低生育率等社会性问题。在人工智能治理的策略选择上,日本政府并未采取强制性法律手段,而是倾向于制定一系列关于人工智能治理的柔性规范与行为指引。日本政府认为,在数字化浪潮席卷全球的当下,传统上以法律法规为主导的治理模式难以充分适应技术创新的快速节奏。因此,日本政府倡导治理模式从传统规则导向型向目标导向型转变,旨在通过这一转变引导企业等产业主体的发展方向,促进人工智能技术的健康与可持续发展。[1]

1. 成立人工智能技术战略会议推动相关发展

日本政府建立了统一、协同高效的决策体制来推进人工智能发展。2016年4月,根据时任日本首相安倍晋三的指示,日本宣布成立跨部门、跨行业的国家级决策机构"人工智能技术战略会议"。会议由总务省、文部科学省及经济产业省联合发起。2017年,日本内阁府、厚生劳动省、农林水产省和国土交通省4个中央省厅相继加入。会议的议长由日本学术振兴会理事长安西祐一郎担任,委员则包括7个中央省厅的局长级人员等。会议成员包括精通人工智能技术的学者和研究人员、法律相关领域的专家及负责人工智能业务的政府公务人员等。会议的主要职责是凝聚日本产学研各界智慧、消除条块分割、研究制定人工智能研发的相关法律法规和产业化路线图、跟踪研判前沿技术发展走向、协调各方利益高效推进人工智能研发和成果转化等。[2] 2018

---

[1] 参见封帅、薛世锟、马依若:《全球人工智能治理:多元化进程与竞争性图景》,载《战略决策研究》2024年第3期。

[2] 人工知能技術戦略会議事務局:《人工知能技術戦略実行計画(案)の概要》,网址:https://www8.cao.go.jp/cstp/tyousakai/jinkochino/7kai/siryo2.pdf,访问日期:2024年10月8日。

年4月,会议下设"以人类为中心的人工智能社会原则会议",从国家层面研制人工智能研发与应用的伦理和原则。① 2018年6月,日本内阁府成立"综合创新战略推进会议"作为日本创新战略的最高决策与执行机构,负责制定和推进人工智能战略。②

2. 成立以数字厅为核心的数字化改革方针

日本在2000年颁布《高度信息网络社会形成基本法》的基础上,制定了包括"e-Japan战略"和"IT新战略"等在内的一系列政策,强化了信息技术的基础设施建设、应用及数据利用,但伴随数据流通的增长,个人信息保护与数字素养提升成为新挑战。特别是在新冠疫情期间,数字化进程的滞后与协同不足开始暴露,促使政府于2021年9月决定设立日本数字厅作为推动监管改革的关键,并于次年通过相关法案,旨在通过数字社会改革应对未来灾害、传染病及少子化、老龄化等社会问题。

3. 成立综合创新战略推进会议

综合创新战略推进会议是2018年6月日本内阁府新设立的会议机构,主要负责政府内部调整及推进"综合创新战略2021",并对内阁和内阁府设立的指挥和控制委员会,以及其他与创新密切相关的机构发挥跨部门和实质性的协调职能。该委员会还设立了由政府各部门和机构的从业人员组成的"创新政策强化推进小组"和"创新政策强化推进专家委员会",负责调查专业领域的问题,并从高于各指挥委员会和部委的立场制定和推进各领域的战略。迄今为止,该委员会已研究、制定和推进了"人工智能战略""生物技术战略""量子技术创新战略"和"创新环境创新战略"等战略,并制定了"实现'安全保障'的科技创新方向"作为安全保障领域的基本政策。

4. 召开"以人类为中心的人工智能社会原则会议"

2018年5月,日本内阁政府办公室通过《宣布成为世界上最先进的信息技术国家和促进公共和私营部门数据利用的基本计划》,明确了政府利用人工智能和物联网推进相关技术的政策。在法律法规和伦理监管方面,2019年3月,日本政府召开会议,通过《以人类为中心的人工智能社会原则》,并公布

---

① 内阁府政策统括官:《人間中心のAI社会原則検討会議運営要綱》,网址:https://www8.cao.go.jp/cstp/ai/ningen/ningen.html,访问日期:2024年10月8日。

② 内閣府:《統合イノベーション戦略推進会議について》,网址:https://www8.cao.go.jp/cstp/tyousakai/humanai/1kai/siryo1.pdf,访问日期:2024年10月8日。

了七项人工智能原则,具体涵盖人本主义、提升教育与素养、隐私保护、安全保障、公平竞争、公平性、问责制与透明度原则、创新等方面。这些原则为日本各部委制定人工智能相关方针、原则及指南等提供了基础性的指导方向。在 2020 年 12 月举办的第一次"以人类为中心的人工智能社会原则会议"上,对各省厅依据上述原则所制定的人工智能相关指南、原则及准则等内容进行了汇报展示。

(二)人工智能相关战略部署

1.《第五期科学技术基本计划(2016—2020)》

日本内阁会议于 2016 年 1 月审议通过了《第五期科学技术基本计划(2016—2020)》。该计划是日本政府自 1995 年颁布《科学技术基本法》、1996 年发布《第一期科学技术基本计划》以来,启动实施的第五个国家科技振兴综合计划,也是日本最高科技创新政策咨询机构——综合科学技术创新会议(CSTI)于 2014 年 5 月重组之后制定的首个基本计划。日本提出依托物联网、大数据、人工智能等技术联动构建超智能"社会 5.0"概念,并将医疗、防灾、机器人、农业等作为人工智能重点发展领域,推动人工智能技术向超人工智能方向延伸,应对养老、医疗、老龄化及劳动力不足等社会问题。

2. 人工智能战略

在人工智能研发领域,日本综合创新战略推进会议于 2019 年 6 月发布了日本首个专门技术领域的战略文件《人工智能战略 2019》,取代此前会议下属机构的相关战略及执行计划,成为日本政府整体的人工智能战略。2019 年 12 月,基于《人工智能战略 2019》及内阁府主导的相关会议机构的讨论成果,为整合人工智能研发信息发布、促进研究者交流与合作,日本成立了人工智能研究开发网络(AI Japan R&D Network),由产业技术综合研究所、理化学研究所、情报通信研究机构为中心运营,旨在汇聚各方智慧,推动人工智能研发的繁荣发展。

2021 年 6 月,日本在《人工智能战略 2019》实施两年的基础上,结合人工智能技术迅猛发展的背景形势,制定《人工智能战略 2021》,提出若干创新举措。在教育方面,提前推行"GIGA 学校构想"的方案,保障义务教育阶段学生人均配备并使用终端机;实施"数学、数据科学、人工智能高等教育认证计划",以提升学生的人工智能知识水平和能力,提升高等教育机构的教学质量。在科研方面,搭建"人工智能研究开发网络",推动高校、公共研究机构在人工智能研发方面的合作。截至2021年3月,已有115家机构参与其中,并进行综合信息共享。在人工智能重点行业智能化方面,自健康医疗护理领域推进6个医学会的共通云平台建设,自农业领域实施148个地区的智慧农业示范项目,均取得显著进展。在制度建设方面,日本以内阁府为核心,加强跨部门协作,构建全新的中小企业技术革新制度(日本版SBIR),相关法律于2020年6月修订,并于2021年4月正式实施,为中小企业的技术创新营造了良好制度环境。此外,日本还加速完善人工智能伦理规范建设。2019年12月,日本人工智能学会与软件科学技术学会、电子情报通信学会共同发表了《机器学习与公平性宣言》。在企业方面,富士通、日本电气股份有限公司(NEC)等企业分别发布包含人工智能伦理内容的《富士通集团人工智能承诺书》《人工智能和人权原则》等。

3. 人工智能技术领域的研发行动计划

日本规模最大的核心性研究开发机构"日本新能源·产业技术综合开发机构"(NEDO)于2021年6月发布了"人工智能技术领域研发行动计划",旨在确立人工智能技术战略并迅速启动相关项目,通过对人工智能技术、与其紧密关联的技术,以及涵盖人工智能的新技术进行全面深入的研究与整合,明确其未来发展走向等关键要素。该行动计划选取了12项"需重点推进的人工智能技术开发项目",以期实现预期社会愿景过程中亟待攻克的难题。具体包括:能够促进人类与人工智能实现高级交互"结合符号推理和深度学习进行语义理解的人工智能";用于构建可应对扩展时空的深度强化学习新架构;能够满足工业环境需求,致力于优化整个制造流程的人工智能,以及专注于分子设计的人工智能等关键技术领域。

4. 2024年版《科学技术创新白皮书》

2024年6月,日本政府内阁会议通过2024年版《科学技术创新白皮书》,白皮书聚焦于人工智能技术,提出人工智能技术在日本的普及状况、研发动向,以及在各领域使用人工智能的可能性,预计在2023年至2028年间,日本国内人工智能相关市场的规模将以年均30%的增长率继续扩大。考虑到今后制造业等行业人工智能的应用会不断推进,有必要对随之产生的伦理、法律和社会问题作出应对。日本政府针对大规模语言模型存在的生成错误信息、价值观和偏见风险,以及机密信息泄露等问题,于2024年2月成立"人工智能安全研究所",采取包括生成式人工智能和深度伪造技术风险在内的综合性措施。

5.《综合数据战略》

2021年6月,日本发布《综合数据战略》,由日本数字政府内阁阁员会议下设置"数据战略特别工作组"具体制定。内阁会议决定将该工作组成果与《面向实现数字社会的重点计划》合并为《综合数据战略》。《综合数据战略》旨在建设日本打造世界顶级数字国家所需的数字基础;明确了数据战略的基本思路,制定了社会愿景及实现该愿景的基本行动指南。[①]

6. 2024财年"综合创新战略"

2024年6月,日本内阁通过2024财年"综合创新战略",将推动制定相关法律法规,在确保安全的基础上加快人工智能的实际应用。2024财年"综合创新战略"指出,在日本国内劳动力不足且日益严峻的背景下,依靠人工智能和机器人技术实现自动化和节省劳动力是当务之急,以此预防和应对灾害也是紧迫课题。在这些方面,科学技术的作用正变得越来越重要,因此,要加快人工智能和机器人技术的实际应用。针对伴随人工智能发展出现的虚假信息扩散和犯罪等问题,该战略明确将在日本政府的人工智能战略会议下新设专家咨询小组,以讨论如何规范可能助长歧视和偏见,以及被滥用的人工智能。该战略指出,要推动相关技术研发,加强对人工智能生成内容的核实,防止由人工智能生成的虚假信息在网络上扩散等。除了人工智能,2024财年"综合创新战略"还强调量子技术、生物技术、材料、半导体、6G等技术对日本经济和社会发展的重要性,要通过跨领域技术融合促进研发和产业化,并大力支持这些领域的人才培养。[②]

三、人工智能领域的立法考察

为适应人工智能技术的快速发展,日本加速推进人工智能相关的立法准备工作。日本首相石破茂曾于2024年12月26日表示,将力争在新年度的通常国会上提出应对恶意风险的人工智能新法案。有学者指出,鉴于人工智能技术的发展有着重要性和风险性的双重特征,日本在人工智能相关法规体系

[①] 参见《日本发布〈2022先进数字技术制度政策动向报告〉概述》,载安全内参网(网址:https://www.ipa.go.jp/ikc/reports/20220218.html),访问日期:2025年1月17日。

[②] 参见钱铮:《日本政府"综合创新战略"推动AI立法》,载科学网(网址:https://news.sciencenet.cn/sbhtmlnews/2024/6/379849.shtm),访问日期:2025年1月17日。

的制定中应坚持兼顾促进创新和应对风险的基本理念。

1.《人工智能运营商指南（草案）》

2016年4月,日本在香川高松举行的G7信息通信部长会议上首次提出了人工智能研发原则,标志着日本在全球人工智能治理讨论中的积极参与。这一举措不仅推动了国际社会对人工智能伦理和治理的关注,也为日本在国内制定相关指南奠定了基础。当前,日本政府迫切希望通过利用人工智能技术来应对出生率下降和人口老龄化导致的劳动力短缺问题。与此同时,日本政府认为人工智能技术的快速发展与法律制定之间存在时间滞后问题,传统法律法规难以跟上技术创新的步伐。过于详细的规则性法规可能会抑制企业的创新活力,阻碍人工智能技术的进一步发展。因此,日本政府选择以"软法"和"目标导向"为核心的治理模式,而非制定具有强制约束力的"硬法"。通过发布不具有法律约束力的指南,鼓励企业和组织自愿减少人工智能的社会风险,同时,促进技术创新和人工智能的广泛应用。

在此背景下,2024年1月19日,日本总务省和经济产业省联合发布《人工智能运营商指南（草案）》（Draft AI Guidelines for Business）[①],并面向公众征集意见。该指南草案旨在应对以生成式人工智能为首的技术变化,通过整合更新现有的《面向国际讨论的人工智能开发指南》《人工智能活用指南》《实施人工智能原则的治理指南》,为人工智能开发人员、提供商和业务用户提供统一的人工智能治理指导原则,以促进人工智能的安全使用。同时,该指南草案指出人工智能可能带来的风险,特别是生成式人工智能可能导致的新风险,如侵犯知识产权和虚假信息的传播。其特别指出,在开发、提供和使用人工智能系统和服务时,应遵循法治、人权、民主、多样性和公平公正的原则。其强调了在人工智能的整个生命周期中识别、评估和减轻风险的重要性,并鼓励各利益相关方合作,共同推动创新和减少风险。

指南草案的内容共分为五部分:第一部分的题目为"什么是人工智能",主要以介绍术语定义为核心,帮助读者更好地理解关键术语;第二部分的题目为"借助人工智能实现的社会愿景及各行为主体应采取的事项",细分为"A.基本理念;B.原则;C.共同准则;D.高级人工智能系统运营商的共同准则;E.人工智能治理的构建"五个子命题;第三部分至第五部分分别就人工智

---

① 総務省、経済産業省:《AI事業者ガイドライン》（第1.0版）,网址:https://www.meti.go.jp/press/2024/04/20240419004/20240419004.html,访问日期:2024年4月19日。

能研发者、人工智能提供者、人工智能使用者(即人工智能业务用户)的行为准则作了规定。具体规范内容如下所示：

(1)对于人工智能研发者，在人工智能的学习过程及数据预处理阶段，须保证人工智能机器学习数据的适当性，即通过隐私设计等适当地收集学习所需数据。若收集到的数据包含第三方机密信息、个人信息、知识产权等内容时，需要通过确保在整个生命周期中实施合法适当的保护措施，使得数据处理具备安全性。在人工智能的开发过程阶段，须在研发时考虑人类的生命、身体、财产、精神及环境因素；考虑能够满足各种环境(包括意外环境)中使用预期的性能要求，以及将风险(人工智能不适当地输出等)最小化的方法(如人工智能护栏)。此外，人工智能研发者须坚持有助于人工智能得到合理利用的开发、考虑人工智能模型算法中包含的偏见、部署安全防范机制、确保人工智能的可解释性。在人工智能开发完成阶段，人工智能研发者应注意以下方面：①留意最新动向：鉴于针对人工智能系统的新攻击方法每天都在产生，为了应对这些风险，需要确认开发各工序中须留意的事项；②向利益相关者提供有关人工智能系统程序可能的变化、安全确保机制、为避免不可预见的风险而设定的人工智能使用范围、故障原因及应对状况、人工智能系统更新时的相关内容及更新理由等信息；③针对是否满足指南草案"C.共同准则"要求向人工智能提供者作出说明；④将人工智能系统开发过程的相关信息等文档化。

(2)对于人工智能提供者，在人工智能的系统安装阶段需研讨人类生命、身体、财产、精神与环境的风险对策，研究能够满足不同环境性能期望、降低使用风险的方法；确保人工智能得到有效利用，关注数据准确性与使用环境差异；考量数据偏见，引入隐私、安防机制。在提供人工智能系统服务后，需要持续保证人工智能合理使用，定期验证使用目的；制定防止隐私侵犯、人工智能脆弱性对策，向利益相关者提供信息，明确对不同用户的服务条款与隐私政策。

(3)对于人工智能业务用户，须安全、合理地使用人工智能，即遵守人工智能提供者制定的使用注意事项，在人工智能提供者设定的范围内使用。①

日本于2024年4月19日制定《AI企业指引(1.0版)》(以下简称《指

---

① 参见胡月奕：《日本〈人工智能运营商指南(草案)〉解读》，载微信公众号清华大学智能法治研究院(网址：https://mp.weixin.qq.com/s/oTEjcr7HiBj7xMo2-buxKg)，访问日期：2024年11月15日。

引》),《指引》提出,各主体应以人为中心,遵循法治、人权、民主、多元及公平公正的原则;遵守宪法及知识产权、个人信息保护等各领域相关法令,并注意国际准则的制定情况;构建人工智能治理体系,并根据人工智能导致的风险等级及各主体资源限制情况实施治理。人工智能各主体的通用准则分为各主体的努力事项和有待社会共同努力的事项两大部分。

其中,各主体的努力事项包括以下7项:①以人为中心。采取行动使人工智能扩展人的能力,实现人的多元幸福;充分意识到人工智能生成的虚假信息、错误信息和偏见信息将会大大增加社会不稳定和混乱的风险,在此基础上采取必要措施;注重使社会弱势群体使用人工智能变得容易,让更多人享受到人工智能的惠泽。②安全性。正确实施风险分析并采取风险对策;在主体控制范围内避免因提供或使用偏离原本使用目的而发生的危害;根据人工智能系统服务的特点及用途,追求学习数据的准确性,并在合理范围内做好支持数据透明性、遵守法律框架、更新人工智能模型等。③公平性。努力消除基于种族、性别、国籍、年龄、政治理念、宗教等多元背景,以及针对特定个人及群体的不当有害偏见和歧视;为确保人工智能输出结果的公平性,不能仅凭人工智能的单方判断,在使用时要结合人类判断并进行适当干预,在研发、提供、使用人工智能时注意无意识和潜在的偏见。④隐私保护。遵守《个人信息保护法》等相关法令,制定并公布各主体隐私政策,根据社会背景和人们的合理期望,确保利益相关者的隐私得到尊重和保护。⑤信息安全保障。基于当前技术水平采取合理对策,维持人工智能系统服务的机密性、完整性和可用性,始终确保人工智能能够安全使用;针对人工智能系统服务的外部攻击手法日新月异,要确认应对这些风险的注意事项。⑥透明性。根据使用人工智能时的社会背景,确保人工智能系统服务的可验证性,并在必要且技术上可行的范围内向利益相关者提供合理和正确的信息(正在使用人工智能的事实及范围,数据收集及标注方法,人工智能系统服务的能力、界限、目标客户的正确及不当使用方法等)。⑦问责制。向利益相关者提供和解释关于确保可追溯性和遵守通用准则的信息;制定并发布各主体的人工智能治理相关政策、隐私政策等方针;相关信息应存档并存储一定时间,在需要时能以可用形式进行参照。

此外,《指引》还针对先进人工智能系统相关企业制定了12条通用准则,其中第一条至第十一条的内容仅适用于先进人工智能系统研发商,因此,要求各主体在适当范围内遵守:①在先进人工智能系统研发全程(包括应用及投放市场前)采取恰当措施识别、评估和减轻人工智能全生命周期风险;②应用及投放市场后,识别和填补漏洞,并根据需要识别和应对恶意利用事件和模式;③通过公布先进人工智能系统的能力、界限、正确及不当使用领域,支持充分保障透明性,促进完善问责制;④推动先进人工智能系统研发组织(包括行业、政府、民间社会和学术界)间负责任地共享信息,相互报告恶意利用事件;⑤尤其是针对先进人工智能系统研发商,基于风险为本理念,制定、实施和公布人工智能治理及风险管理方针,包括个人信息保护方针与缓和措施;⑥在人工智能全生命周期投资并实施强有力的安全性管理,包括物理安全、网络安全和针对内部威胁的安全对策;⑦在技术可行的情况下,研发和应用可信赖的内容认证和来源机制。例如,数字水印及其他技术,让人工智能商业用户及非商业用户能够识别人工智能生成的内容;⑧优先实施减轻社会及安全风险的研究,并优先投资有效的风险缓解措施;⑨优先研发解决全球重大问题的先进人工智能系统,包括但不限于气候危机、全球健康、教育等;⑩推进全球性技术标准的开发,适时推进采用该标准;⑪实施恰当的数据输入措施,保护个人数据及知识产权;⑫为推动可信赖且负责任地使用先进人工智能系统作出贡献。[①]

2.《有关 AI 及著作权的检查清单和指引》

2024 年 7 月,日本文化厅著作权科发布《有关 AI 及著作权的检查清单和指引》,旨在为人工智能相关方提供版权风险缓解措施,并指导版权持有者如何保护自己的权利。该指引分为两部分:第一部分是针对人工智能开发、提供和使用者的检查清单;第二部分是为版权持有者提供的指引。

在人工智能开发、提供与使用者的检查清单中,人工智能开发人员需在数据预处理和学习中选用适当数据,在开发中采用防侵权技术并提高可追溯性,在开发后向各方提供相关信息;人工智能提供商实施系统时要预防版权侵犯,提供服务后要向各方提供信息、保存使用记录并制定文件;企业用户使用人工智能时需注意安全并向各方介绍情况;一般用户使用人工智能时需注意安全,采取预防和应对版权侵犯的措施、检查版权的材料用途及产品相似性、确保生成过程可验证、确认使用是否符合权利限制条款。

为版权持有者提供的指引中,权利人需先明确人工智能对自己作品的法定使用行为,再考虑应对策略。对于与自身作品相似的人工智能生成物,满

[①] 参见薛亮:《日本制定〈AI 企业指引〉引导企业规避 AI 全生命周期风险》,载上海情报服务平台网(网址:www.istis.sh.cn/cms/news/article/98/26955),访问日期:2024 年 11 月 15 日。

足版权侵权构成要件时,权利人可行使权利,判断版权侵权主要看内容与现有作品是否"相似""依赖",发生侵权时,权利人可要求停止侵权、赔偿损失、返还不当得利,还可通过控告要求刑事处罚;对于自身作品被用于人工智能训练,事先可采取技术措施防止被收集或选择销售作品作训练数据,事后可请求停止侵权、返还不当得利、赔偿损失,也可起诉要求刑事处罚。

3.《生成式人工智能与竞争(征求意见稿)》

日本公平贸易委员会(JFTC)启动了关于生成式人工智能市场的研究(见图6-1),以了解其当前状况及相关的国内外趋势。尽管生成式人工智能为经济和社会带来了较大效益,但相关商业活动可能影响竞争。2024年10月,日本公平贸易委员会发布了讨论文件《生成式人工智能与竞争(征求意见稿)》[①],并征求各方意见。

文件提出,鉴于生成式人工智能的市场处于不断变化的状态,日本公平贸易委员会将及时收集各利益相关者的信息,并以敏捷、迅速和灵活的方式进行市场研究,必要时从《反垄断法》和竞争政策的角度阐述其对生成式人工智能问题的看法。日本公平贸易委员会将当前生成式人工智能行业的结构划分为三个层级:应用层、模型层和基础设施层。

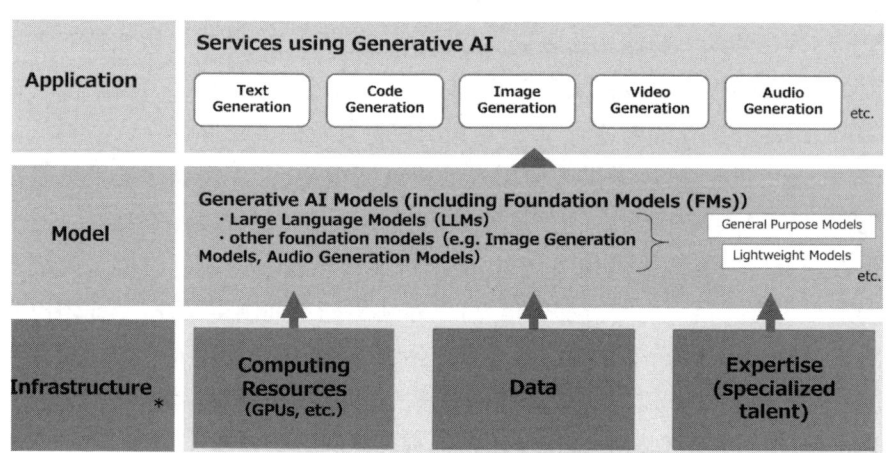

图6-1 日本生成式人工智能的行业结构

来源:《生成式人工智能与竞争(征求意见稿)》

---

① 公正取引委员会:《Generative AI and Competition(Discussion Paper)》,网址:https://www.jftc.go.jp/file/241002DiscussionPaperEN.pdf,访问日期:2025年1月3日。

根据人工智能市场的发展情况,日本公平贸易委员会针对生成式人工智能市场的发展,提出了五个可能影响竞争的问题,但目前尚未得出结论。一是资源垄断问题。少数大型企业控制着人工智能开发所需的 GPU 和数据资源,如果限制其他企业获取这些资源,可能会阻碍新企业进入市场,影响公平竞争。二是自我优待。如果人工智能模型开发者允许自己的产品或服务在人工智能生成结果中更突出,可能会打压竞争对手的产品或服务。三是捆绑销售。如果某个服务商强制要求用户使用其自有的人工智能模型,可能会限制其他人工智能模型的市场竞争。四是价格趋同。人工智能可以帮助企业快速调整价格,但如果多家公司使用相似的数据和算法,可能导致价格和生产目标趋同,削弱竞争。五是人才垄断。大型企业通过合作独占高端人才,将在一定程度上限制其他公司获取人才的机会,影响市场竞争。

4.《负责任的人工智能促进基本法(草案)》

2023 年 2 月,日本自民党成立了"人工智能演进与实施相关项目小组"(AIPT),由众议院议员平正昭(Masaki Taira)领导,负责审议日本人工智能的战略与政策建议。2024 年 2 月 16 日,为了回应人们对人工智能相关虚假信息和侵权行为日益增长的担忧,日本出台了一份关于人工智能治理的法律提案——《负责任的人工智能促进基本法(草案)》。该提案专门针对具有强大能力的生成式人工智能模型,旨在通过立法促进负责任的人工智能发展,并对具有一定规模和目的的基础人工智能模型开发者实施监管,计划在 2025 年向议会提交法案,该法案包含如下基本内容:

一是法案的目标与核心原则。该法案的核心目标是推动构建一个开放的生态环境,支持安全、可靠且负责任的人工智能的设计、开发与应用,并确保以人为中心。通过引入适当的人工智能治理框架,平衡人工智能带来的风险与利益。具体而言,法案旨在限制人工智能对公民权益可能造成的侵害风险,同时,最大化人工智能健康发展带来的效益,包括推动人工智能驱动的创新。为实现这一目标,法案提出对特定基础人工智能模型的开发者实施公私联合监管,重点涵盖风险信息共享、治理体系建立和信息披露等方面。

二是监管范围与重点议题。法案聚焦于具有重大社会影响的"特定人工智能基础模型"(即前沿人工智能模型),明确排除了小规模模型及初创企业。核心讨论议题包括:(1)监管的必要性与合理性。探讨对基础模型开发者进行监管的理论依据与实际需求。(2)分类评估方法。基于"规模"与"用途"

(如参数数量、训练数据、通用性等)对基础模型进行分类评估。(3)监管方式。讨论采用单边指定,还是事先通知的监管模式。(4)违规制裁措施。明确对不合规开发者的处罚机制。(5)地理适用范围。界定法规的适用范围。

三是法案的基本措施。该法案提出的七项措施包括:(1)对高风险领域人工智能进行内部及外部安全验证(如红队测试);(2)企业与政府共享人工智能风险信息;(3)加强网络安全以保护未公开的模型权重;(4)通过第三方检测并报告系统漏洞;(5)建立生成式人工智能使用通知机制;(6)公开人工智能的能力与局限性;(7)推动人工智能社会风险研究。这些措施旨在确保开发人工智能的安全性、透明性,并促进社会风险的有效管理。具体实施标准(如红队测试的规模与频率、网络安全等级等)将由私营部门(包括行业协会)制定,以适应技术快速发展的需求。这种由政府设定目标、私营部门制定实施细节的监管模式,被称为"共同监管"。①

四是合规与监督机制。在合规与监督机制方面,特定人工智能基础模型的开发者需定期向政府或日本新设立的人工智能安全研究所(AISI)提交合规报告。政府将审查报告内容,并在必要时公开或提供指导与监督。未履行报告义务或违反命令的开发者可能面临罚款或刑事处罚。与欧盟《人工智能法》不同,该法案未计划基于内容直接禁止或限制特定人工智能基础模型或服务。

五是法案的具体框架。在法案的具体框架方面,共分为五个部分。(1)在促进负责任的使用人工智能方面。通过加强公私合作伙伴关系,促进人工智能技术创新,推动人工智能在社会问题中的应用。为人工智能相关研发提供补贴和资助,吸引并培养专业人才,培养人工智能人才与增强研发能力。重点加强新成立的人工智能安全研究所的能力建设,提升先进人工智能安全性研究能力。(2)在人工智能基础模型开发者架构方面。提出制定明确的模型评估标准,包括模型规模(模型的参数量、预训练数据的规模等)、模型用途(通用型模型、专用型模型等,针对不同类型模型制定监管策略)。(3)明确运营商责任。运营商在系统开发中须遵守相关义务,政府将制定并公布标准与行为准则。(4)建立报告机制。人工智能基础设施模型开发者需定期向国家或第三方组织报告合规情况。(5)违规处罚措施。对未履行义务或违反

---

① Akihisa Shiozaki:《〈責任あるAI推進基本法(仮)〉を本日公表しました》,网址:https://akihisa-shiozaki.jp/activities/1234.html,访问日期:2024年12月6日。

规定的行为,将征收附加费及罚款。①

综上所述,日本政府颁布了一系列针对人工智能发展的战略,引导和加快人工智能技术的发展,但在法规建设方面相对滞后。2025 年 5 月 28 日,日本正式通过《人工智能相关技术研究开发及应用推进法》。这是日本首部人工智能相关立法,旨在全面、系统地推进人工智能相关技术研发和应用,改善人民生活并推动国民经济健康发展,期望从"平衡创新和风险应对"的综合性的角度来解决人工智能的潜在问题。此前,日本主要依靠既有的软件和数据相关法律,如《知识产权法》《防止不正当竞争法》和《个人信息保护法》等规范新技术领域的发展。同德国、意大利等欧盟成员国相比,日本采用更为敏捷、灵活和软性的监管政策②,将其监管深入到具体的技术行业和细分领域,依据不同行业的特性和技术发展的实际需求,制定和实施与之相适配的监管措施。

在监管目标上,日本政府以技术发展作为首要考量,把人工智能作为推动社会和经济发展的核心引擎。在监管主体构成上,呈现多元化的治理态势,将企业和行业协会作为核心主体,充分把握其发展的实际技术需求和治理挑战;社会团体则从利益相关方的角度提出治理诉求,政府主要负责引导和凝聚监管共识、形成监管方案,较少运用行政强制手段。在监管方式上,日本主要凭借非约束性原则应对人工智能风险,这些原则并无实质法律约束力。相较于法规,日本人工智能治理原则的调整更为便捷,由行业主管部门操作,政府可依据产业和技术发展态势灵活调控监管力度与方法,也更加契合日本人工智能产业的快速变化与创新需求。

---

① 殿村桂司、岡田淳、生貝直人、小谷野雅晴等:《責任あるAIの推進のための法的ガバナンスに関する素案》,网址:https://www.hirataku.com/uploads/65d41b304bf0992d09793b08.pdf,访问日期:2024 年 12 月 7 日。

② 参见朱旭峰、楼闻佳:《发展还是监管?人工智能政策的国际比较研究》,载《学海》2024 年第 4 期。

第七章　中国人工智能治理

一、人工智能的产业发展情况

近年来,中国人工智能技术迅猛发展,产业规模持续扩大,正在成为全球该领域的领跑者,促进经济形势和各行各业实现根本性变革。除澳门、台湾地区外,本章旨在概览中国人工智能产业的蓬勃发展态势,并以此为契机,深入剖析中国在推进人工智能产业进程中拥有的有利契机与核心优势,以及亟待应对的复杂挑战。

(一)情况概览

我国人工智能产业发展势头强劲,并赋能千行百业。根据中国信通院发布的数据,中国人工智能产业规模从2019年开始快速增长,2021年同比增长达到33.3%,2022年产业规模达到5080亿元,同比增长18%。2023年规模达到5784亿元,五年复合增速达到20.38%。2024年,这一市场规模突破7000亿元,彰显了人工智能产业的强大发展动力。根据《生成式人工智能应用发展报告(2024)》,截至2024年6月,中国生成式人工智能产品的用户规模已达2.3亿人,占整体人口的16.4%。中国政府推出了一系列激励措施与政策支持,旨在加速中国人工智能产业的崛起。2024年,《政府工作报告》首次提出了"人工智能+"行动,旨在推动人工智能技术的广泛应用和深入发展,以科技创新和新质生产力引领现代化产业体系的建设。这一行动有助于提升我国在全球人工智能领域的竞争力,为经济社会发展注入新的强大动力。北京市作为首都,可谓是人工智能产业的"发展重镇"。《北京人工智能产业白皮书(2024)》显示,北京现有人工智能企业超2400家,同比增长超9%。其中,上市企业46家,总市值约4.3万亿元;独角兽企业36家,占全国超半数,核心产业规模突破3000亿元,形成全链条完整布局。已建公共智能算力

2.2万P,形成智能算力和绿色算力资源丰富的环京算力带;建成人工智能数据运营平台,汇聚高质量数据集超150个。①

中国人工智能技术的增长态势呈现出以下特征:一是技术创新与产业融合加速。近年来,中国人工智能技术在计算机视觉、图像识别、自然语言处理等领域取得了显著进展。这些技术的快速发展,不仅推动了人工智能技术的广泛应用,为传统产业的转型升级提供了有力支撑,也加速了人工智能与各行各业的融合。这种融合不仅推动了人工智能技术的广泛应用,也促进了传统产业的智能化升级和新兴产业的快速发展。从智能语音助手到自动驾驶汽车,从机器翻译到智能医疗诊断,从智能制造到智慧城市建设,人工智能大幅提高了生产效率和质量。二是政策法规不断完善。中国政府高度重视人工智能技术的发展,出台了一系列政策措施来推动其健康有序发展。《新一代人工智能发展规划》等的出台,为人工智能技术的发展提供了明确的方向和目标。同时,政府还在积极推动人工智能技术的标准化、规范化和法治化建设方面,为技术的广泛应用提供有力的法律保障。三是市场需求与产业升级相互促进。人工智能技术产业的快速发展,不仅得益于技术创新和政策支持,也离不开市场需求的推动。随着消费者对智能化产品和服务的需求日益增长,中国人工智能产业迎来了前所未有的发展机遇,在智能家居、智能安防、智能金融等领域,人工智能技术的应用已成为提升用户体验和提高服务质量的重要手段。人工智能产业的发展也在积极推动传统产业的转型升级。四是呈现出明显的地域特征。北京、上海、广东等发达地区凭借其在融资机会、专业人才和政策支持等方面的优势,成为人工智能技术发展的领头羊。根据《生成式人工智能应用发展报告(2024)》,截至2024年11月,北京、上海、广东三地的生成式人工智能备案产品数量占比分别达到31.1%、27.2%和11.7%。这一地域分布特征,不仅反映了中国人工智能技术发展的不均衡性,也为中国政府和企业提供了有针对性的政策制定和资源配置建议。

在工业领域,我国人工智能工业企业主要在生产线智能化改造和大规模制造优化方面发展迅速,以阿里云的ET工业大脑和树根互联的工业互联网平台为代表,我国企业在智能工厂建设、自动化生产线改造,以及物联网应用方面取得了长足进展。此外,在人工智能视觉检测、供应链优化,以及智能制

---

① 参见《北京人工智能核心产业规模突破3000亿元》,载新华网(网址:http://www3.xinhuanet.com/politics/20250111/0690cc2477d54f03b24edb6f1eb3a38e/c.html),访问日期:2025年1月11日。

造软件与服务等细分领域也展现出独特优势,如腾讯云的人工智能视觉检测方案、菜鸟网络的供应链优化解决方案,以及用友网络和金蝶软件提供的智能制造软件与服务。

在金融领域,我国金融企业依托庞大的市场规模、丰富的数据资源及活跃的金融科技生态,在移动支付、大数据风控、智能投顾等领域取得了显著成就,部分技术应用甚至领先全球。蚂蚁集团、腾讯金融科技、京东科技集团等企业通过技术创新,不断推动移动支付、信用评估、智能理财及保险科技等细分领域的发展。其中,蚂蚁集团的支付宝与腾讯的微信支付凭借人工智能技术,为全球用户提供了高效、安全的支付体验,树立了移动支付行业的标杆。此外,我国金融企业还积极探索智能客服、虚拟助手等新兴领域,利用人工智能技术提升客户服务质量,增强用户黏性。

在医疗领域,我国人工智能医疗企业在医学影像分析领域展现出卓越实力,特别是在肺部CT解析、眼底图像识别及乳腺癌筛查等细分领域具有显著优势,如鹰瞳科技、推想科技、图玛深维等,开发了高效的人工智能算法,被用于辅助医生进行疾病的早期诊断和病情评估。在智能辅助诊断系统领域,我国企业同样表现抢眼,如科大讯飞推出的"智医助理"机器人,可以有效赋能基层医疗,提高诊疗效率与精准度;同时,在慢性病与专病管理领域深耕,构建了多病种智能管理系统。此外,我国人工智能医疗企业积极拓展健康管理领域,覆盖慢性病管理、母婴保健、心理健康等多个维度,推动医疗模式向预防与管理转型。尽管在药物研发领域起步较晚,但华为等科技巨头正借助大模型技术奋力追赶,展现出较强的创新能力。

当前,特别是我国生成式人工智能以前所未有的态势步入产业化阶段,成为科技产业发展的焦点。在此之中,涌现出众多典型企业,百度、华为、阿里巴巴等企业也纷纷布局文心一言、盘古、通义千问等超千亿级参数规模的预训练模型。在整体的产业态势中,对话类语言大模型成为布局焦点,各大创新主体正在加速探索大模型的产业服务形态。生成式人工智能产品能够在日常办公、文本创作、代码生成,以及图像视频等方面进行跨领域辅助人类完成现有任务。可以预见,随着模型能力的提升,以及知识的深度融合,大模型有望成为科学计算、生产制造的基础生产工具,以其通用性的能力提高社会各行各业的效率和社会生产力。

1. 阿里巴巴:人工智能赋能商业与社会治理

阿里巴巴是全球最大的电子商务平台之一,其销售额超过亚马逊和eBay

的总和。阿里巴巴的成功不仅在于其商业模式的创新,更在于其将人工智能技术深度融入日常运营和社会治理中,实现了商业与社会的双重价值。如运用自然语言处理技术和机器学习算法,自动为网站生成产品描述,有效减少了虚假宣传的可能性;利用人工智能技术监测和打击假冒伪劣商品,保护了消费者权益,维护了市场秩序;通过收集和分析用户数据,为用户提供高度个性化的商品推荐,提高了销售转化率,提升了用户体验。此外,阿里巴巴将研发的"平扫CT+AI"技术用于医疗领域,能够在普通CT扫描中精准识别胰腺癌病灶,将胰腺癌的早期检出率提高了40%,不仅提高了医疗服务的效率和质量,也为攻克医学难题开辟了新的途径。

2. 腾讯:人工智能赋能金融风控与在线教育

腾讯作为中国最大的社交媒体公司之一,在人工智能技术方面取得了显著成果。腾讯人工智能的核心研发机构是腾讯人工智能实验室(也称为腾讯AI Lab),汇聚了全球顶尖的科学家和研究人员,专注于计算机视觉、语音识别、自然语言处理等领域的研究和创新。腾讯人工智能实验室在国际权威竞赛中屡次获奖,展示了腾讯在人工智能领域的强大实力。同时,腾讯积极推动与各行业的深度融合,促进产业升级。通过提供人工智能解决方案和技术支持,腾讯助力众多企业实现数字化转型和智能化升级。如其在应用于某大型银行的信贷风控系统后,通过实时监测交易行为、识别潜在欺诈模式,使欺诈侦测准确率提升30%,每年挽回经济损失数亿元。腾讯的人工智能技术不仅提高了金融行业的安全性,还促进了金融服务的创新和发展。此外,腾讯的人工智能技术还推动了在线教育发生变革。腾讯大模型赋能在线教育平台,实现了精准学习资源推荐与智能辅导,提高了用户的满意度和付费转化率,提高了在线教育平台的运营效率和服务质量,促进了教育资源的优化配置和共享。另外,腾讯在与三甲医院的合作中,将其大模型用于辅助肺部CT影像诊断,将医生的阅片时间缩短70%,误诊率降低25%,极大提高了医疗服务效率与质量,也为医疗行业的发展注入了新的动力。

3. 百度:人工智能助力社会公益与技术创新

百度作为中国领先的互联网公司,早在2013年就开始了人工智能研究,并在语音识别、图像识别、自然语言处理等领域取得了世界领先的成绩。其产品广泛应用于自动驾驶、智能家居、金融、医疗等多个领域。其中,百度的Apollo自动驾驶平台是全球领先的自动驾驶开放平台,吸引了众多合作伙伴共同推动自动驾驶技术的发展。百度开发的智能垃圾分类系统,通过图像识别技术自动对垃圾进行分类,提高了垃圾的回收率,促进了资源的循环利用;利用人工智能技术参与打拐行动,成功帮助许多家庭找回走失儿童,体现了企业的社会责任;利用人工智能技术优化广告投放和营销策略,提高了广告的效果和转化率。百度研发的"深度语音"(Deep Voice)技术,能够利用3.7秒的音频克隆一个人的声音,为语音合成领域带来了革命性的突破。在自动驾驶领域,百度旗下的智能驾驶事业群组(IDG)不断探索和创新,致力于将自动驾驶技术推向全球。通过人工智能技术的广泛应用,百度推动了产业升级和经济发展,同时,也促进了社会公益事业的发展。

4. 华为:人工智能助力企业发展与国际合作

作为华为人工智能技术的重要载体,华为云凭借其在云计算、大数据、人工智能等领域的深厚积累,为众多企业提供了数字化转型的解决方案。通过华为云,企业可以便捷地获取人工智能技术支持,实现生产流程的优化、运营效率的提高,以及客户服务的智能化。例如,在制造业领域,华为云助力多家企业实现了生产线的智能化改造,显著提高了生产效率和产品质量;在智慧城市建设中,华为云通过整合城市数据资源,为城市管理者提供了智能化的决策支持,推动了城市治理体系的现代化。在国际合作方面,华为积极参与全球人工智能技术的交流与合作,与多家国际知名企业、研究机构建立了紧密的合作关系,共同推动人工智能技术的创新与应用。通过国际合作,华为不仅提升了自身的技术实力,还为我国人工智能技术的国际化发展贡献了力量。

(二)优势与机遇

我国人工智能发展水平日益增强,高水平科研机构如中国科学院、清华大学、北京大学等在全球科研产出中占据重要地位,在计算机视觉、机器学习、自然语言处理等领域取得了显著进展,部分技术已达到国际领先水平。这些科研成果为人工智能产业的发展提供了坚实的技术支撑。

1. 政府大力支持

中国政府对人工智能产业的支持力度不断加大,为人工智能产业发展提供了坚实的政策保障和资金支持。在国家层面,出台了一系列政策措施,包括《新一代人工智能发展规划》等,明确了人工智能产业的发展方向和目标,并提出了具体的政策措施和实施路径。同时,各级地方政府也积极响应国家号召,纷纷出台配套政策措施,加大对人工智能产业的投入和支持力度。同时,中国政府还通过设立专项基金、引导社会资本等方式,增加对人工智能产业的投资,为产业发展提供了充足的资金保障。此外,中国人工智能行业投融资活动在2023年有所增加。根据《2022—2023中国人工智能计算力发展评估报告》截至2023年12月14日,共有10110起投资事件发生,总计融资金额为37762亿元。这些资金为人工智能企业的研发创新和市场拓展提供了有力支持。

2. 市场空间广阔

作为世界第二大经济体,中国拥有庞大的市场需求和丰富的应用场景。从智能制造、智慧城市、智慧医疗到智能家居等领域,其中,互联网行业的人工智能渗透率高达89%,成为应用最广泛的领域之一。此外,智慧城市、企业智能管理、智能制造、智能营销与新零售、智能网联汽车等应用场景也日益丰富,为人工智能技术的普及和推广提供了广阔空间。随着中国经济的快速发展和人民生活水平的不断提高,消费者对智能化、个性化产品和服务的需求日益增长,人工智能技术的应用正逐步改变人们的生活方式,提高人们的生活品质。同时,中国庞大的消费群体和消费升级的趋势,也为人工智能产业提供了巨大的市场潜力。例如,在智能家居领域,随着消费者对智能家居产品的接受度不断提高,智能家居市场的规模持续扩大,为人工智能技术的应用提供了更多的机会。

3. 人才储备资源丰富

中国拥有庞大的人才储备和丰富的教育资源。随着高等教育的普及和科研能力的提升,越来越多的高素质人才涌入人工智能领域。同时,中国还通过设立人工智能专业、开展国际合作等方式,培养了一批具有国际视野和创新能力的人工智能专业人才。一方面,中国高校和研究机构在人工智能领域的人才培养方面取得了显著成果,培养了一大批具有创新精神和实践能力的人工智能专业人才;另一方面,中国政府还积极推动与具有国际先进水平的机构进行交流与合作,通过引进海外高层次人才和团队、加强与国际组织的合作等方式,不断提升中国人工智能领域的国际竞争力和影响力。这种人才储备与国际合作的双重优势,为中国人工智能产业的持续发展和创新提供了有力的保障。

4. 技术创新与产业升级

中国人工智能产业的发展受益于持续的技术创新和产业升级。例如,中国在人脸识别、语音识别等技术方面已达到世界领先水平,为人工智能在安防、智能家居等领域的应用奠定了坚实基础。同时,中国正积极推动制造业的智能化转型,通过"智能制造"等战略,加速人工智能技术与传统产业的深度融合,推动产业链向高端延伸。在此推动下,国内人工智能企业数量显著增加。截至2024年,中国人工智能企业数量已超过4500家,其中不乏腾讯、百度、华为等科技巨头。这些企业在人工智能的技术研发、产品创新和市场推广等方面取得了显著成果。

(三)面临的挑战

尽管中国人工智能产业的发展在政策支持、市场潜力及人才储备等方面展现出了显著优势,但与全球顶尖竞争者相比,依然面临着一系列挑战。

1. 技术创新与全球领先水平的差距有待缩小

近十几年来,中国在人工智能领域的科研投入、企业孵化和人才培养上持续加码,但与全球顶尖竞争者相比,仍存在一定的差距。首先,中国在全球研发投入比例及私人资本活跃度方面有待提升。在全球研发竞赛中,中国在人工智能、大数据、云计算等数字领域的科研投资虽增长迅速,但与美国相比,研发强度及私人资本的投入仍有提升空间。《2025年人工智能指数报告》显示,美国在人工智能领域的私人投资总额高达1091亿美元,中国虽紧随其后,但仍存在约12倍(93亿美元)的差距,这在一定程度上限制了中国在人工智能前沿技术上的探索与突破。此外,尽管中国政府推出了一系列鼓励私人投资的政策,但在实际操作层面,税收优惠、融资渠道等方面仍有待进一步优化。其次,在核心科研产出及创新企业的数量方面,中国虽已取得显著进步,但仍落后于美国。以学术论文的发表为例,中国虽已跃居全球前列,但高影响力论文的占比及引用率仍有提升空间。同时,在独角兽企业的培育上,中国虽拥有一定数量的领先企业,但在全球范围内的竞争力和影响力仍有待加强。最后,中国人工智能企业的市场活跃度和创新能力,尤其是在原创性技术研发和商业化应用方面也与全球顶类竞争者有一定的差距,主要体现在新技术、新产品的推出速度、市场接受度,以及国际市场的拓展能力上。

2. 地区间人工智能发展不均衡

中国人工智能产业存在地区间发展不均衡的问题。中国人工智能产业整体上呈现出蓬勃发展的态势,但不同地区之间在经济发展水平、产业结构、教育资源等方面存在显著差异,导致人工智能产业的发展呈现出明显的地域特征。一是创新资源分布不均。东部沿海地区,如上海、广东深圳等地,凭借其强大的经济实力、丰富的科研资源和完善的创新体系,成为人工智能创新的高地。而中西部地区,由于经济基础相对薄弱,创新资源相对匮乏,人工智能产业的发展相对滞后。二是人才流动与聚集效应明显。东部沿海地区因其良好的就业环境、优厚的薪资待遇和丰富的职业发展机会,吸引了大量的人工智能人才,而中西部地区则面临人才流失的困境,进一步加剧了地区间的发展差距。三是市场应用与普及程度不一。在东部沿海地区,人工智能技术在智能制造、智慧城市、智能交通等领域的应用已经取得显著成效,而在中西部地区,由于经济基础、技术水平和市场需求等因素的限制,人工智能技术的应用和普及程度相对较低。

3. 国际合作环境复杂多变

全球政治经济格局的不断变化,国际竞争与合作日益复杂,给中国人工智能产业的国际化发展带来挑战。一方面,国际贸易摩擦和技术封锁等外部因素可能导致中国在人工智能领域的关键技术和设备进口受限,影响产业升级和创新能力的提升;另一方面,地缘政治冲突也可能影响中国与部分国家在人工智能领域的合作与交流,限制中国在全球范围内的技术合作和市场拓展。此外,随着全球范围内对数据安全和隐私保护的关注度不断提高,中国人工智能企业在海外市场的运营也面临更加严格的监管和审查,增加了企业合规成本和运营风险。

4. 内容安全问题愈加凸显

以生成式人工智能为例,内容安全是指生成式人工智能输出内容的社会安全性,是否合法合规、遵守道德伦理和公序良俗等,具体表现在信息真实、尊重他人合法权益、遵守公平竞争等方面。生成质量和安全也是公众选择使用相关产品和服务的重要影响因素。在个人信息方面,生成式人工智能不限于以往人工智能需要考虑的训练数据中的个人信息,也需要考虑实时交互中个人信息的输入与输出问题。在模型安全方面,生成式人工智能的安全主要指模型自身和内在的安全,如传统软件和信息技术的后门攻击、数据窃取、逆向工程等问题,以及"黑盒模型"带来的新安全问题。在知识产权方面,生成式人工智能会依据大量的训练数据和模型生成新的内容,训练所用到的数据可能会涉及版权、专利或商业机密等。

在我国，人工智能在工业、企业服务、传媒、教育、金融、交通和医疗等各行各业中展现出强大的变革力量，但在典型场景中仍存在许多治理上的痛点，以下是在工业、金融和医疗领域存在的主要问题。

(1) 工业领域

一是数据质量与集成难题。工业环境中产生的数据量庞大且复杂，但往往存在数据质量不高、格式不统一、数据孤岛现象严重等问题。高质量的数据是人工智能模型训练和应用的基础，而数据质量问题会直接影响模型的准确性和可靠性。此外，不同设备和系统间的数据集成也是一大挑战，需要解决兼容性和通信问题，以实现数据间的流通和共享。

二是技术落地与场景适配性问题。尽管人工智能在理论上具有广泛应用前景，但在实际落地过程中，往往面临技术局限和场景适配性的问题。不同工业场景对人工智能技术的需求各异。然而，目前市场上的人工智能产品大多以通用型为主，难以满足工业场景的特定需求。因此，如何将人工智能技术有效应用于工业场景中，实现技术落地与场景适配，是当前亟待解决的问题。

三是算力与成本瓶颈。人工智能模型的训练和推理需要大量的计算资源支持，而高性能计算资源的获取和成本问题成为制约人工智能在工业行业应用的重要因素。对于许多中小企业而言，高昂的硬件投入使它们难以承担人工智能技术的部署和应用成本。

四是安全与隐私保护问题。在工业环境中部署人工智能技术可能涉及敏感数据的处理和传输，如生产数据、设备状态信息等。如何确保这些数据在传输和存储过程中的安全性和隐私性，防止未授权的访问和信息泄露，如何防范人工智能系统被恶意攻击、确保系统稳定运行，是当前工业领域人工智能应用面临的重要挑战。

五是技术人才短缺。人工智能技术的研发和应用需要专业的技术人才支持，而当前市场上人工智能和机器学习领域的专家资源相对稀缺。工业领域在引入人工智能技术时，往往面临技术人才短缺的问题，难以支撑人工智能系统的部署、运维和优化。如何培养和引进高水平人工智能技术人才成为工业领域的重要任务。

六是法律法规与伦理规范滞后。随着人工智能技术在工业领域的广泛应用，相关法律法规和伦理规范的建设难以跟上人工智能技术的发展步伐。

在数据隐私保护、算法透明度、责任归属等方面缺乏明确的法律规范和指导原则,易引发一系列法律纠纷和伦理争议。

(2)金融领域

一是在数据方面。首先,金融领域的人工智能应用高度依赖于数据的质量,但当前金融数据存在多源异构、标准不一、质量参差不齐的问题。这不仅影响人工智能模型的训练效率和效果,还可能导致错误的决策和风险评估。因此,建立健全的数据治理体系,实现数据的标准化、清洗、整合和持续监控,是人工智能在金融领域深入应用的首要挑战。其次,金融数据的高度敏感性要求人工智能应用必须严格遵守数据保护法规,如《通用数据保护条例》《个人信息保护法》等。然而,人工智能技术本身可能增加数据泄露的风险,尤其是在数据收集、处理、共享和存储环节。如何在保障数据隐私的同时,最大化人工智能的利用价值,是金融机构必须面对的重要挑战。

二是在金融领域的特点方面。金融领域自身具有复杂性和特殊性,要求人工智能应用往往需要高度定制化以满足特定业务需求。这导致高昂的开发、部署和维护成本,尤其是对中小金融机构而言,难以承担。因此,如何降低人工智能技术的门槛和成本,提供标准化的解决方案或平台以支持更广泛的金融机构采用人工智能技术,是亟待解决的问题。此外,金融机构往往面临技术团队与业务团队之间的知识鸿沟和沟通障碍,导致人工智能项目难以真正落地或效果不佳。如何促进技术团队与业务团队紧密合作,建立跨部门的协同机制,共同设计、实施和优化人工智能应用,是提升应用效果的关键。

三是在监管方面。随着人工智能应用在金融领域的不断渗透,监管机构也在不断完善相关法规和政策,以规范人工智能技术的运用并保护消费者权益。然而,金融机构在快速适应监管变化、确保人工智能应用合规性方面也面临着挑战,如何加强与监管机构的沟通与合作,建立健全内部合规机制,确保人工智能应用既高效又合规,也是金融机构的重点关注所在。

(3)医疗领域

一是数据质量与隐私保护存在问题。医疗数据分散在不同的医疗机构和系统中,缺乏统一的标准和格式,造成难以整合和有效利用数据,存在数据孤岛难题。此外,在数据安全与隐私方面,医疗数据包含大量敏感信息,如何在保障患者隐私的同时合法合规地使用数据,成为人工智能医疗应用的一大挑战。

二是技术成熟度与临床验证任重道远。在算法精度与泛化能力方面,人工智能算法需要经过大规模高质量数据的训练才能达到满意的准确率,而且不同人群、不同地域的泛化能力有待验证。在临床验证与监管审批上,人工智能医疗产品需要通过严格的临床试验和监管审批流程,确保其安全性和有效性,然而这一过程复杂且耗时。

三是医疗资源分配与服务效率的平衡有待把控。中国医疗资源分布不均,尤其是专家资源主要集中在大城市,人工智能技术虽能辅助诊断和治疗,但无法完全替代专业医生,特别是在复杂病例上。尽管人工智能技术可以提高诊断速度和精确度,但在实际应用中需要平衡成本效益,确保技术投入能够带来相应的服务效率的提高。

四是用户接受度与伦理考量。在医生与患者的接受度上,医生可能对人工智能辅助诊断持保留态度,担心技术失误影响临床决策,患者则可能担忧人工智能诊断的可靠性和人性化服务的缺失。在伦理与责任界定上,人工智能在医疗决策中的作用加大,引发了关于技术责任、医疗失误责任归属等一系列伦理问题的讨论。

五是法律及政策尚显不足。在法规与政策框架方面,目前现有的法律法规体系在应对快速发展的人工智能医疗技术时显得力不从心,特别是针对人工智能医疗广泛而复杂的应用场景,其覆盖面存在明显不足。在政策扶持与引导上,虽然政府对"人工智能+医疗"方面有政策上的支持,但如何细化政策、鼓励创新、避免市场过度炒作仍需进一步探讨。

六是技术融合与生态系统建设存在挑战。"人工智能+医疗"需要生物医学、计算机科学、工程学等多个学科的交叉知识,如何促进跨学科合作是一大挑战。同时,如何建立一个包含数据提供者、技术开发者、医疗服务提供者、监管机构等在内的健康生态,以支持"人工智能+医疗"的可持续发展也值得深入思考。

二、人工智能领域的规制现状

随着人工智能在政治、经济、军事、社会生活中发挥着越来越重要的影响力,一个民族能否立足于世界民族之林的关键因素就在于人工智能的领先程度。为实现人工智能的高质量发展,中国从产业扶持、人才培养、知识产权保护等多个板块为人工智能技术的创新和实践提供了强有力支撑,建立了比较完善的人工智能发展政策支持体系。

(一) 中国人工智能发展的政策演进

随着国内外经济环境的变化,关于中国人工智能发展的政策呈现明显的阶段性特征。大体来看,中国人工智能发展的政策演进可以划分为初期探索、加速发展和应用落地三个阶段。

1. 初期探索阶段(2017 年以前)

这一阶段,国务院发布了《关于推进物联网有序健康发展的指导意见》《促进大数据发展行动纲要》《关于积极推进"互联网+"行动的指导意见》等规范性文件,围绕大数据、物联网、5G 等领域进行了全面部署,产业界和学术界也开始涉足人工智能领域。中国科学院自动化研究所率先布局人工智能创新研究,在语言信息处理、机器学习、计算机视觉、智能机器人、智能系统、类脑智能等领域产出了一系列重要成果,商汤科技、深兰科技、寒武纪科技等企业凭借其独特的技术优势和市场洞察力,迅速抓住人工智能产业的发展机遇,成功带领了中国人工智能产业的创业热潮。

2. 加速发展阶段(2017—2020 年)

国务院印发了鼓励和规范发展人工智能的政策文件《新一代人工智能发展规划》以及推进人工智能和实体经济深度融合的指导文件《关于促进人工智能和实体经济深度融合的指导意见》,将人工智能发展上升为国家战略。为推动人工智能技术的研发和应用,工业和信息化部发布了《促进新一代人工智能产业发展三年行动计划(2018—2020 年)》,提出了包括加快人才培养等一系列人工智能扶持政策。在上述政策措施的鼓励下,涌现出越来越多的创业公司,推动了整个人工智能产业链的完善和升级。同时,人工智能领域的法律、伦理、社会问题也受到关注,中国积极开展人工智能治理的相关工作。2019 年,国家新一代人工智能治理专业委员会的正式成立和《新一代人工智能治理原则——发展负责任的人工智能》的出台,为人工智能的安全可控可靠发展奠定了基础。此外,在人工智能高层次人才培养方面,教育部、国家发展改革委、财政部于 2020 年印发了《关于"双一流"建设高校促进学科融合 加快人工智能领域研究生培养的若干意见》,为中国深入推进高水平人工智能理论研究、人工智能领域科技成果转化应用提供了有力支撑。

3. 应用落地阶段(2021年至今)

"十四五"规划将科技自立自强作为国家发展的战略支撑,并将人工智能列为重点发展产业之一。为解决人工智能技术的"卡脖子"问题,加快人工智能创新成果的转化应用,科学技术部等六部门于2022年出台了《关于加快场景创新 以人工智能高水平应用促进经济高质量发展的指导意见》,科学技术部还印发了《关于支持建设新一代人工智能示范应用场景的通知》。这些文件以规划、鼓励、建设为主要方向,旨在深入推进人工智能技术在医疗健康、智能交通、智慧城市、工业制造等领域的应用和发展,有效推动中国经济社会的智能化转型。同时,为促进人工智能与科学研究深度融合,科学技术部启动了"人工智能驱动的科学研究"专项部署工作,为进一步整合人工智能相关项目、平台、人才等资源,加速科学研究范式变革和能力提升,推动人工智能的高质量应用提供了指引。[①]

(二) 当前人工智能的相关发展政策和监管规范

中国的现代科技发展已在多个领域取得世界领先地位,人工智能领域的研发和应用活动更是百舸争流。为了应对人工智能发展带来的挑战,抓住人工智能发展带来的机遇,人工智能法草案已被列入国务院2023年立法工作计划。引人关注的是,2024年3月16日,中国学者齐聚北京举办首届"AI善治论坛",并在会议上发布《中华人民共和国人工智能法(学者建议稿)》,为我国人工智能立法提供了参考。本部分以国务院印发的《新一代人工智能发展规划》为纲,梳理我国人工智能相关的发展政策和监管规范。

1. 《新一代人工智能发展规划》背景

2017年7月8日,国务院印发了《新一代人工智能发展规划》。《新一代人工智能发展规划》从宏观层面分析了当下我国人工智能的发展现状、在人工智能领域所取得的成就及面对的问题,强调我国必须把人工智能发展放在国家战略层面系统布局,以有效保障国家安全。在此基础上,《新一代人工智能发展规划》发挥其顶层制度的作用与优势,明确提出"三步走"战略,对人工智能领域监管活动进行总体部署,提出要构建开放协同的人工智能科技创新体系、培育高端高效的智能经济、建设安全便捷的智能社会、加强人工智能领

---

① 参见赵志君、庄馨予:《中国人工智能高质量发展:现状、问题与方略》,载《改革》2023年第9期。

域军民融合、构建泛在安全高效的智能化基础设施体系、前瞻布局新一代人工智能重大科技项目六项重点任务。①

为确保上述目标及要求的顺利落实,具有顶层设计地位的《新一代人工智能发展规划》从制定该领域的法律规范和伦理规范、完善支持人工智能发展的重点政策、建立人工智能技术标准和知识产权体系,以及建立人工智能安全监管和评估体系等方面提供保障,这也构成了我国当下人工智能规范的基本框架。

2. 主要规范概览

（1）伦理规范

鉴于人工智能可能带来的风险,对技术开发、应用行为设定伦理准则是第一位的要求。我国当前有关人工智能的伦理规范、规定和标准主要包括如下方面(见表7-1)：

表7-1　我国有关人工智能的伦理规范、规定和标准

名称	颁发机构	公布时间	相关内容
《科技伦理审查办法(试行)》	科学技术部等部门	2023年9月	规定开展科技活动应坚持促进创新与防范风险相统一,客观评估和审慎对待不确定性和技术应用风险,遵循增进人类福祉、尊重生命权利、坚持公平公正、合理控制风险、保持公开透明的科技伦理原则,遵守我国《宪法》、法律法规和有关规定以及科技伦理规范。从事生命科学、医学、人工智能等科技活动的单位,研究内容涉及科技伦理敏感领域的,应设立科技伦理(审查)委员会。将具有舆论社会动员能力和社会意识引导能力的算法模型、应用程序及系统的研发纳入需要专家复核的科技活动清单。

---

① 参见综合:《规划落地,人工智能驱动"产业革命"》,载《人才资源开发》2017年第21期。

（续表）

名称	颁发机构	公布时间	相关内容
《关于加强科技伦理治理的意见》	中共中央办公厅、国务院办公厅	2022年3月	明确了科技伦理的五大原则：增进人类福祉、尊重生命权利、坚持公平公正、合理控制风险、保持公开透明。并从健全科技伦理治理体制、加强科技伦理治理制度保障、加强科技伦理审查和监管、深入开展科技伦理教育和宣传四个方面具体展开。
《新一代人工智能伦理规范》	国家新一代人工智能治理专业委员会	2021年9月	此规范旨在将伦理道德融入人工智能全生命周期，促进公平、公正、和谐、安全，避免偏见、歧视、隐私和信息泄露等问题；规定人工智能各类活动应当遵循六大基本伦理规范：增进人类福祉、促进公平公正、保护隐私安全、确保可控可信、强化责任担当、提升伦理素养。
《网络安全标准实践指南——人工智能伦理安全风险防范指引》	全国信息安全标准化技术委员会	2021年1月	要求开展人工智能相关活动应当对失控性、社会性、侵权性、歧视性和责任性伦理安全风险进行分析，并分别从研究开发者、设计制造者、部署应用者和用户的角度提出风险防范要求。
《新一代人工智能治理原则——发展负责任的人工智能》	国家新一代人工智能治理专业委员会	2019年6月	为促进新一代人工智能健康发展，更好协调发展与治理的关系，确保人工智能安全可靠可控，推动经济、社会及生态可持续发展，共建人类命运共同体，人工智能发展相关各方应遵循以下原则：和谐友好、公平公正、包容共享、尊重隐私、安全可控、共担责任、开放协作和敏捷治理。

（2）支持政策

《新一代人工智能发展规划》要求完善支持人工智能发展的重点政策，包括财税优惠政策、数据开放与保护相关政策，促进人工智能的应用创新。近年来，我国在人工智能（包括其相关的算力、人形机器等）领域出台的政策涉及税收、人才等各方面（见表7-2）：

表 7-2　我国人工智能发展有关支持政策

名称	颁发机构	公布时间	相关内容
《关于推动未来产业创新发展的实施意见》	工业和信息化部等七部门	2024年1月	深入推进5G、算力基础设施、工业互联网、物联网、车联网、千兆光网等建设,前瞻布局6G、卫星互联网、手机直连卫星等关键技术研究,构建高速泛在、集成互联、智能绿色、安全高效的新型数字基础设施。引导重大科技基础设施服务未来产业,深化设施、设备和数据共享,加速前沿技术转化应用。推进新一代信息技术向交通、能源、水利等传统基础设施融合赋能,发展公路数字经济,加快基础设施数字化转型。
《关于加快传统制造业转型升级的指导意见》	工业和信息化部等八部门	2023年12月	立足不同产业特点和差异化需求,加快人工智能、大数据、云计算、5G、物联网等信息技术与制造全过程、全要素深度融合。支持生产设备数字化改造,推广应用新型传感、先进控制等智能部件,加快推动智能装备和软件更新替代。加大对制造业技术改造资金支持力度,以传统制造业为重点支持加快智改数转网联,统筹推动高端化、智能化、绿色化、融合化升级。落实税收优惠政策,支持制造业高质量发展。
《关于深入实施"东数西算"工程加快构建全国一体化算力网的实施意见》	国家发展和改革委员会等部门	2023年12月	提出各部门、各地区有关部门按职责分工负责;支持产权清晰、运营状况良好的绿色数据中心集群、传输网络、城市算力网、算电协同等项目探索发行基础设施领域不动产投资信托基金(REITs),强化政策性金融支持;探索建设全国一体化算力网原型技术实验场,加强算力网技术标准研制,支持产学研各方开展算力网共性技术研发及试验推广等保障措施。

(续表)

名称	颁发机构	公布时间	相关内容
《算力基础设施高质量发展行动计划》	工业和信息化部等部门	2023年10月	提出六项重点任务,并提供全方位的保障措施,包括加强部门协同,分工做好重点任务组织保障,合力推进算力设施发展;发挥国家级政府投资基金和国家产融合作平台引导作用,鼓励地方探索实施"科技产业金融一体化"专项和"补贷保"联动试点,加大对算力重点项目的支持;充分发挥产业联盟、标准组织的组织引导作用,促进技术研发、产业化推广、基础设施建设、人才培养等方面的交流与合作;完善中国算力平台建设和数据采集机制,推动大型以上数据中心加入网络协同系统,持续加强典型案例的质量评价和跟踪工作。
《人形机器人创新发展指导意见》	工业和信息化部	2023年10月	加强部门协同,统筹推进技术攻关、产业发展、融合应用、安全治理等工作,促进人形机器人与人工智能、机器人等领域融合发展。推动实施人形机器人创新工程,围绕专用软件、核心部组件、整机及应用示范等重点任务加大投入。加强人形机器人相关学科专业人才培养,鼓励人形机器人企业与高等院校、科研院所等合作,创新产学研合作培养模式,共同培养跨学科的交叉复合型人才和工程型人才,增强高水平人才供给。拓展人形机器人国际合作空间,集聚全球创新资源,加强产业发展交流,鼓励国外企业和机构在国内设立研发中心和制造基地等,推动产业国际化发展。
《关于支持建设新一代人工智能示范应用场景的通知》	科学技术部	2022年8月	充分发挥人工智能赋能经济社会发展的作用,围绕构建全链条、全过程的人工智能行业应用生态,支持一批基础较好的人工智能应用场景,加强研发上下游配合与新技术集成,打造形成一批可复制、可推广的标杆型示范应用场景。首批支持建

(续表)

名称	颁发机构	公布时间	相关内容
			设智慧农场、智能港口、智能矿山、智能工厂、智慧家居、智能教育、自动驾驶、智能诊疗、智慧法院和智能供应链这十个示范应用场景。
《关于加快场景创新以人工智能高水平应用促进经济高质量发展的指导意见》	科学技术部等六部门	2022年7月	以习近平总书记关于人工智能系列重要讲话精神为指导,贯彻新发展理念,以促进人工智能与实体经济深度融合为主线,以推动场景资源开放、提升场景创新能力为方向,强化主体培育、加大应用示范、创新体制机制、完善场景生态,加速人工智能技术攻关、产品开发和产业培育,探索人工智能发展新模式新路径,以人工智能高水平应用促进经济高质量发展。
《全国一体化大数据中心协同创新体系算力枢纽实施方案》	国家发展和改革委员会等部门	2021年5月	组织开展全国一体化大数据中心协同创新体系重大示范工程,在数据中心直连网络、一体化算力服务、数据流通和应用等领域开展试点示范,支持服务器芯片、云操作系统等关键软硬件产品规模化应用。支持开展"东数西算"示范工程,深化东西部算力协同。支持对大数据中心相关技术平台研制、资源接入调度、产业应用等共性技术和机制的集成验证。
《关于加快构建全国一体化大数据中心协同创新体系的指导意见》	国家发展和改革委员会等部门	2020年12月	到2025年,全国范围内数据中心形成布局合理、绿色集约的基础设施一体化格局。东西部数据中心实现结构性平衡,大型、超大型数据中心运行电能利用效率降到1.3以下。数据中心集约化、规模化、绿色化水平显著提高,使用率明显提升。公共云服务体系初步形成,全社会算力获取成本显著降低。政府部门间、政企间数据壁垒进一步打破,数据资源流通活力明显增强。大数据协同应用效果凸显,全国范围内形成一批行业数据大脑、城市数据大脑,全社会算力资源、数据资源向智

（续表）

名称	颁发机构	公布时间	相关内容
			力资源高效转化的态势基本形成,数据安全保障能力稳步提升。
《关于"双一流"建设高校促进学科融合 加快人工智能领域研究生培养的若干意见》	教育部等部门	2020年1月	构建基础理论人才与"人工智能+X"复合型人才并重的培养体系,探索深度融合的学科建设和人才培养新模式,着力提升人工智能领域研究生培养水平,为我国抢占世界科技前沿,实现引领型原创成果的重大突破,提供更加充分的人才支撑。
《国家新一代人工智能创新发展试验区建设工作指引(修订版)》	科学技术部	2020年9月	明确以下重点任务:开展人工智能技术研发和应用示范,探索促进人工智能与经济社会发展深度融合的新路径;开展人工智能政策试验,营造有利于人工智能创新发展的制度环境;开展人工智能社会实验,探索智能时代政府治理的新方法、新手段;推进人工智能基础设施建设,强化人工智能创新发展的条件支撑。
《新一代人工智能产业创新重点任务揭榜工作方案》	工业和信息化部	2018年11月	征集并遴选一批掌握关键核心技术、具备较强创新能力的单位集中攻关,重点突破一批技术先进、性能优秀、应用效果好的人工智能标志性产品、平台和服务,为产业界创新发展树立标杆和方向,培育我国人工智能产业创新发展的主力军。
《高等学校人工智能创新行动计划》	教育部	2018年4月	面对新一代人工智能发展的机遇,高校要进一步强化基础研究、学科发展和人才培养方面的优势,要进一步加强应用基础研究和共性关键技术突破。要不断推动人工智能与实体经济深度融合,为经济发展培育新动能;不断推动人工智能与人民需求深度融合,为改善民生提供新途径;不断推动人工智能与教育深度融合,为教育变革提供新方式,从而引领我国人工智能领域科技创新、人才培养和技术应用示范,带动我国人工智能总体实力的提升。

(续表)

名称	颁发机构	公布时间	相关内容
《促进新一代人工智能产业发展三年行动计划(2018—2020年)》	工业和信息化部	2017年12月	通过实施四项重点任务,力争到2020年,一系列人工智能标志性产品取得重要突破,在若干重点领域形成国际竞争优势,人工智能和实体经济融合进一步深化,产业发展环境进一步优化。

(3)技术标准和知识产权保护

《新一代人工智能发展规划》要求加强人工智能标准框架体系研究,强化人工智能领域的知识产权保护。近年来,我国有关人工智能的技术标准逐步推出,并不断完善(见表7-3):

表7-3 我国人工智能有关技术标准

名称	颁发机构	公布时间	相关内容
《信息化标准建设行动计划(2024—2027年)》	中央网络安全和信息化委员会办公室、工业和信息化部、国家市场监督管理总局	2024年5月	到2027年,信息化标准工作机制更加健全,信息化标准体系布局更加完善,标准研制、服务等基础能力进一步夯实,发布一批高质量的信息化标准,形成一支专业化、职业化、国际化的标准化人才队伍,标准质量显著提升,实施效果明显增强,信息化标准在引领技术创新、驱动经济社会发展中的作用充分发挥,国际标准贡献度和影响力明显提升。
《国家新一代人工智能标准体系建设指南》	国家标准化管理委员会等	2020年7月	建立国家新一代人工智能标准体系,加强标准顶层设计与宏观指导,加快创新技术和应用向标准转化,强化标准的实施与监督,促进创新成果与产业深度融合。
《人工智能 机器学习系统技术要求》(GB/T 43782-2024)	国家市场监督管理总局、国家标准化管理委员会	2024年3月	规定了机器学习系统的技术要求,包括数据预处理、模型训练、模型评估、模型部署等方面的标准。

(续表)

名称	颁发机构	公布时间	相关内容
《信息技术 计算机视觉 术语》(GB/T 41864-2022)	国家市场监督管理总局、国家标准化管理委员会	2022年10月	界定了计算机视觉领域中常用的术语和定义,包括图像表示、图像获取、图像处理等方面的内容。
《信息技术 人工智能 术语》(GB/T 41867-2022)	国家市场监督管理总局、国家标准化管理委员会	2022年10月	界定了人工智能领域中的常用术语及定义,包括基础类、关键通用技术、关键领域技术、安全或伦理等四大类术语。
《信息技术 生物特征识别 人脸识别系统技术要求》(GB/T 41772-2022)	国家市场监督管理总局、国家标准化管理委员会	2022年10月	规定了人脸识别系统的系统架构、业务流程、功能要求和性能要求,考虑了个人信息保护和隐私安全等问题。

此外,随着人工智能技术的发展和应用落地,我国司法实践也对其作出了回应,在确认和认同人类利用人工智能技术时的主体性和主体权利的前提下,分别针对人工智能的作品权利归属、人工智能作品相关主体的侵权责任进行了认定。

(4)安全监管和评估

《新一代人工智能发展规划》要求加强人工智能对国家安全和保密领域影响的研究与评估,建立健全公开透明的人工智能监管体系,实现对人工智能算法设计、产品开发和成果应用等进行全流程监管。促进人工智能行业和企业自律,切实加强管理,加大对数据滥用、侵犯个人隐私、违背道德伦理等行为的惩戒力度。在这一要求的指引下,我国有关人工智能的监管立法走在世界前沿,有关规定包括(见表7-4):

表7-4 我国人工智能监管有关规定

名称	颁发机构	公布时间	相关内容
《生成式人工智能服务管理暂行办法》	国家互联网信息办公室等部门	2023年7月	对生成式人工智能服务的研发、利用、提供等进行了全面规范,明确了服务提供者的责任和义务,要求内容体现社会主义核心价值观,禁止生成违法违规内容,并明确了用户权益保护、数据安全等方面的要求。

(续表)

名称	颁发机构	公布时间	相关内容
《关于深入推进跨部门综合监管的指导意见》	国务院办公厅	2023年1月	加快大数据、人工智能、物联感知、区块链等技术应用,积极开展以部门协同远程监管、移动监管、预警防控等为特征的非现场监管,通过多维数据关联分析,快速有效协同处置问题,提升跨部门综合监管智能化水平。
《互联网信息服务深度合成管理规定》	国家互联网信息办公室等部门	2022年11月	对互联网信息服务深度合成技术的应用进行了规范,包括图像、音频、视频、文本等信息的合成制作、发布、传播等,要求标明合成信息,保障信息安全和版权等。
《互联网信息服务算法推荐管理规定》	国家互联网信息办公室等部门	2021年12月	规定算法推荐服务提供者应当落实算法安全主体责任,应当建立健全算法机制机理审核、科技伦理审查、用户注册、信息发布审核、数据安全和个人信息保护、反电信网络诈骗、安全评估监测、安全事件应急处置等管理制度和技术措施,制定并公开算法推荐服务相关规则,配备与算法推荐服务规模相适应的专业人员和技术支撑。
《关于加强互联网信息服务算法综合治理的指导意见》	国家互联网信息办公室等部门	2021年9月	坚持依法治理,加强法律法规建设,创新技术监管模式,打击违法违规行为,建立健全多方参与的算法安全治理机制;坚持风险防控,推进算法分级分类安全管理,有效识别高风险类算法,实施精准治理;坚持权益保障,引导算法应用公平公正、透明可释,充分保障网民合法权益;坚持技术创新,大力推进我国算法创新研究工作,保护算法知识产权,强化自研算法的部署和推广,提升我国算法的核心竞争力。

(三)我国人工智能规制的特点

人工智能的良性发展需要构建科学全面的法律规范体系作为保障。近年来,我国人工智能立法的制度化、规范化水平不断提高,呈现出多层级、地域化、领域化的特点。

1. 核心指引:《新一代人工智能发展规划》

虽然我国目前尚未制定狭义法律层面的人工智能法,但在党中央的部署推动下,国务院于2017年7月印发了《新一代人工智能发展规划》。作为我国从国家层面对人工智能发展方向作出的宏观指引,《新一代人工智能发展规划》系统阐述了我国在人工智能方面的总体政策,强调要"抢抓人工智能发展的重大战略机遇,构筑我国人工智能发展的先发优势",明确了发展为主、控制潜在风险为辅的战略布局。此外,该规划明确了我国新一代人工智能发展的战略目标:到2020年,人工智能总体技术和应用与世界先进水平同步;到2025年,人工智能基础理论实现重大突破,部分技术与应用达到世界领先水平;到2030年,人工智能理论、技术与应用总体达到世界领先水平。2017年12月,工业和信息化部发布《促进新一代人工智能产业发展三年行动计划(2018—2020年)》。该计划以产业发展作为出发点,对《新一代人工智能发展规划》所提出的任务目标进行了具体细化和布置落实,旨在推动人工智能和实体经济的深度性融合。

2. 支撑指导:中央各类部门规范和政策文件

《新一代人工智能发展规划》以原则性、纲领性的特点确立了人工智能基本的规制要求,若想使其具体落实到人工智能的各相关领域之中,形成更具操作性的具体规制措施,需要作出更加细致的规定。在这种情况下,中央各类部门规范及其他政策文件构成了人工智能法律规制体系的重要组成部分。

总体上来看,我国目前对于人工智能的细化立法,呈现"场景化的分散式立法态势",主要是针对人工智能应用中的各要素进行具体规制,具体表现为:随着人工智能的发展而逐步针对人工智能应用所带来的具体问题出台相应的管理规范,如《互联网信息服务深度合成管理规定》《互联网信息服务算法推荐管理规定》《科技伦理审查办法(试行)》等,这些文件分别从算法治理、深度合成治理、科技伦理治理等不同层面对人工智能的规范和发展进行了细化规定。

在数据保护方面,我国相继发布了数据安全和个人信息保护方面的三部立法,即《网络安全法》《数据安全法》《个人信息保护法》,涵盖了人工智能在开发、应用过程中的数据隐私保护、数据质量管理、透明度和可解释性、数据共享与合作、安全评估和审查,以及法律责任和追责机制等方面。

在算法治理方面,我国相继发布了一系列法规和指导文件,以确保互联网信息服务算法的规范运行,如《互联网信息服务算法推荐管理规定》《关于加强互联网信息服务算法综合治理的指导意见》,以及《信息安全技术 机器学习算法安全评估规范》等。这些法规和指导文件的出台旨在建立算法治理的体系,保障互联网信息服务算法的合规性和安全性,防范潜在的安全风险,为算法治理提供明确的框架和规范,有助于保障互联网信息服务算法的安全性和合规性。同时,这也体现了我国对算法治理的重视和努力,为构建健康、可信赖的数字环境提供了有力支持。

在科技伦理方面,我国通过一系列法规和指导文件对人工智能的管理、研发、供应、使用和组织实施规范进行了框架上的规定。国家新一代人工智能治理专业委员会发布的《新一代人工智能伦理规范》明确了增进人类福祉、促进公平公正、保护稳私安全、确保可控可信等基本伦理规范。就伦理审查这一特定流程,科学技术部等部门于2023年9月7日发布了《科技伦理审查办法(试行)》,要求责任单位设立科技伦理(审查)委员会,建立审查管理制度,提供科技咨询与培训,并客观评估和审慎对待不确定性和技术应用风险。

在智能医疗领域,我国通过各类法律法规、政策实现对人工智能的管理和引导。《移动医疗器械注册技术审查指导原则》《人工智能医疗器械注册审查指导原则》《人工智能医用软件产品分类界定指导原则》等文件对用于诊断和评估的智能算法软件、人工智能医学诊断设备的范围和管理等进行了明确。《互联网诊疗监管细则(试行)》则对人工智能医学诊断进行了规定:"人工智能软件等不得冒用、替代医师本人提供诊疗服务。""处方应由接诊医师本人开具,严禁使用人工智能等自动生成处方。"此外,国家卫健委则主要针对人工智能被用于辅助诊断的技术出台了一些细化的质量控制规范和管理规范,包括《人工智能辅助诊断技术临床应用 质量控制指标》(2017年版)和《人工智能辅助诊断技术管理规范》(2017年版)等。

而随着人工智能的深入发展,以及国家对人工智能治理认识的深化,我国对于人工智能立法,也逐渐从分散规制、要素规制转向对象规制、统一规制。一个显著的体现即为,2023年7月国家互联网信息办公室联合六部门发布的《生成式人工智能服务管理暂行办法》。该办法针对生成式人工智能技术进行了全面的规定,旨在促进该技术的健康发展和规范应用。该办法明确了坚持发展和安全并重、促进创新和依法治理相结合的原则,并在此基础之上规定了具体措施以鼓励生成式人工智能创新发展,对生成式人工智能服务实行包容审慎的态度和分类分级的监管方式,同时,明确了提供和使用生成式人工智能服务的总体要求,在伦理、算法、数据及内容等方面规定了生成式人工智能应当符合的条件及责任承担主体和义务内容,包括算法前置备案、信息披露、内容审查等。

三、人工智能领域的立法考察

诚如本书第二章所讲,中国正在有条不紊构建具有中国特色的人工智能治理模式,中国的人工智能法律体系将朝着更加完善、系统、全面的方向发展。这包括加强立法顶层设计、完善现行法律框架、强化伦理导向、加强国际合作与交流等诸多方面。通过这些措施的实施和推进,中国将逐步构建起符合自身国情和发展需求的人工智能法律体系,为人工智能技术的健康发展和社会责任的平衡提供有力保障。同时,随着人工智能技术的不断发展和应用领域的不断拓展,中国的人工智能法律体系也将面临新的挑战和机遇。因此,中国需要持续关注和跟踪人工智能技术的发展动态和应用趋势,及时调整和完善相关法律法规和政策措施,确保人工智能技术的健康发展和社会的和谐稳定。

(一)立法特征

从当前立法实践来看,中国在人工智能法律规制上的特点是多方面的,既包括对技术创新的积极支持,也包括对个人数据和信息安全的严格保护。同时,中国还在积极探索和完善相关法律法规,以适应人工智能技术快速发展的需要。

(1)立法模式的多元性。中国尚未形成一部完整统一的人工智能立法,而是通过多种法律形式进行规制。一方面,现有的法律法规如《网络安全法》《数据安全法》《个人信息保护法》等,从数据安全、隐私保护等角度为人工智能发展提供了基础性规范。另一方面,针对人工智能的特定应用场景,出台了如《生成式人工智能服务管理暂行办法》《互联网信息服务深度合成管理规定》等部门规章,形成了"场景化、分散式"的立法态势。[①]

(2)地方立法的先行先试。在国家层面的立法尚未完善之前,各地根据

---

① 参见王春蕾《人工智能的政策实践与立法展望》,中国政法大学法治政府研究院网(网址:https://fzzfyjy.cupl.edu.cn/info/1437/16611.htm),访问日期:2024年9月15日。

自身情况先行先试,制定了一系列地方性条例和政策文件。例如,上海、深圳、广州等地在自动驾驶等领域的立法实践,为全国性立法积累了经验。地方立法的灵活性和针对性,为后续国家层面的立法提供了有益参考。

(3)重视技术与产业的融合发展。立法强调以促进产业发展为导向,兼顾安全与发展需求。中国将人工智能视为新兴技术和新质生产力的重要组成部分,通过立法鼓励创新,同时,坚守安全底线。① 例如,《中华人民共和国人工智能法(学者建议稿)》将"以人为本""公平公正""安全可问责"等原则作为立法目标,以确保人工智能技术的健康可持续发展。②

(4)从特殊到一般的发展路径。当前中国的人工智能立法呈现出"从特殊到一般"的特点。立法着重解决人工智能在特定应用场景中的具体问题,逐步向综合性立法推进。例如,国务院已将人工智能法草案纳入立法计划,预计在2025年继续推进该领域立法。③

(5)立法理念的前瞻性和动态性。中国的人工智能立法注重前瞻性,不仅关注当下技术发展带来的问题,还为未来的法律调整和补充预留空间。例如,"总则式"立法进路既明确了当前治理的方向和主要问题,也为未来技术发展预留了灵活性。④

(6)注重权益保护与伦理规范。中国人工智能立法高度重视科技伦理和使用者的权益保护。从《全球人工智能治理倡议》到《中华人民共和国人工智能法(学者建议稿)》,均将"以人为本"理念贯穿其中,明确保护公众的知情权、隐私权等权益,并关注数字弱势群体的利益。⑤

(7)监管的敏捷性与灵活性。立法和监管强调动态监测和敏捷治理,避免过度限制创新。例如,人工智能的关键领域未设置事前准入门槛,而是通

---

① 参见姜伟:《人工智能立法的现实路径》,载《理论周刊》2024年第701期。
② 参见张凌寒:《中国人工智能立法需凝聚"总则式"立法共识》,载《探索与争鸣》2024年第10期。
③ 参见王春蕾:《人工智能的政策实践与立法展望》,载中国政法大学法治政府研究院(网址:https://fzzfyjy.cupl.edu.cn/info/1437/16611.htm),访问日期:2024年12月11日。
④ 参见张凌寒:《中国人工智能立法需凝聚"总则式"立法共识》,载《探索与争鸣》2024年第10期。
⑤ 参见张凌寒:《中国人工智能立法需凝聚"总则式"立法共识》,载《探索与争鸣》2024年第10期。

过建立风险披露机制和应急处置机制等灵活方式确保安全。①

（二）立法进展

全球人工智能技术取得了重大突破性进展,而人工智能技术和应用在治理层面遭遇的挑战日益加剧,引发了各界的广泛热议。自2016年开始,人工智能的治理问题在全球范围内已经引起立法部门的广泛重视,欧美等国家和地区为了在这一领域取得先机,纷纷加快了相关法律的出台,掀起了一波人工智能立法的高潮。比如,2018年5月25日欧盟出台《通用数据保护条例》;2022年10月4日美国发布《人工智能权利法案蓝图》;2024年3月13日欧洲议会通过欧盟《人工智能法》;2024年5月15日美国参议院发布了第一版人工智能发展政策路线图。

我国人工智能技术被广泛应用于交通、制造、金融、医疗等诸多领域,极大提高了生产效率和生活便利性,但带来的版权争议、数据安全隐患、伦理道德、法律责任纠纷等问题也层出不穷。诸如此类的问题呼唤着法律制度底层逻辑进行变革,加快建立起人工智能领域的法律保障体系已迫在眉睫。我国政府也在积极布局,力求在国际竞争中占据一席之地。根据中国信息通信研究院发布的《中国数字经济发展研究报告(2024年)》,2023年中国数字经济规模达到了53.9万亿元,占GDP比重高达42.8%,对GDP增长的贡献率更是达到了66.45%。人工智能核心产业规模已超6000亿元,企业数量超过4700家,正在形成从基础支撑、核心技术到行业应有的产业链条。这些数字不仅彰显了人工智能在商业领域的巨大价值,也证明了其在国家经济发展中的不可替代性。为了保持这种技术优势并应对随之而来的挑战,中国正积极构建一套完善的人工智能法律体系。

事实上,我国人工智能领域相关规定正在不断完善,是否需要加快推动人工智能立法,以促进人工智能产业高质量发展,展开了持久的讨论。早在2017年,国务院印发的《新一代人工智能发展规划》就提出人工智能立法"三步走"的战略目标,其核心要义是构建完善的"人工智能法律体系"。我国已经连续两年(2023年、2024年)将人工智能法草案列入国务院立法工作计划。围绕网络、数据、算法、算力、应用五大基础领域全面加强立法工作,积

---

① 参见张凌寒:《中国人工智能立法需凝聚"总则式"立法共识》,载《探索与争鸣》2024年第10期。

极稳步审慎推进人工智能立法治理。全国人大常委会先后制定了《网络安全法》《数据安全法》《个人信息保护法》《电子商务法》《电子签名法》《反垄断法》《反不正当竞争法》《反电信网络诈骗法》等法律。国务院制定了《政府信息公开条例》等行政法规，国务院有关部门制发了《互联网信息服务算法推荐管理规定》《生成式人工智能服务管理暂行办法》《新一代人工智能伦理规范》《科技伦理审查办法（试行）》等部门规章和规范性文件。[①] 第三届"一带一路"国际合作高峰论坛举办期间，我国发布的《全球人工智能治理倡议》中提出，应坚持"以人为本"理念等十一条倡议。

近年来，中国政府在技术进步、产业发展和社会伦理需求方面，不断调整和完善相关政策和法律框架。在人工智能综合立法上，探索以促进发展为主、兼顾安全治理的立法思路，例如，《深圳经济特区人工智能产业促进条例》《上海市促进人工智能产业发展条例》。在特定技术立法上，对算法技术等进行规范，2021年12月，由国家互联网信息办公室等部门发布的《互联网信息服务算法推荐管理规定》探索对高风险算法采取备案检查的措施；2022年11月，由国家互联网信息办公室、工业和信息化部、公安部联合发布的《互联网信息服务深度合成管理规定》对利用深度学习、虚拟现实等生成合成类算法制作网络信息作出治理上的探索，并前瞻性地为 ChatGPT 等技术应用提供了安全保障规则；2024年4月，中央网信办秘书局发布的《关于开展"清朗·整治'自媒体'无底线博流量"专项行动的通知》要求规范平台算法行为。最高人民法院针对人脸识别技术发布的相关规定，为人脸识别技术的规制提供了法律依据。在社会伦理治理上，2022年3月，中共中央办公厅、国务院办公厅印发了《关于加强科技伦理治理的意见》，将人工智能作为需要加强科技伦理治理的重点领域之一。此外，为在人工智能立法上推动讨论、凝聚共识、提供参考，国内研究者们已经先后推出《人工智能示范法（专家建议稿）》和《中华人民共和国人工智能法（学者建议稿）》两项成果，前者又分为1.0、2.0两个版本。其中，《中华人民共和国人工智能法（学者建议稿）》提出了关键人工智能和特殊应用领域人工智能监管制度，以减轻产业创新的事前准入负担，并确保安全需求。

当前，人工智能法的立法起草尚处在国务院立法工作计划阶段，或许是

---

① 参见高绍林：《中国人工智能立法的路径与原则》，载《科技日报》2023年10月20日第06版。

因为相关立法工作还不太成熟，人工智能的治理思路尚有争议，因此国务院并未提请全国人大常委会审议。从中央乃至各地立法实践来看，随着人工智能领域的新问题不断涌现，监管手段也需作相应的调整和适应。比如，通过部门规章等"小步快进"、做一些"小切口"的立法尝试。等到相关监管思路和框架慢慢成形，并凝聚形成更大方向的社会共识后，人工智能立法可能步入条件相对成熟的阶段，进程也有望加速。加之考虑到人工智能立法一方面有助于推动产业发展，但另一方面也可能产生很强的约束力，进而影响产业的投资信心。针对如何防范人工智能带来的风险，做到趋利避害，现阶段的共识是可以先通过行业自律、伦理规范和部门规章进行探索。从基本的立法目标与原则来看，如何确保技术创新与合规性的平衡，是根本要求。这就要求法律体系既能支持人工智能的快速发展，使其在国际上保持竞争力，又能确保技术发展符合国内外伦理和法律要求。例如，在人工智能的立法进程中，应具备前瞻性、先进性，并立足本土实践，同时具有国际视野，进而提出人工智能治理的中国方案。在立法中融入伦理价值观是中国人工智能立法的另一个重要原则。面对数据隐私与安全、算法偏见与歧视、人机关系复杂化等问题不断冲击着现有的社会秩序与立法体系，法律必须回应这些伦理挑战，如人权保障、隐私保护、数据安全等。此外，预见性与适应性既是人工智能技术和应用快速发展的要求，又是法律体系所必须具备的条件。中国的人工智能立法需要能够包容未来可能的技术发展，灵活应对技术演变带来的新挑战。

值得一提的是，2023年7月，国家互联网信息办公室等七部门联合公布的《生成式人工智能服务管理暂行办法》开始施行，中国由此成为全球首个生成式大模型专门立法的国家。面对传播虚假信息、侵害个人信息权益、数据安全和偏见歧视等生成式人工智能出现的问题，如何统筹发展和安全的现实需要，该文件提出国家坚持发展和安全并重、促进创新和依法治理相结合的原则，采取有效措施鼓励生成式人工智能创新发展，对生成式人工智能服务实行包容审慎和分类分级监管。在促进发展具体措施上，该文件明确鼓励生成式人工智能技术在各行业、各领域的创新应用，生成积极健康、向上向善的优质内容，探索优化应用场景，构建应用生态体系；鼓励生成式人工智能算法、框架、芯片及配套软件平台等基础技术的自主创新，参与生成式人工智能相关国际规则制定。在安全风险防范上，《生成式人工智能服务管理暂行办法》明确生成式人工智能服务提供者应当依法开展预训练、优化训练等训练数据处理活动,使用具有合法来源的数据和基础模型;涉及知识产权的,不得侵害他人依法享有的知识产权;涉及个人信息的,应当取得个人同意或者符合法律、行政法规规定的其他情形;采取有效措施提高训练数据质量,增强训练数据的真实性、准确性、客观性、多样性。此外,该文件还明确了数据标注的相关要求。

四、中国香港特别行政区

从规范体系的角度而言,我国香港特别行政区现阶段尚未构建专门性的人工智能监管法律框架,而是立足于既有法律制度,并借助各行业监管机构的具体指引,以应对人工智能发展所衍生出来的各类风险与治理困境。就监管机构而言,香港特别行政区未设立专门的人工智能监管机构,而是采取分散式监管模式,由各相关部门在其职责范围内开展场景化监管。其中,香港个人资料私隐专员公署(PCPD)从数据保护维度对人工智能应用中的数据处理行为实施监管;创新科技及工业局作为科技发展主管部门,亦深度参与人工智能监管政策与发展战略的制定工作。在监管路径的选择上,香港特别行政区政府采取"软法先行"的治理策略。虽然尚未出台强制性法律规范,但通过《中国香港的道德问责框架》《开发及使用人工智能道德标准指引》《人工智能道德框架》,以及《人工智能:个人资料保障模范框架》等政策性文件的制定,明确了人工智能治理的基本理念与发展方向。

(一)《中国香港的道德问责框架》

香港个人资料私隐专员公署在2018年10月发表的《中国香港的道德问责框架》确立了基于"数据道德"的指导思想。当前数字经济发展时期,个人信息侵害风险不断增加,而法律规制与利益相关方的期望之间往往存在明显落差。许多企业虽然在形式上满足了合规要求,但其数据收集和处理行为仍可能引发公众不满与社会质疑。香港个人资料私隐专员公署特别强调,那些从个人信息处理中获取商业利益的企业和组织,不能仅仅以达到最低监管标准为目标。相反,他们应当自觉遵循更高的道德标准,在确保合法合规的基础上,积极回应利益相关方的合理期待。

在实践层面,该道德问责框架的主要内容包括三项核心原则与两种落实机制。就基本价值而言,该道德问责模架强调了"尊重""互惠"与"公平"三项核心原则。其中,"尊重"原则要求组织机构在个人数据处理过程中,应当维护数据主体之权利与尊严,充分考量其意愿与选择;"互惠"原则强调数据使用过程中应实现各方利益之平衡,在确保企业获得合理回报的同时,亦应保障数据主体之正当权益;"公平"原则要求在数据处理环节杜绝偏见与歧视,以确保决策之公平性与透明度。在落实措施层面,提出了伦理设计(Ethics by Design)理念,将数据伦理要求前置于产品和服务的设计阶段。

(二)《开发及使用人工智能道德标准指引》

以上述道德问责框架为基石,为进一步实现人工智能治理工作的系统化,香港特别行政区政府于2021年发布《开发及使用人工智能道德标准指引》。该指引涵盖数据管理价值与人工智能道德原则,并就人工智能治理策略提供实务指引,旨在协助各组织机构制定适当的人工智能策略及管理模式,同时,开展风险评估并建立相应的监督保障机制。该指引构建了"374"人工智能道德框架,具体包括三项数据管理价值观、七项人工智能道德原则,以及四个主要业务流程。① 以《中国香港的道德问责框架》所确立的尊重、互惠、公平三项核心原则为基础,该指引结合人工智能技术的特点及潜在风险,进一步发展出问责、人为监督、透明度与可解释性、数据隐私、公平、有益的人工智能、可靠稳健及安全七项专门性道德原则。

在实践层面,该指引还为人工智能相关企业提供了业务流程指南。对企业而言,合规业务流程要求主要包含以下四个步骤。其一,就治理架构而言,应设立由高级管理层和跨学科团队组成的专门委员会,负责制定符合组织愿景的人工智能战略方针,明确发展目标、伦理准则及合规使用标准,并对系统开发、实施及监控全过程进行统筹管理。其二,在风险管控层面,组织应建立科学的风险评估机制和分层次的人工监督体系。对于涉及大规模个人数据处理的人工智能系统,尤应加强人工监督力度,确保数据安全与伦理合规。其三,在技术治理方面,应重点关注数据准备、模型开发和持续监控等环节,确保系统运行的有效性和可靠性。以医疗领域人工智能应用为例,系统需持续接受准确性评估并及时更新医学研究成果,以维持其可靠性。其

---

① 参见宁宣凤、吴涵、方禹:"天下事预则立,不预则废——香港私隐公署开展人工智能合规检查,明确AI发展指引及提升产业信心",载微信公众号金杜研究院(网址:https://mp.weixin.qq.com/s/OUPHs7yuh0tVQDlChxpJtw),访问日期:2024年10月5日。

四,组织应当重视与利益相关方的信息沟通,保持人工智能系统使用的透明度,以此构建良好的信任关系。

(三)《人工智能道德框架》

2023年8月,香港特别行政区政府资讯科技总监办公室在借鉴个人资料私隐专员公署《开发及使用人工智能道德标准指引》基础上,更新《人工智能道德框架》。该框架的初期目标是指导政府各决策部门在开展资讯科技项目和服务时,对人工智能及大数据分析的规划、设计和推行工作,其中明确了人工智能驱动的资讯科技项目应当遵循的指导原则、主要惯例及评估方法。[①]

该框架主要包含两大核心部分:一是定制人工智能框架,具体涵盖人工智能道德原则、人工智能管治架构、人工智能生命周期,以及人工智能实务指南四个方面;二是人工智能应用程式影响评估。

该框架的第一个主要组成部分是定制人工智能框架,就道德原则而言,框架对此前《开发及使用人工智能道德标准指引》文件中的道德原则进行了扩张,在原有的七项原则之外,增添了多元化、合法合规、促进福祉、合作开放,以及可持续发展五项新原则。

基于上述原则,该框架还建议机构在开发及维护人工智能应用程式时,应采用人工智能管治架构,即建立人工智能项目及应用程式的管理及控制惯例和方向。具体建议包括:建立管治架构以监督人工智能项目及评估的实施;明确界定影响该框架使用及维护的角色与职责;制定指导和支持人工智能应用程式规划、开发、部署及监察的惯例;针对应用程式的影响评估上述惯例的采纳情况。该框架还就治理架构层面的制度设计设置了三道防线:第一道防线由项目团队构成,负责具体执行工作;第二道防线包括项目指导委员会(PSC)和项目保证团队(PAT),承担制度规范的制定和监督职责;第三道防线则落实到高层管控层面,由首席信息官负责对高风险人工智能系统的评估结果进行审批。[②]

[①] See Digital Policy Office, Ethical Artificial Intelligence Framework, https://www.digitalpolicy.gov.hk/en/our_work/data_governance/policies_standards/ethical_ai_framework/,访问日期:2024年9月10日。

[②] See Digital Policy Office, Ethical Artificial Intelligence Framework, https://www.digitalpolicy.gov.hk/en/our_work/data_governance/policies_standards/ethical_ai_framework/,访问日期:2024年9月10日。

该框架还提出了"全生命周期管理"的人工智能治理方法。政府资讯科技总监办公室针对人工智能系统生命周期的各个阶段制定了详细的实践指导,并配套相应的影响评估表格,以帮助组织切实落实相关要求。该框架将人工智能评估完全融入全生命周期管理过程,而非采用一次性评估方式。组织需要在人工智能系统发展的不同阶段开展评估工作,根据各阶段特点回应相应问题,全面权衡各环节中的利益与风险,通过这种动态评估机制确保人工智能治理的持续有效性。

该框架的第二个主要组成部分是人工智能应用程式影响评估,其核心内容是"人工智能应用影响评估"模板。该评估模板要求使用者在人工智能系统生命周期的各个阶段回答相关问题,以评估人工智能应用的影响并确保符合道德原则要求。该机制提供系统化的思考流程,帮助机构评估人工智能应用带来的裨益和风险,并明确后续行动,确保采取必要的措施和管控手段,实施符合道德标准的人工智能项目。①

(四)《人工智能:个人资料保护模范框架》

2024年6月11日,香港个人资料私隐专员公署还发布了《人工智能:个人资料保护模范框架》,该框架在遵循《个人资料(私隐)条例》(香港法例第486章)的基础上,为机构采购及实施人工智能系统提供了符合国际规范的实务建议和最佳实践指引。该框架重点关注人工智能系统中的个人资料保护问题,确立了数据治理基本准则,强调合规性、透明度和问责制,并就数据收集、处理及合规管理等方面提供了具体指导。②

除上述一般性指导框架外,不同行业的监管机构也发布了针对人工智能治理不同方面的指引。以金融领域为例,金融管理局于2019年11月发布《应用人工智能的高层次原则》,将人工智能道德原则细化为九条具体规定,此后陆续发布了关于人工智能一般使用、生成式人工智能,以及人工智能在交易监控中应用的指引,并设立了人工智能系统和应用试验沙盒。2024年

---

① See Digital Policy Office, Ethical Artificial Intelligence Framework, https://www.digitalpolicy.gov.hk/en/our_work/data_governance/policies_standards/ethical_ai_framework/,访问日期:2024年9月10日。

② See Gabriela Kennedy, Hong Kong PCPD Issues Model Personal Data Protection AI Framework, https://www.mayerbrown.com/en/insights/publications/2024/06/hong-kong-pcpd-issues-model-personal-dataprotection-ai-framework,访问日期:2024年11月20日。

10月28日,香港特别行政区政府发表了《有关在金融市场负责任地应用人工智能的政策宣言》,该框架认识到人工智能应用具有数据驱动、双刃性和动态性三大特征,据此采取双轨制监管模式,在促进发展的同时严控风险,要求金融机构建立基于风险导向的人工智能治理战略,强调人工监督在风险管控中的关键作用。在具体实施方面,香港科技大学将为金融业提供自主研发的人工智能模型、计算资源及相关培训服务;在监管层面,金融监管机构已将人工智能风险纳入现有监管体系,并承诺持续更新相关法规以适应技术发展;同时,通过警方与各方的情报交流,以及投资者及理财教育委员会的公众教育工作,构建了多维度的人工智能治理生态系统。

综上所述,香港人工智能治理体系展现出独特的监管特征。一方面,其采用"框架""指引"等柔性行政指导形式,而非强制性法律规范,体现了政府倾向采用软法治理方式。另一方面,这些指导文件主要强调数据道德、合规伦理等原则性要求,较少使用法律化规则和问责语言,这是软法治理的典型特征。这种务实的软法治理选择反映了监管者清晰认识到中国香港的优势并非在于规模市场及其需求,而是在于发展出符合自身科技产业发展利益的监管思路与创新治理方法。

第八章 其他国家的人工智能治理概览

一、加拿大

加拿大是全球人工智能产业的重要参与者。截至2024年9月,在英国权威统计机构Tortoise Media发布的2024年全球人工智能指数中,加拿大排名第八[①],该指数主要展示了特定国家在人工智能方面的创新和投资。毫无疑问,加拿大的人工智能产业政策和治理规范在全球范围内都有不可忽视的影响。一方面,加拿大是人工智能产业政策的最早制定者和实施者,其前瞻性对促进其他国家人工智能产业政策的制定具有重要借鉴意义;另一方面,加拿大始终是算法和人工智能治理的积极参与者。无论是对生成式人工智能兴起前的算法,还是对生成式人工智能发展中的基础模型,加拿大在人工智能治理行动上都非常活跃,这些探索和实践也成了全球人工智能治理的重要范本。

(一)产业发展与人工智能战略

加拿大在人工智能产业发展方面具有全球领先地位。据统计,加拿大汇集了20个公共人工智能研究实验室、75个人工智能孵化器和加速器、来自全国各地的60个人工智能投资团体,以及超过850家人工智能相关的初创企业。作为人工智能产业的基础,加拿大以其突出的人工智能研究能力而闻名。自20世纪70年代开始,加拿大就在人工智能技术的发展中扮演着重要角色,加拿大占有10%的世界顶尖人工智能研究人员,位居世界第二。2024

---

① See Tortoise, The Global AI Index, https://www.tortoisemedia.com/intelligence/global-ai/#rankings, 访问日期:2024年11月10日。

年,诺贝尔物理学奖得主、被誉为"人工智能之父"的杰弗里·辛顿(Geoffrey Hinton),以及同被称为"人工智能之父"的约书亚·本吉奥(Yoshua Bengio)均来自加拿大,二人还因在深度学习方面的开创性研究成果与杨立昆(Yann LeCun)共同荣获了2018年图灵奖。此外,加拿大还拥有蒙特利尔的MILA研究所(Montreal Institute for Learning Algorithms)、多伦多的向量研究所(Vector Institute)和埃德蒙顿的AMII研究所(Alberta Machine Intelligence Institute)三所世界一流的国家人工智能研究机构。人才和研究机构使加拿大在人工智能领域保持强劲的研发和创新实力。在人工智能的产业投资方面,加拿大的市场也非常活跃。据统计,加拿大目前已有超过4000个人工智能初创企业,产业生态多元,并吸引了来自研究实验室、政府和全球投资者的关注,加拿大人工智能企业的投资也在过去几年中持续增长。

加拿大人工智能产业的高速发展得益于其前瞻性的产业政策。加拿大是最早发布国家级人工智能产业政策的国家。早在2017年,加拿大就发布了第一版泛加拿大人工智能战略(Pan-Canadian AI Strategy),旨在了解人工智能技术对经济和社会的影响。根据该战略的计划,加拿大政府集中在以下三个领域共计投入1.25亿加元:商业化、标准,以及人才与研究。在该战略的指引下,该国持续在多年间投入大量资金,并成立了诸如加拿大创新公司(Canada Innovation Corporation)等新型机构,以进一步鼓励包括人工智能等领域的创新,打造一个充满活力的人工智能生态系统。

2022年6月,加拿大启动泛加拿大人工智能战略的第二阶段,预期将在10年内提供超过4.33亿加元的支持,投入仍集中在上述三个领域,具体如下:在商业化方面,通过AMII、MILA和向量研究所等国家人工智能研究机构的研究工作,帮助将人工智能研究转化为商业应用,并通过促进关键行业的企业,以及公共和非营利实体采用加拿大制造的人工智能技术,加强加拿大的创新竞争力。在标准方面,加拿大政府通过加拿大标准委员会(Standards Council of Canada)支持推进与人工智能相关标准的采用和发展。在人才与研究方面,通过加拿大高级研究所(CIFAR)的研究项目,以吸引、保留和发展学术研究人才,并在AMII、MILA和向量研究所持续建设研究和学术培训中心。同时,通过加拿大数字研究联盟(Digital Research Alliance of Canada)为加拿大各地的人工智能研究人员提供专用计算能力,以支持战略目标。

(二)算法治理时代与《自动化决策指令》

1. 背景与目的

随着人工智能产业的不断投入和高速发展,人工智能所带来的问题和风险也开始引发加拿大政府的关注。在以 ChatGPT 为代表的生成式人工智能集中爆发前,彼时技术上专门用于某一特定目的和场景的算法仍为主流。在具体领域中,通过算法进行自动化推荐、预测和调度风险为各国政府所关注,因此,治理对象更侧重于定向推荐、公共决策等"算法"与"自动化决策",在一定程度上可以称这一时代为算法治理时代。

为了应对算法治理时代的一系列风险,加拿大于 2019 年发布了《自动化决策指令》(Directive on Automated Decision-Making,以下简称《指令》),该《指令》主要适用于规范加拿大联邦政府和公共部门对算法,以及自动化决策的使用,该《指令》设计为基于风险的策略,现已被欧盟《人工智能法》等普及。同时,《指令》要求使用标准化的算法影响评估工具来确定系统的风险,从而更好地调整风险适当的义务。该指令的许多概念和关键要求与当今发布的相关政策相似,为下一阶段人工智能的治理提供了重要的经验和依据。

2. 主要内容

《指令》是加拿大政府在算法治理时代的"代表之作"。《指令》的规制对象为算法治理时代被普遍提及的"自动化决策系统"(以下简称"ADM 系统"),《指令》中对"自动化决策"的定义是"任何辅助或替代人类决策者判断的技术。这些系统汲取统计学、语言学和计算机科学等领域的知识,并采用基于规则的系统、回归分析、预测分析、机器学习、深度学习和神经网络等技术"。同时,由于公共部门对自动化决策的利用被认为具有更大的风险,《指令》主要针对加拿大联邦政府等公共部门的行为,以及行政决策,《指令》的目标也被设定为是确保公共部门的 ADM 系统,以尽可能降低风险,同时,应保证程序的公平性和正当程序原则,并支持根据加拿大法律作出更高效、准确、一致和可解释的决策。此外,《指令》除了影响联邦政府的公共部门外,其他计划向联邦政府提供包含自动化决策功能的技术公司(包括供应链中的下游公司)也应特别注意,《指令》施加的许多要求需要这些技术公司配合完成,例如,特定的功能设置、披露义务或其他义务上的协助。

在具体要求中,作为第一步,《指令》要求根据规定的评估标准对每个

ADM系统进行算法影响评估(评估标准的示例包括对个人或社区权利的影响程度,以及影响是否可逆)。该评估把系统分为一级(最低影响)到四级(最高影响)的不同影响级别。算法影响评估的结果必须公开发布,并且在系统功能或范围发生变化时作出更新。一旦确定了影响级别,《指令》将根据评估的影响级别施加不同的要求。这些要求包括:①通过适当的合格专家对ADM系统进行同行评审;②在决策之前提供通知,告知决策将由ADM系统执行,并在决策后向受影响的个人解释决策的原因和方式;③确保ADM系统在适当情况下允许人工干预;④对员工进行ADM系统设计、功能和实施的培训,以便能够审查、解释和监督其操作;⑤应急系统和流程;⑥系统运行的批准要求。此外,《指令》还施加了适用于ADM系统所有影响级别的额外要求。这些要求包括:①对许可软件的访问、测试和可审计性要求;②发布加拿大政府拥有的任何自定义源代码;③通过测试数据和信息,测试ADM系统在生产发布前可能对结果产生不公平影响的无意数据偏差和其他因素,并通过开发流程监控ADM系统的结果,以防止无意结果并验证其是否符合适用的法律和指令本身;④验证为ADM系统收集和使用的数据质量;⑤安全保障措施;⑥提供法律咨询,以确保ADM系统的使用符合适用法律;⑦为客户提供对ADM系统决策的追索权,以便客户能够挑战这些决策;⑧报告ADM系统的有效性和效率信息。

同时,为了推动算法影响评估的落地并指导相关实践,加拿大政府还发布了配套的《算法影响评估工具》(Algorithmic Impact Assessment tool),评估主体可以通过填写线上问卷对其自动化决策活动和系统进行风险评估,确认其应当履行的义务和要求。

通过对制度的沿革和比较来看,《指令》与欧盟的相关实践有很强的联系。欧盟的《通用数据保护条例》也对"自动化决策"有所规定,且时间更早。同时,《指令》中的算法影响评估制度与《通用数据保护条例》所规范的数据保护影响评估(DPIA)也非常类似。但《指令》中所提到的"自动化决策"与《通用数据保护条例》在定义和范围上也有一定差异:《通用数据保护条例》作为一部个人信息保护方面的综合性立法,其规制的客体是个人信息处理活动,因此,《通用数据保护条例》中的"自动化决策"必须满足"利用了个人信息"或者"针对个人"这一要件,而《指令》则没有必须与个人信息相关的限制,同时,《通用数据保护条例》规制的范围主要为公司等私营部门,而如上所述,《指令》则仅适用于加拿大联邦政府的公共部门和行政决策。另外,《指令》中基于风险对算法进行治理的制度,以及影响程度的风险分类又与欧盟后续出台的《人工智能法》异曲同工,并由后者"发扬光大",为全球所周知。

3.《生成式人工智能使用指南》

生成式人工智能兴起后,《指令》中对 ADM 系统的规制在部分场景下仍可适用于新型的生成式人工智能,但无法完全覆盖。为此,2023 年,同样是针对公共部门,加拿大发布了《生成式人工智能使用指南》(Guide on the Use of Generative Artificial Intelligence),以指导联邦政府负责任地探索和利用生成式人工智能工具,该指南也进一步梳理自动化决策与生成式人工智能之间的关系。

该指南强调在使用生成式人工智能工具时需要谨慎评估风险,确保合规性和透明度,同时遵循"FASTER"原则,即公平(Fair)、负责(Accountable)、安全(Secure)、透明(Transparent)、有教育意义(Educated)、相关(Relevant)。该指南规定:①联邦机构应该探索生成式人工智能工具的潜在用途,评估和缓解相关风险,不得在公开可用的在线生成式人工智能工具中输入个人或敏感信息;②在行政决策中使用生成式人工智能时,必须遵守《指令》的要求;③使用生成式人工智能工具时需要明确标注内容是由人工智能生成的;④机构需要为员工提供有效和负责任使用生成式人工智能工具的培训;⑤使用这些工具时要注意保护知识产权,避免侵权;⑥需要考虑生成式人工智能系统的开发和使用对环境的影响。

(三)人工智能 2.0 时代下的《人工智能和数据法》

1. 背景与历史

在泛加拿大人工智能战略第一阶段启动两年后,为了确保隐私得到保护、数据驱动的创新以人为本,并使加拿大组织能够在充分利用数字经济效益的创新方面引领世界,加拿大于 2019 年宣布了其《数字宪章》(Digital Charter)。该宪章概述了十项原则,以指导联邦政府的数字和数据转型工作,其中,人工智能发挥着关键作用。这十项原则包括:普惠访问,安全与保障,可控与同意,透明度、可携带与互操作性,开放和现代化数字政府,公平竞争环境,数据和数字向善,强大的民主,免受仇恨与暴力极端主义,强执行力与可问责性。

2022 年 6 月,为在泛加拿大人工智能战略的第二阶段推进《数字宪章》的落地实施,使私营部门个人信息保护框架现代化,并为人工智能的开发和部署制定新规则,加拿大政府向议会提起了针对《数字宪章实施法案》(Digital Charter Implementation Act,以下简称"C-27法案")的审议。该法案包括三个子法案:《消费者隐私保护法》(Consumer Privacy Protection Act)、《人工智能和数据法》(Artificial Intelligence and Data Act,以下简称"AIDA")和《个人信息和数据保护法庭法》(Personal Information and Data Protection Tribunal Act)。其中,AIDA作为C-27法案的第三部分,系加拿大专门针对人工智能的全面、综合性立法,目标是为负责任人工智能的开发和部署制定新规则。截至2024年12月,该法案尚未完成立法程序,仍在审议中。

几乎在AIDA推出的同时,2022年11月ChatGPT发布,全球进入人工智能2.0的时代。① 可以广泛适用于不同应用场景的通用人工智能和基础模型开始得到广泛的关注和应用,利用深度神经网络算法的大语言模型,以及其他生成式人工智能成为其中的典型代表。监管的话语体系也迅速由算法、自动化决策切换为代表这类技术范式的"通用人工智能"和"基础模型"。如何将法案更好地适用于生成式人工智能将成为审议的重要课题,如法案审议通过预期也将成为全球人工智能领域综合性立法的另一典型实践。

2. 框架与目标

从整体上看,AIDA是在数字经济时代,加拿大为了应对人工智能技术和新型产业所带来的风险提出的针对性方案。在具体治理体系和立法方式的选择上,加拿大充分考虑了欧盟的相关立法,以及英国和美国等不同国家的治理实践,采取了类似于欧盟《人工智能法》的综合性立法方式。为了和全球人工智能治理体系保持一致,AIDA吸收了全球范围内的有益实践,包括欧盟《人工智能法》、经济合作与发展组织(OECD)的《经合组织人工智能原则》和美国国家标准与技术研究院的《人工智能风险管理框架》(AI RMF)等。例如,AIDA对人工智能系统的定义与《经合组织人工智能原则》的概念,以及欧盟《人工智能法》保持一致;在对人工智能进行治理的框架上,AIDA采取

---

① 需要说明的是,从算法到自动化决策再到人工智能,这三者指代对象的定义其实并不严谨、区分的边界也并不清晰,在很多场景下存在高度重合,且可能相互替代。这种话语体系的变换更多是为了体现随着技术的演进,监管关注侧重点的转变。其中,以算法的概念最为宽泛,所有计算的方法均可被称为算法;自动化决策的概念出现于人工智能2.0时代之前,其更侧重于通过机器自动化实现预测、推荐、调度类的决策系统,而人工智能的概念则更偏重于表达利用、集成了某种复杂算法技术的模型和系统,进入人工智能2.0时代后,人工智能则主要聚焦于利用深度神经网络算法的生成式基础模型,尤其是大语言模型。

了和欧盟《人工智能法》一致的基于风险框架;在规制重点上,AIDA 聚焦于高影响人工智能系统(High-Impact AI Systems),类似于欧盟《人工智能法》对高风险人工智能系统进行重点规制的实践;此外,AIDA 也特别针对通用人工智能系统(General-Purpose AI Systems)进行了规制。

在立法目的和方向上,AIDA 聚焦于以下三点:第一,在加拿大现有的消费者保护和人权法律基础上,法案重点确保高影响人工智能系统符合既定的安全标准。通过与利益相关者协商,拟制定的法案将明确哪些系统将被视为高影响人工智能系统,以及高影响人工智能系统的具体要求。第二,法案设立人工智能和数据专员,支持创新、科学和工业部长履行法案规定的部长职责,包括监督公司合规情况、下令进行第三方审计,并在适当情况下与其他监管机构和执法部门共享信息。第三,通过制定新的《加拿大刑法典》条款,禁止过失和恶意使用人工智能对人类及其利益造成严重伤害。

3. 具体内容

如上文所述,对高影响人工智能系统的规制是 AIDA 的核心内容。法案的主要内容就在于规定高影响人工智能系统的定义和认定、高影响人工智能系统的相关义务,以及对通用人工智能系统的要求。

(1)高影响人工智能系统的认定

对于高影响人工智能系统的认定,AIDA 充分考虑了与欧盟《人工智能法》的互操作性,认为主要应当考虑以下几个要素判定某个人工智能系统是否属于具有高影响:①基于预期目的和潜在的意外后果,对健康和安全造成伤害的风险证据,或对人权产生不利影响的风险;②潜在伤害的严重程度;③使用规模;④已经发生的伤害或不利影响的性质;⑤是否由于实践或法律上的原因而无法合理退出该系统,以及该退出权的限制程度;⑥受影响人群的经济或社会环境差异,以及年龄差异;⑦这些风险在其他法律下得到充分监管的程度。根据上述考虑因素,AIDA 列举了几种具有重大影响的人工智能系统的使用场景,这些场景对系统的提供者和部署者具有重要意义。这些使用场景包括:①就业方面:用于关键就业决策的人工智能系统,如招聘、雇用、薪酬、晋升和解雇;②服务提供方面:决定是否向个人提供服务、提供何种类型或成本的服务,以及如何确定这些服务优先级的人工智能系统;③生物特征处理方面:在未经个人同意的情况下处理生物特征信息,或使用生物特征信息评估个人行为的人工智能系统;④内容审核或优先级排序方面:用于在线通信平台内容审核或确定此类内容展示优先级的人工智能系统;⑤医疗保健方面:用于医疗保健服务或紧急服务的人工智能系统;⑥司法方面:法院或行政机构使用的人工智能系统,用于对法院或行政机构审理程序中的当事人作出裁决;⑦执法方面:用于协助《加拿大刑法典》定义下的治安官员执行法定职责的人工智能系统。①

(2)高影响人工智能系统的相关义务

AIDA 认为,高影响人工智能系统具有两项不利影响:对个人的损害和系统性偏见。对个人的损害包括对个人的身体伤害、心理伤害、财产损失或经济损失,旨在涵盖可能在经济领域广泛产生的不利影响。损害可能由个人独立承受,也可能影响到群体,从而加剧影响的严重程度。例如,儿童等较为脆弱的群体可能面临来自高影响人工智能系统更大的损害风险,因此,需要采取具体的风险缓解措施。系统性偏见主要指有偏见的输出,这里的偏见是指基于《加拿大人权法案》(Canadian Human Rights Act)中任何被禁止的歧视理由而产生的不合理和不利的差异性影响,包括直接或间接发生的差异。

为了防范上述不利影响,AIDA 为高影响人工智能系统设定了一系列义务,高影响人工智能系统在部署使用前应当符合以下要求,包括:①评估系统预期或可预见使用可能造成的不利影响;②实施措施以评估和降低造成伤害或产生偏见输出的风险;③测试这些缓解措施的有效性;④按照法规要求设置对系统运行进行人工监督的功能;⑤确保系统可靠运行并符合预期目标;⑥保存特定记录以证明符合这些要求,包括与人工智能系统开发中使用的数据和流程相关的记录。法案还对依赖机器学习模型的人工智能系统和对高影响人工智能系统进行更改的情况,提出了额外的适用要求。以上要求与以欧盟为代表的人工智能治理的国际范式要求基本一致。

此外,在人工智能系统从开发到上线提供服务的整个生命周期中,会有不同的主体和相关方参与其中。例如,系统的设计者、开发者、提供者和运营者。不同的主体对人工智能系统参与的阶段不同,其影响和控制程度不同,其所承担的责任也应当有所差异,AIDA 预计将根据不同主体的实际能力和责任设定对应的义务。例如,对高影响人工智能系统的运营者,AIDA 的具体要求包括:①建立措施以识别、评估和降低造成伤害或产生偏见输出的风

---

① See IAPP, Global AI Governance Law and Policy: Canada, https://iapp.org/resources/article/global-aigovernance-canada/,访问日期:2025 年 2 月 1 日。

险;②测试这些缓解措施的有效性;③确保对系统运营进行人工监督;④允许用户对系统性能提供反馈;⑤保存人工智能系统运营的日志和记录;⑥如有合理理由怀疑系统已造成严重伤害或缓解措施无效,则停止运营,并通知人工智能和数据专员。

(3) 通用人工智能系统的义务

ChatGPT 发布后,基础模型和通用人工智能的治理在全球范围内成为最紧迫和最重要的课题。在欧盟,经过长期的争议和讨论后,立法者终于在已经非常完整的《人工智能法》的立法框架下将通用人工智能纳入其中,特别明确了对通用人工智能的规制,以应对基础模型带来的挑战。AIDA 显然受到了相关实践的影响,也特别对以 ChatGPT 为代表的通用人工智能模型和系统进行了规制,为通用人工智能系统制定了额外要求,通用人工智能系统被定义为"设计用于或可适应用于多个领域和多种目的及活动的人工智能系统,包括在系统开发期间未考虑的领域、目的和活动"。对于提供这些系统的机构,这些额外要求包括:①满足有关系统开发所用数据的特定要求;②评估系统预期或可预见使用可能造成的不利影响;③实施措施以评估和降低造成伤害或产生偏见输出的风险;④测试这些缓解措施的有效性;⑤按照法规要求设置对系统运行进行人工监督的功能;⑥以通俗易懂的语言描述系统功能、伤害或偏见输出的风险,以及法规规定的任何其他信息;⑦如果系统生成包含文本、图像或音频的数字输出,确保尽最大努力使公众能够识别该输出是由人工智能系统生成的;⑧保存证明已满足要求的记录,以及与用于开发通用系统并评估其局限性和能力的数据和流程相关的记录;⑨确认已由第三方进行评估,以确保符合法规中概述的要求。

(4) 设定新的刑事责任

除了上述要求外,AIDA 还创设了三项新的刑事犯罪行为,以直接禁止和处理特定的严重违法行为。这些刑事犯罪行为与上文讨论的监管义务和相关违法行为完全分开。这些刑事犯罪行为旨在禁止和惩罚那些明知或意识到自己正在造成或可能造成伤害的人工智能相关活动,具体内容如下:①故意持有或使用非法获取的个人信息设计、开发、使用或提供人工智能系统。这可能包括故意使用从数据泄露中获得的个人信息训练人工智能系统;②提供人工智能系统供使用时,明知或放任该系统可能造成严重伤害或重大财产损失,且在结果上使用行为确实造成此类伤害或损失;③提供人工智能系统供使用时,意图欺诈公众并对个人造成重大经济损失,且在结果上其使用行为确实造成该损失。

为了有效落实 AIDA,加拿大将国家和国际标准作为重要的政策工具。为此,加拿大政府建立了人工智能和数据标准化协作组织(AI and Data Standardization Collaborative),充分发挥国家和国际标准在建立人工智能适当开发和使用的全球规范及通用最佳实践方面的作用。此外,为增强加拿大应对人工智能安全风险的能力,进一步巩固加拿大在安全、负责任地开发和采用人工智能技术方面的领先地位,作为加拿大人工智能战略的组成部分,加拿大政府于 2024 年 11 月成立了加拿大人工智能安全研究所(Canadian Artificial Intelligence Safety Institute,以下简称"CAISI"),CAISI 将设于加拿大创新、科学与经济发展部,初期预算为五年 5000 万加元,其职责为负责确保人工智能的安全开发与部署,降低先进和生成式人工智能系统的风险,保护加拿大人免受潜在危害,同时,加强国际合作与知识共享,提升全球人工智能的安全治理水平。

(四)其他相关立法

除了上述在算法和人工智能领域专门的立法和规范外,加拿大在联邦及省级层面,还存在其他更广泛领域的立法,以及规范性文件涉及对人工智能的规制,这些规范包含个人信息保护、版权、消费者权益保护、竞争等方面。

1. 个人信息保护方面

《个人信息保护和电子文件法》(Personal Information Protection and Electronic Documents Act,PIPEDA)和《隐私法》(Privacy Act),是加拿大联邦层面监管隐私和数据保护的主要法规。其中,《个人信息保护和电子文件法》仅适用于从事商业活动的组织,而《隐私法》适用于联邦政府机构。《个人信息保护和电子文件法》规定了从事商业活动的组织必须遵守的十项原则,包括问责制、同意、准确性和安全措施,以及限制收集、使用、披露和保留等。此外,个人有权向从事商业活动的组织和隐私专员办公室(OPC)提交投诉,并可以撤回对某些处理活动的同意。上文所述正在拟议的"C-27 法案"组成部分之———《消费者隐私保护法》,正是以《个人信息保护和电子文件法》为基础,并根据数字经济时代的特点进行修订和优化。

在省级层面,魁北克省的《隐私法案》在全球范围内也有一定影响。与加拿大大多数其他省份不同,魁北克省的《隐私法案》适用于私营公司,该法案涉及个人信息的收集、保留、使用、访问和转移,并规定了异议处理和上诉的程序。此外,该法案规定了个人信息代理人的要求,类似于数据保护官,包括代理人需向魁北克信息访问委员会(CAI)注册。此外,该法案还赋予了访问和更正的权利,并规定在30天内回应访问请求的时间限制。

2. 版权方面

《版权法案》(Copyright Act)是加拿大版权保护领域的立法。AIDA中并未涉及人工智能的版权问题,加拿大希望通过更新与修订《版权法案》纳入对人工智能版权问题的规制。数字经济的发展及技术的创新给版权法带来了巨大的挑战。为了回应这些挑战,加拿大政府于2021年开始启动了针对《版权法案》的公众咨询[1],咨询对象是加拿大政府起草的关于人工智能和物联网(IoT)的现代版权框架。随着生成式人工智能的兴起,加拿大政府于2023年进一步启动了针对生成式人工智能版权问题的公众咨询[2],主要聚焦于以下三项问题:(1)在人工智能系统训练中使用受版权保护的作品;(2)与人工智能生成内容相关的著作权和所有权;(3)法律责任问题,特别是当人工智能生成的内容可能侵犯现有受版权保护的作品时。该咨询的主要讨论要点包括文本和数据挖掘、著作权和所有权、法律责任。

3. 消费者保护方面

《加拿大消费品安全法案》(Canada Consumer Product Safety Act)是加拿大在消费者保护领域的立法,目的是通过应对、防范加拿大市场中消费产品可能造成的健康或安全危险保护公众。同时,该法也聚焦于解决虚假陈述和不当压力等问题。

此外,安大略省消费者保护立法的更新(第142号法案)也为未来可能的变革提供了参考。该法案保持技术中立的方针,同时,纳入了反映当前数字环境的更新内容。主要提议的更新包括关于自动订阅续费、单方合同修改的

---

[1] See Innovation, Science and Economic Development Canada, The Government of Canada Launches Consultation on a Modern Copyright Framework for AI and the Internet of Things, https://www.canada.ca/en/innovation-science-economic-development/news/2021/07/the-government-of-canada-launches-consultation-on-a-modern-copyright-framework-for-aiand-the-internet-of-things.html,访问日期:2024年11月20日。

[2] See Innovation, Science and Economic Development Canada, Government of Canada launches consultation on the implications of generative artificial intelligence for copyright, https://www.canada.ca/en/innovation-science-economic-development/news/2023/10/government-of-canada-launches-consultation-on-the-implications-of-generative-artificial-intelligence-for-copyright.html,访问日期:2024年11月20日。

新规定,以及为消费者提供更便捷的服务退订机制。这些更新旨在提高消费者交易的透明度和公平性,特别是在线上或通过自动化方式进行的交易。

4. 竞争方面

加拿大竞争局正积极参与有关人工智能与竞争交叉领域的讨论。2024年5月,该局发布了一份讨论文件,阐述了人工智能可能如何影响竞争的考虑因素。该文件分析的主要议题包括市场准入壁垒、产品差异化、市场力量、范围和规模经济、网络效应、竞争行为,以及消费者保护。

此外,加拿大的《食品和药品法》(Food and Drugs Act)、《机动车安全法》(Motor Vehicle Safety Act)、《银行法》(Bank Act)、《加拿大人权法案》《加拿大刑法典》等均可能对人工智能行业和相关产品进行规范。

而在立法之外,加拿大也出台了大量的标准和指引规范人工智能的使用行为。加拿大联邦政府各分管部门也出台了大量和人工智能使用相关的标准和指引,如加拿大卫生部发布了"关于将软件作为医疗设备使用的指导文件"(Guidance Document: Software as a Medical Device);金融机构监管办公室正在更新其模型风险指南(Model Risk Management),以考虑包括人工智能在内的新技术的使用;人权委员会在努力理解人工智能对歧视和其他人权问题的影响;隐私专员办公室则制定了"负责任、可信赖和保护隐私的生成式人工智能技术原则"(Principles for Responsible, Trustworthy and Privacy-Protective Generative AI Technologies)。

凭借顶尖的研究资源、前瞻性的产业政策和颇具雄心的投资市场,加拿大在人工智能时代抢占了重要的竞争地位,同时,其对人工智能治理的探索与实践也非常具有借鉴意义:

在算法治理的时代,加拿大对算法和自动化决策的规制独树一帜,其规制的目的与体系与诸多国家、地区不同,中国、美国、欧盟等也有针对算法和自动化决策的规范或相关提案,但大多防范的是大型平台企业利用算法侵害个人权益、影响社会舆情的风险。加拿大的《指令》则是针对公权力,其从保障公民权利与程序正义的角度出发,防范算法权力与公权力"合流",防止个人被算法所操纵和控制。算法核心关切的风险是人的主体性的篡夺,在这一点上,由于公权力的决策往往对个人实质权利的影响更多,公权力机关滥用算法、自动化决策,以及人工智能技术所导致的后果实际上可能比私营部门要严重得多。

在人工智能综合性规则方面,加拿大则更多吸收和借鉴了欧盟《人工智能法》等的经验,尝试通过建立统一、综合性的立法应对生成式人工智能和基础模型带来的全新挑战。AIDA 在基本体例和规制工具上与欧盟《人工智能法》保持对齐,但整体上预计将更为轻量化。当前,欧盟《人工智能法》已经发布生效,AIDA 尚在立法程序当中,后续内容仍有待观察。AIDA 推出后,将对其国内及全球范围内人工智能产业的发展带来什么样的影响和反馈,也值得持续关注。

二、澳大利亚

与美国等相比,澳大利亚并非人工智能产业大国。澳大利亚的人工智能治理体系正处于由基于原则的分散式治理方法向基于风险的统一立法的转型过程中。本部分旨在通过对澳大利亚政府颁发的《澳大利亚人工智能伦理原则》《支持负责任的人工智能:讨论文件》《澳大利亚安全和负责任的人工智能咨询:澳大利亚政府的临时回应》,以及《在高风险环境中引入人工智能强制性安全护栏的提案》等政策性文件进行梳理,帮助读者理解澳大利亚人工智能治理方法的演变脉络。

(一)《澳大利亚人工智能伦理原则》

澳大利亚目前尚未颁布统一的人工智能监管立法。在联邦层面,自 2019 年以来实行的八项人工智能伦理原则构成了自愿性规制框架。《澳大利亚人工智能伦理原则》共包含八项核心要求:第一,人工智能系统应当增进个人、社会和环境福祉;第二,应当尊重人权、多样性和个人自主权等人本价值;第三,应当具有包容性和可及性,避免对个人、群体或社区造成不当歧视;第四,应当保护隐私权并确保数据安全;第五,应当按照预期目标可靠运行;第六,应当保持透明度并进行负责任地信息披露,使公众了解人工智能对其产生的重大影响及其交互过程;第七,当人工智能系统对个人、社区、群体或环境产生重大影响时,应当建立及时的异议处理机制;第八,人工智能系统生命周期各环节的责任主体应当明确且可追责,并确保人工监督机制的有效实施。[①]《澳大利亚人工智能伦理原则》采取完全自愿性规范模式,其设计目的在于促使各类组织机构在使用人工智能系统时可以充分权衡其影响。该原

[①] See Department of Industry, Science and Resources, Australia's AI Ethics Principles, https://www.industry.gov.au/publications/australias-artificial-intelligence-ethics-principles/australiasai-ethics-principles,访问日期:2024 年 12 月 10 日。

则主要用于补充而非替代现有的法律规制框架。需要注意的是,并非所有人工智能应用都需要对照该原则进行全面分析。例如,许多企业使用的电子邮件或会计软件可能包含人工智能的功能,但这类应用的影响程度可能不足以需要适用上述原则。此外,如果人工智能应用不涉及或影响人类,可能无须考虑上述原则的要求。

(二)《支持负责任的人工智能:讨论文件》及政府后续回应

2023年6月,澳大利亚政府发布了《支持负责任的人工智能:讨论文件》(以下简称"讨论文件")。该文件旨在就澳大利亚应采取何种措施降低人工智能的潜在风险征求意见,识别现有国内治理体系存在的潜在缺陷,并探讨现有人工智能治理机制未来的改革方向。

讨论文件指出,澳大利亚此前的人工智能治理体系主要由三个部分构成:一是保持技术中立性的通用法规,包括消费者保护、在线安全、隐私保护和刑事法规等;二是针对治疗产品、金融服务、食品安全和机动车安全等特定领域的行业法规;三是包括上文中所提到的包括人工智能伦理原则在内的自愿性准则与自我监管措施。讨论文件还指出,尽管人工智能所带来的潜在风险仍存在不确定性,但考虑到类似ChatGPT等通用人工智能应用的迅速发展及其能力的持续增强,澳大利亚政府将审慎评估是否应当在现有框架之外采取额外措施,在促进人工智能应用的同时,有效管控潜在风险。[1] 在制订人工智能治理方案的过程中,政府还需权衡最有利于其经济与社会发展的措施。作为一个规模相对较小的开放型经济体,澳大利亚面临着独特的挑战和机遇。在此背景下,澳大利亚人工智能治理框架与全球及主要贸易伙伴框架的协调程度尤为关键[2],这不仅直接影响澳大利亚采纳和应用人工智能系统的能力,更关乎其本土人工智能产业的长远发展。

2024年1月,基于讨论文件发布后收到的公众反馈,澳大利亚政府发布了《澳大利亚安全和负责任的人工智能咨询:澳大利亚政府的临时回应》(以下简称"临时回应")。临时回应表明,尽管各界对政府应采取的具体举措尚

---

[1] See Department of Industry, Science, Energy and Resources, Supporting Responsible AI: Discussion Paper, https://consult.industry.gov.au/supporting-responsible-ai, 访问日期:2024年12月10日。

[2] See Department of Industry, Science, Energy and Resources, Supporting Responsible AI: Discussion Paper, https://consult.industry.gov.au/supporting-responsible-ai, 访问日期:2024年12月10日。

存分歧,但就加强人工智能系统应用潜在风险的管控达成了普遍共识。① 值得注意的是,各方意见不仅指出了诸多新兴风险,也凸显出现有监管框架可能存在的覆盖不足问题。特别是在人工智能技术快速迭代与广泛应用的背景下,即便是用于合法目的的人工智能系统亦可能产生危害,因此,有必要强化测试要求、提升透明度,并加强监管力度。此外,公众反馈还揭示了对人工智能系统测试不充分,和功能信息披露不足的普遍担忧。

根据临时回应的分析,公众反馈的安全风险主要涉及以下几个维度。首先,技术层面的风险主要表现为设计精确度不足和训练数据偏差等问题,这些技术缺陷可能导致不公平结果,并对边缘化群体产生尤为不利的影响;其次,人工智能系统固有的不透明性和不可预测性,不仅增加了危害识别和错误预测的难度,也为问责机制的建立设置了障碍,使得个体更难以理解和质疑人工智能的决策过程;再次,在人工智能与既有社会问题相互作用的过程中,可能产生诸如虚假信息传播、深度伪造等在线危害,并加剧社会分裂等潜在领域特定风险;另外,高度智能化模型由于其可访问性和易用性,可能引发难以预测且具有广泛影响的系统性风险;最后,人工智能技术的快速发展还可能带来不可预见的风险,这使得在不抑制创新的同时,确保监管的有效性和相关性成为一项重大挑战。②

通过对公众意见的系统梳理发现,建立事前监管机制已成为社会各界的普遍呼声,这一诉求在针对合法但高风险场景中人工智能系统的部署,以及在可能造成不可逆危害的人工智能模型应用方面表现得尤为突出。许多反馈意见指出,监管机构应在人工智能生命周期的早期,尤其是设计阶段就开始实施预防性监管规则,通过前置性管控措施有效防范潜在风险,从而确保高风险人工智能技术的安全应用。就具体预防性措施而言,公众诉求主要集中于以下几个方面:其一,要求人工智能系统在发布前必须经过内部和外部测试并保持持续审计;其二,通过强制生成式人工智能系统采用数字标签或"水印"等技术手段提升系统透明度,便于识别人工智能生成的内容;其三,建

---

① See Dentons, The Current State of Play for the Regulation of AI in Australia in 2024,https://www.dentons.com/en/insights/articles/2024/april/26/the-current-state-of-play-for-the-regulation-of-ai-in-australia-in-2024,访问日期:2024 年 12 月 10 日。

② See Department of Industry,Science and Resources,Supporting Responsible AI: Discussion Paper, https://consult.industry.gov.au/supporting-responsible-ai,访问日期:2024 年 12 月 11 日。

立问责机制,要求在关键人工智能决策过程中引入人工监督,确保其与人类目标保持一致;其四,针对高风险人工智能开发建立许可制度。通过上述措施的有机结合,最终构建起一个全面的事前防范体系。[1]

基于各方咨询意见的综合研判,澳大利亚政府已充分认识到现有监管框架在应对人工智能系统已知风险方面存在的不足,这种不足既体现在对人工智能危害的预防能力方面,也表现在危害发生后的应对措施方面,因此,亟须加大工作力度以确保对已发生危害的充分回应。针对在合法高风险环境中开发或部署人工智能系统的主体,政府将考虑实施强制性保障措施,特别是在危害难以或无法逆转的情况下,确保人工智能系统的安全性。政府在制定强制性安全保障措施的立法路径时,将通过与行业和社会的广泛磋商确定具体措施内容,并承诺采取协作和透明的方式规定相关义务,无论是通过修改现有法律还是建立新的专门立法框架。同时,政府也认识到有必要针对前沿人工智能模型或通用模型的开发、部署和使用设定特定义务,以构建更加完善的监管体系。

根据反馈意见,澳大利亚政府明确提出将采用基于风险的框架体系,以支持人工智能的安全使用,并防范其引发的潜在危害。具体施政措施主要包含四个方面:其一,针对在高风险领域开发和部署人工智能系统的组织,通过广泛咨询制定新的强制性保护措施;其二,为相关主体提供实践指引,确保其开发或部署的人工智能系统具备安全性与可靠性;其三,就高风险领域人工智能生成材料的自愿性标识和水印处理方案开展可行性研究;其四,研究进一步强化现有法律体系,以有效应对人工智能使用可能引发的各类风险与危害。这些措施将共同构成一个多层次、全方位的人工智能治理框架。

(三)《在高风险环境中引入人工智能强制性安全护栏的提案》

为落实临时回应中的相关承诺,澳大利亚政府于2024年9月正式发布《在高风险环境中引入人工智能强制性安全护栏的提案》(以下简称《安全护栏提案》)。该提案通过明确规定在高风险环境中开发和部署人工智能时的安全使用标准与责任要求,构建了一个系统性的人工智能安全使用框架。

在设计基于风险的人工智能监管框架过程中,澳大利亚政府将通过评估

---

[1] See Department of Industry, Science and Resources, Supporting Responsible AI: Discussion Paper, https://consult.industry.gov.au/supporting-responsible-ai, 访问日期:2024年12月11日。

已知风险的等级和关键特征,审慎权衡预防性(事前)措施与补救性(事后)措施的合理配置,以有效应对和减轻这些已知风险。从制度设计的角度来看,高风险人工智能系统可分为两类,第一类主要涵盖了特定应用场景中的人工智能系统,以及通用人工智能模型。这类监管重点聚焦于人工智能技术在实际应用环节的风险防控,强调根据人工智能系统的使用场景对其进行针对性的规范与管理。在这类情况下,风险评估将基于人工智能系统的使用环境或其可预见的应用场景展开。为提高监管的可操作性,监管机构拟设置明确的判定标准,并通过列举具有典型性的高风险应用实例,为相关主体识别和判断特定人工智能系统(包括通用人工智能模型)是否属于高风险类别提供实践指引。

在《安全护栏提案》中,政策制定者为第一种类型高风险人工智能系统的判定设立了拟议条款:

在判定某一人工智能的使用是否属于高风险时,应考虑以下因素:
a. 对个人权利的负面影响风险,这些权利在澳大利亚的人权法中得到承认,并且没有合理的理由,此外,还应考虑澳大利亚的国际人权法义务;
b. 对个人身体、心理健康或安全的负面影响风险;
c. 对个人造成的不利法律后果、诽谤或其他类似重大影响的风险;
d. 对群体个体或文化群体集体权利的负面影响风险;
e. 对澳大利亚整体经济、社会、环境和法治的负面影响风险;
f. 以上 a 至 e 项中所述负面影响的严重性和范围。

就第二类高风险人工智能系统而言,其特指具备高水平的先进通用人工智能模型,此类模型因其应用领域广泛且存在显著不确定性,故难以全面预测与评估其潜在风险。鉴于通用人工智能模型可能对个人、群体和社会带来系统性、规模化风险,澳大利亚政府正审慎考量将其纳入特别监管框架并明确其定义界限。在此背景下,《安全护栏提案》采取了以功能属性为导向而非预期用途为导向的定义方式,将通用人工智能模型界定为"一种可用于多种目的,既可直接使用也可适配至其他系统中的人工智能模型",凡符合此定义要件的人工智能模型,均应被认定为高风险类别并适用相应监管规则。

为预防和减少人工智能系统开发与部署可能带来的危害,澳大利亚政府提出了针对上述两类高风险人工智能系统的强制性保障措施。这些措施主要包括：其一，要求在部署前和部署过程中进行全面测试，确保人工智能系统能够按预期运行并满足相应的性能标准；其二，在产品开发和使用全周期内，向最终用户、人工智能供应链相关方，以及主管部门保持透明；其三，建立完善的人工智能系统治理和风险管理问责机制。这些保障措施将同时适用于高风险环境中的人工智能应用和通用人工智能（GPAI）模型。与此同时，为支持企业在强制性保障措施出台前能够安全、负责任地开发和部署人工智能，政府制定了自愿性人工智能安全标准。该标准为澳大利亚所有组织提供了实用性指导，帮助其在符合拟议强制性保障措施框架的前提下，实现人工智能的安全应用与创新发展。

《安全护栏提案》还表明，澳大利亚政府目前尚未就高风险环境中人工智能的具体监管实施手段作出最终决定。政府正在考虑三种可能的监管实施路径：一是采用领域特定方法，通过对现有监管框架进行有针对性调整，将拟议的安全防护措施纳入其中；二是采用框架方法，通过制定新的框架性立法并相应调整现有监管框架，以适应整个经济领域的需求；三是采用全经济方法，制定全面性法规以解决各行业可能面临的人工智能风险问题。[1]

《安全护栏提案》于2024年9月对外发布并于次月完成公众意见征集程序，该提案为澳大利亚构建人工智能治理框架奠定了基础性制度共识，标志着其人工智能治理模式由原则导向向风险导向的重要转变。然而，就整体发展态势而言，澳大利亚的人工智能治理体系仍处于动态完善阶段，迄今尚未出台统一的人工智能横向立法，这表明其监管制度框架仍在持续优化与调整之中。

三、巴西

在1971年问世的《拉丁美洲被切开的血管》（Las Venas Abiertas de América Latina）中，作者爱德华多·加莱亚诺（Eduardo Galeano）以饱含激情的笔触写下："今天对世界来说，美洲就是美国，我们充其量只是居住在一个

---

[1] See Tim Lyons & Olivia Newbold, Shaping the Future: Australia's Approach to AI Regulation, https://www.technologyslegaledge.com/2024/09/shaping-the-future-australias-approach-to-ai-regulation/，访问日期：2024年10月9日。

身份模糊的美洲次大陆,一个二等美洲的居民。"①的确,随着 ChatGPT、DeepSeek 等大语言模型(LLM)横空出世,美国和中国的人工智能产业百舸争流,欧盟人工智能相关立法如火如荼,拉丁美洲的人工智能治理似乎落于时代的聚光灯之外。

然而,无论是就构建中拉命运共同体、实现全球正义,还是其庞大的经济与市场规模而言,拉丁美洲作为"全球南方"(Global South)②重要的组成部分,都是全球人工智能发展与治理不可忽视、不可或缺的行动主体。2023 年 10 月,国家互联网信息办公室发布《全球人工智能治理倡议》,提出"增强发展中国家在人工智能全球治理中的代表性和发言权,确保各国人工智能发展与治理的权利平等、机会平等、规则平等,开展面向发展中国家的国际合作与援助,不断弥合智能鸿沟和治理能力差距"。2024 年 11 月 18 日,习近平主席在举办于巴西里约热内卢的二十国集团领导人第十九次峰会上发表题为《携手构建公正合理的全球治理体系》的重要讲话,指出"要加强人工智能国际治理和合作,确保人工智能向善、造福全人类,避免其成为'富国和富人的游戏'"。

巴西是拉丁美洲面积最大、人口最多的国家,也是拉丁美洲第一大经济体,在全球及区域政治中扮演着重要角色。③ 巴西位于南美洲东部,濒临大西洋,面积 851.04 万平方千米,人口超过 2 亿,拥有丰富的矿产、森林、土地和水资源,是全球农产品出口大国,并已基本形成具有中等发达水平的工业体系,科技水平与研发能力位居发展中国家前列。④ 世界银行集团(World Bank Group)的数据表明,2023 年巴西 GDP 总量约达 2.17 万亿美元,人均 GDP 约 10294.9 美元。

巴西是首个同中国建立战略伙伴关系的国家,也是首个同中国建立全面战略伙伴关系的拉美国家。2024 年 11 月 21 日,中国和巴西发布《中华人民共和国和巴西联邦共和国关于携手构建更公正世界和更可持续星球的中巴

---

① 〔乌拉圭〕爱德华多·加莱亚诺:《拉丁美洲被切开的血管》,王玫等译,南京大学出版社 2018 年版。
② 参见刘建超:《顺应历史大势 携手推进全球南方团结合作》,载《求是》2024 年第 6 期。
③ 巴西积极参与全球合作,是世界贸易组织(WTO)、美洲国家组织(OAS)、拉美和加勒比国家共同体(CELAC)、南方共同市场(MERCOSUR)等国际和地区组织以及金砖国家(BRICS)、二十国集团(G20)等多边机制成员国,也是不结盟运动(Non-Aligned Movement)观察员国。
④ 参见《对外投资合作国别(地区)指南》,载商务部网(网址:http://www.mofcom.gov.cn/dl/gbdqzn/upload/baxi.pdf),访问日期:2025 年 2 月 1 日。

命运共同体的联合声明》宣布：双方一致决定，将双边关系定位提升为"携手构建更公正世界和更可持续星球的中巴命运共同体"；在两国发展战略的对接过程中，双方将重点推进金融、基础设施、产业链发展、投资、生态转型、科技创新等领域的战略性合作。

因此，本部分将介绍巴西近年来在人工智能领域的规制现状与立法动向，以期考察巴西关于数字主权与包容性治理的创新探索，揭示其作为拉丁美洲发展中大国及"全球南方"重要代表，在人工智能时代尝试平衡技术创新与社会公平、主权安全与全球协作的独特路径。

(一) 规制与治理现状

巴西拥有广泛的数据基础设施，在数据收集、存储、处理和共享方面历史悠久。20 世纪 90 年代以来，巴西持续推进其数字议程，特别关注工业自动化进程，在政府和市场中部署数字技术，以及鼓励和加速技术发展。21 世纪 10 年代至今，巴西对法律及公共政策的多项要素进行了调整，围绕数字化转型理念整合其规制体系。[①]

2014 年第 12965 号法律《互联网民事权利框架法》(Marco Civil da Internet, Lei n° 12965/2014) 是巴西网络空间治理的基础性法律。《互联网民事权利框架法》第 2 条规定，巴西互联网使用规范以尊重言论自由为基础，并包括以下内容：承认网络的全球性，数字媒介中的人权、人格发展及公民权行使，多元性与多样性，开放性与协作性，自由创业、自由竞争及消费者保护，以及网络的社会目的；第 3 条规定，巴西互联网使用规范遵循下列原则：依照联邦宪法保障言论、通信及思想表达自由，隐私保护，依法进行个人数据保护，维护并确保网络中立性，通过符合国际标准的技术措施及鼓励采用良好实践，维护网络的稳定性、安全性及功能性，依法根据主体行为追究责任，维护网络的参与性本质，不违背本法确立的其他原则前提下的互联网商业模式自由。该法第 24 条还引入了多方参与的治理机制 (Governança Multiparticipativa)，尝试构建在创新与安全发展间平衡的监管模式。

2018 年第 13709 号法律《通用数据保护法》(Lei Geral de Proteção de Dados Pessoais, LGPD, Lei n° 13709/2018) 确立了巴西数据主体权利的法律框

---

① See Fernando Filgueiras & Tainá Aguiar Junquilho, The Brazilian (Non) Perspective on National Strategy for Artificial Intelligence, 3 Discover Artificial Intelligence1, 1–15(2023).

架,旨在保护个人自由与隐私的基本权利及人格自由发展。《通用数据保护法》规范以物理或数字形式存在的个人数据处理行为,适用于公共或私营领域的自然人或法人实体,涵盖通过人工或数字方式实施的一系列广泛操作。该法规定了强化主动与被动透明义务的工具,并创设了推动公共部门履职的程序性手段。

根据《通用数据保护法》,个人数据处理可由两类处理主体实施:控制者与处理者。在启动任何个人数据处理前,处理主体必须确保操作目的已清晰明确记录,且已向数据主体说明具体用途。对于公共部门,个人数据处理的主要目的应与执行公共政策相关,该政策须依法令、规章预先规定,或基于合同、协议及类似文书获得授权。法律允许公共部门在执行公共政策时共享数据,且无须取得特别同意。但数据收集机构须公开告知将共享的数据内容及接收方;数据请求机构则需基于特定公共政策的执行需求,说明访问理由及数据用途。受保密义务约束的信息仍受保护,并适用专门规范。

在2019年至2022年博索纳罗执政时期,巴西人工智能产业的发展呈现出市场竞争驱动和技术官僚治理的风格。2018年第13674号法律和2019年第13969号法律扩大了税收优惠的范围,将人工智能、自主系统、物联网、区块链及其他基于数据的技术发展包括在内。2021年第182号补充法律《初创企业法律框架》(Marco Legal das Startups, Lei Complementar n° 182/2021)第11条引入了监管沙盒(Sandbox Regulatório)机制,允许监管机构在实验性监管的环境下,临时授权监管对象测试新的技术或商业模式,从而豁免适用相关法规。巴西中央银行已将监管沙盒应用于测试基于人工智能的解决方案,特别是针对金融科技和保险的监管。

2021年4月,巴西联邦政府科学、技术与创新部(MCTI)发布了《巴西人工智能战略》(Estratégia Brasileira de Inteligência Artificia, EBIA,以下简称《人工智能战略》)。这是巴西首个关于人工智能的国家战略,旨在"引导巴西采取行动,从各个方面促进人工智能解决方案的研究、创新及开发,并促进其审慎且合乎伦理地使用,助力更美好的未来"。

《人工智能战略》包含6个主要目标:贡献于制定负责任人工智能使用的伦理原则;促进对人工智能研发的持续投资;消除人工智能创新的障碍;促进人工智能生态系统专业人才的培养和能力建设;在国际环境中促进巴西人工

智能的创新和发展；推动形成公共与私营部门、产业与研究中心合作开发人工智能的环境。为此，《人工智能战略》以经济合作与发展组织的人工智能原则——包容性增长、可持续发展和福祉，以人为本和公平的价值观，透明度和可解释性，稳健性、安全和保护，可问责性等为基础，并借鉴其他国家经验，提出了9条主题轴线，分为3条横向轴线：立法、规制与伦理使用，人工智能治理和国际领域；6条纵向轴线：教育，劳动力与能力建设，研发、创新与创业，生产部门应用，公共部门应用，公共安全。3条横向轴线与6条纵向轴线相互贯穿。其中，"立法、规制与伦理使用"轴线体现了巴西对涉及人工智能及数据保护议题的各类国际与国内机构的关切与理解，该轴线尝试限制并预防人工智能发展中的固有风险。例如，偏见、过度监控及不透明性，建议开展研究行动并制定规范性框架，以协调国家对各领域人工智能发展的激励措施，同时，深入理解其潜在风险并评估负面影响。"人工智能治理"轴线旨在建立伦理人工智能发展原则的遵守机制、形式与方法，该轴线尝试建立政府与私营部门间的协作网络，阐明数据治理目标，并推广管理基于人工智能的系统设计与验证的最佳实践。沿着这9条主题轴线，《人工智能战略》共列举了73项由联邦政府实施或协调的战略行动。

通过《人工智能战略》，巴西尝试走出一条兼顾伦理、效率与社会公平的人工智能发展道路。该战略发布以来，巴西在智能城市、农业、工业4.0及健康领域建立了多个人工智能应用中心。亦有论者批评，由于博索纳罗政府的民粹主义色彩和技术官僚风格，该战略存在政策工具缺失、政策整合不足、公众参与度低，因而缺乏可操作性的问题。①

2023年1月，卢拉带领劳工党重新执政并担任总统。卢拉政府积极推动巴西延续独立自主、务实平衡的外交传统，更多地参与国际多边主义行动，不断增进"南南合作"，提升巴西在"全球南方"与全球治理中的领导地位与国际影响力。2024年6月，卢拉应邀前往欧洲参加国际劳工组织会议和七国集团（G7）领导人峰会，分享巴西对捍卫劳工权利的建议和倡议，重申巴西政府反对不平等和社会排斥现象，反对将人工智能作为战争工具，呼吁对人工智能进行全球治理。②

---

① See Fernando Filgueiras & Tainá Aguiar Junquilho, The Brazilian (Non) Perspective on National Strategy for Artificial Intelligence, 3 *Discover Artificial Intelligence* 1, 1-15(2023).
② 参见杨建民、单充允：《巴西声音，从G20到"全球南方"》，载《环球》2024年第24期。

目前，巴西联邦政府负责制定和监测公共部门国家人工智能战略的主要机构包括：科学、技术与创新部，管理及公共服务创新部，以及总统府民事办公室；巴西联邦政府还创设多部门参与空间，以讨论并确定人工智能研发及使用中应当遵循的伦理原则。

2024年7月，巴西联邦政府发布了《2024—2028年巴西人工智能投资计划》(Plano Brasileiro de Inteligência Artificial 2024—2028, PBIA 2024-2028，以下简称《2024—2028年人工智能计划》)。该计划题名为"人工智能造福所有人"(IA para o Bem de Todos)，旨在推动人工智能技术在巴西的开发、部署与应用，以应对国家面临的重大社会、经济、环境与文化挑战，同时保障个人与集体的安全及权利，保护包容性社会、民主制度、信息完整性、工作及劳动者、国家主权，以及国家经济的可持续增长。

《2024—2028年人工智能计划》包含"即时影响举措"(Ações de Impacto imediato)及"基础性举措"(Ações Estruturantes)。该计划拟于2024年—2028年投入230.3亿雷亚尔，投资重点将集中于即时影响举措，即31项已实施或在短期即将启动的举措，以解决医疗、农业、环境、工业、商贸服务、教育、社会发展及公共服务管理等优先领域的特定问题。

在基础性举措方面，《2024—2028年人工智能计划》拟沿着五大轴线，即人工智能基础设施与开发，人工智能推广、培训与能力建设，人工智能助力公共服务优化，人工智能驱动企业创新，人工智能监管与治理支持开展人工智能治理并推动产业发展。其中，在人工智能基础设施与开发轴线上，巴西计划升级名为"桑托斯·杜蒙(Santos Dumont)"的超级计算机，拟将其打造为全球五大最强算力设备之一；建设可再生能源驱动的数据中心，优化算力分配；使用国家数据训练葡萄牙语大语言模型，确保大模型反映巴西的语言、文化和社会多样性；与拉丁美洲国家共享主权云技术框架，推动区域数据主权合作。在人工智能助力公共服务优化轴线上，巴西拟建设由国家主导的云基础设施"主权云"(Nuvem Soberana)存储敏感数据，以减少对跨国云服务商的依赖，防止数据跨境流动风险，计划在2027年前完成政府涉密数据向政务云环境的迁移；建立统一的数据目录，到2027年完成2000个联邦政府数据集的标准化分类与存储。在人工智能监管与治理支持轴线上，巴西将致力于巩固促进创新，保障发展权，保护人权、信息完整性及著作权的治理框架，为此提出的行动包括：发布巴西负责任人工智能系列指南、创建国家算法透明度与可信人工智能中心及巴西人工智能观察站、拓展国际伙伴关系、积极参与全球论坛并与其他国家分享良好实践等。在人工智能推广、培训与能力建设轴线上，巴西计划通过从基础教育到产业实践的全链条人才培养，满足国家对人工智能专业人员的迫切需求，并提升全社会对人工智能技术的批判性认知。在人工智能驱动企业创新轴线上，巴西计划通过基础设施投资、企业扶持和战略协同，构建巴西人工智能产业链，并将人工智能技术融入"巴西新工业计划"（Nova Indústria Brasil, NIB），服务于国家工业转型目标。

总体而言，当前巴西政府的人工智能治理强调增强技术自主性并维护数据主权。2024年9月，巴西担任二十国集团轮值主席国期间，二十国集团数字经济工作组（DEWG）统筹，巴西科学、技术与创新部、巴西国家数据保护局（ANPD）、联合国教科文组织（UNESCO）、巴西网络信息中心（NIC.br）、巴西互联网指导委员会（CGI.br）合作编写了《二十国集团成员国开发、部署与应用人工智能以提升公共服务图景》（Mapping the Development, Deployment and Adoption of AI for Enhanced Public Services in the G20 Members）。该文件指出：巴西政府鼓励对人工智能系统使用行为进行负责任地披露，并推动人工智能系统在人权、民主价值观及多元性方面的合规，通过资助旨在实施伦理解决方案的研发项目，推动生产遵守伦理的人工智能，特别是在被称为"FAT矩阵（FAT matrix）"的公平或非歧视、责任或可问责性，以及透明度领域。

（二）立法考察

2024年12月10日，经过长期激烈的议会辩论及公共讨论，巴西联邦参议院（以下简称"参议院"）审议通过了规范巴西国内人工智能发展的2023年第2338号法案（Projeto de Lei n° 2338/2023, PL 2338/2023），标志着巴西乃至整个拉丁美洲的人工智能立法进程迈出关键一步。

审议通过的法案是由自由党参议员爱德华多·戈麦斯（Eduardo Gomes）提出的替代法案（以下称为《人工智能法案》），该替代法案以参议院议长罗德里戈·帕切科（Rodrigo Pacheco）提出的2023年第2338号法案文本为基础，整合了包括已获众议院审议通过的2020年第21号法案（Projeto de Lei n° 21/2020, PL 21/2020）在内的7项法律提案，以及数十项由不同参议员提出的修正案。由于各党派及社会各界争议巨大，在提交参议院全体会议前，参议院人工智能内部临时委员会（Comissão Temporária Interna sobre Inteligência Artificial, CTIA）召开了14场公开听证会，广泛听取了公民社会、公共部门、私营企业及科技专家的意见。

《人工智能法案》确立了人工智能开发与使用的基本准则，强调技术应具备透明度、安全性、可靠性、道德性，并消除歧视性偏见，同时尊重人权和民主价值观；并兼顾技术发展、创新和自由竞争。在本地化治理与全球自由市场竞争之间，《人工智能法案》强调对人工智能的人工干预及审查，并规定公共部门应优先采购促进民族文化及葡萄牙语应用的创新方案，以及为本国小微企业及初创企业的人工智能系统制定区别性准入标准。

《人工智能法案》依据人工智能系统对人类生活及基本权利的影响程度，将人工智能系统划分为不同风险等级，实施差异化的监管框架。其中，明确禁止开发及使用可能损害健康、安全或其他基本权利的"过度风险系统"，如自主武器系统（Sistemas de Armas Autônomas, SAA）、基于社会行为对个人进行非法或不公平分类或排名的系统、利用个人或群体的脆弱性诱导实施危害健康与安全行为的系统、以生成或传播涉及未成年人性虐待或性剥削内容为目的的系统等。"高风险系统"则包含交通控制、水电供应管理、医疗诊断、犯罪预防数据分析等12类可能对人类或社会造成伤害的系统，应当对其实施强制性算法影响评估、消除歧视性偏差并建立人工监督机制。此外，生成式及通用目的系统在投放市场前应当完成风险等级的初步评估，合成内容应当标注可验证来源的元数据标识符。

值得注意的是，在审议过程中，由于数名反对派参议员的坚持，最终文本从"高风险系统"清单中删除了社交媒体内容分发算法（可用来规制大型科技公司使用人工智能系统进行内容生产、分析、推荐和分发），引发部分执政党议员对监管漏洞的担忧。①

在知识产权保护方面，《人工智能法案》保留了关于保护内容创作者及艺术作品权利人权益的条款，允许研究机构、新闻机构及教育组织非商业性使用受版权保护的内容进行文本挖掘，但用于商业用途应当向权利人支付报酬；对个人形象与声音的使用应当遵守巴西《民法典》（Código Civil）人格权相关条款，即任何对此类数据的使用均需获得事先明确同意，且不得损害个人名誉、声誉或隐私。

---

① See Agência Senado, Senado aprova regulamentação da inteligência artificial; texto vai à Câmara, https://www12.senado.leg.br/noticias/materias/2024/12/10/senado-aprova-regulamentacao-da-inteligencia-artificial-texto-vai-a-camara，访问日期：2025年2月1日。

在劳动者权益保护方面,《人工智能法案》规定有关部门合作推进以下四个目标:减轻对劳动者的潜在负面影响,特别是与人工智能相关的失业风险;最大限度地对劳动者产生积极影响,特别是在改善健康和工作场所安全方面;价值谈判工具和集体协议;通过岗位调整及技能再培训等保障受人工智能系统影响的劳动者权益,并推行全民数字素养教育。然而,最终文本删除了防止大规模裁员,以及劳动者参与算法影响评估的有关规定。[1]

在监管体系方面,《人工智能法案》规定由国家数据保护局(Autoridade Nacional de Proteção de Dados, ANPD)作为主管机关,协调行业监管机关、自律实体与认证机构、人工智能监管合作委员会(Conselho de Cooperação Regulatória de Inteligência Artificial, CRIA)、人工智能专家与科学家委员会(Comitê de Especialistas e Cientistas de Inteligência Artificial, CECIA),组建人工智能国家监管与治理体系(Sistema Nacional de Regulação e Governança de Inteligência Artificial, SIA)。其职能包括:制定高风险系统监管规则、协调行业监管机关行动、每四年向国会提交人工智能修法建议等。

在行政处罚方面,《人工智能法案》规定,对人工智能系统开发方、供应方或应用方的单次违法行为最高可处以5000万雷亚尔罚款或按涉事企业年度营业总额的2%计罚。其他处罚措施包括警告及行业禁入等。

根据巴西立法程序,《人工智能法案》现已提交至众议院等待进一步审议,获得众议院通过后,经总统同意并签署方可成为法律并生效。若众议院提出修正,法案须返回参议院重新表决,其立法前景尚存在一定的不确定性。

四、新加坡

新加坡作为全球技术中心之一,在人工智能的发展与治理方面始终处于领先地位。根据英国权威统计机构 Tortoise Media 于 2024 年 9 月发布的 2024 年全球人工智能指数(Global AI Index),新加坡稳居全球第三,仅次于美国和中国。该指数基于实施、创新和投资三大维度,对 80 多个国家和地区进行综合评估,涉及研究与开发、人才储备、基础设施建设、运营环境、政府战略,以

---

[1] See Rafael A. F. Zanatta & Mariana Rielli, The Artificial Intelligence Legislation in Brazil:Technical Analysis of the Text to Be Voted on in the Federal Senate Plenary, https://www.dataprivacybr.org/en/the-artificial-intelligence-legislation-in-brazil-technical-analysis-of-the-text-to-be-voted-on-in-the-federal-senate-plenary/,访问日期:2025 年 2 月 1 日。

及商业生态系统等122个指标。新加坡因其在人工智能领域的卓越表现,尤其是在政府政策推动下的创新、研究和人才培养方面,赢得了高度评价。

面对人工智能带来的机遇与挑战,新加坡不仅在技术创新方面投入了大量资源,还通过完善治理体系,为人工智能技术地负责任使用提供了清晰的指引。自2019年11月新加坡发布《国家人工智能战略》(National AI Strategy, NAIS)以来,新加坡明确将人工智能视为推动经济增长的重要驱动力。在此基础上,2023年12月,新加坡政府发布了《国家人工智能战略2.0》(以下简称"NAIS 2.0"),进一步细化并升级了人工智能发展的整体规划。新版本的战略通过支持创新、更新技术标准和法规,确保人工智能的开发与使用符合伦理要求和监管标准。NAIS 2.0确立了两大核心目标:一是推动人工智能领域的全面发展并最大化创造价值;二是赋予个人、企业和社会共同体足够的信心和能力,以辨别和信任人工智能技术,从而积极、安全地使用人工智能。①

目前,新加坡尚未针对人工智能制定专门的强制性法规,但在人工智能治理的生命周期内,不同领域已逐步形成完善的政策与框架体系。新加坡资讯通信媒体发展局(IMDA)、金融管理局(MAS)和个人数据保护委员会(PDPC)等政府部门积极参与政策的制定与实施,确保人工智能技术的开放性与应用符合伦理与法律要求。以下为新加坡在数据隐私、版权保护、金融领域治理、人工智能治理模型框架等方面规制现状的概述:

(一)数据隐私方面

人工智能的发展离不开大数据的支撑,因而数据隐私和安全问题成为监管的重点领域。新加坡基于《个人数据保护法》(PDPA)构建了系统性的数据治理框架,明确规定个人数据的收集、使用和披露要求,第三方在处理个人数据时需尊重数据主体的权利,采取合理的安全措施,确保数据的合法使用。

随着人工智能技术在推荐系统(如电商平台的个性化推荐)和决策支持系统(如信贷审批、招聘筛选)中的广泛应用,个人数据的使用量和复杂性急剧增加。这些系统提供了大量的数据分析和算法决策优化服务,但也引发了数据滥用、隐私泄露和算法偏见等问题。2023年7月,个人数据保护委员会发布了关于人工智能推荐和决策系统中个人数据使用的咨询草案。这份草案旨在应对人工智能技术快速发展过程中涉及的数据隐私和伦理挑战,为人

---

① 为了实现这些目标,新加坡政府罗列15项举措,详见NAIS 2.0。

工智能开发者和用户提供更明确的指引。这份草案在保障用户隐私和数据安全的同时，也支持人工智能技术的创新发展。

（二）版权保护方面

随着生成式人工智能的兴起，使版权保护成为重要议题。人工智能生成的文本、图像或音频内容，涉及所有权、版权范围和侵权责任等核心问题。新加坡《2021年版权法》为此提供了明确的法律依据。其中，第243条、第244条规定，为了计算数据分析（computational data analysis）的目的，可以合法"复制"作品或录制受保护的作品。计算数据分析包括：（1）使用计算机程序识别、提取和分析作品或录音中的信息或数据；（2）将作品或录音作为某一类型信息或数据的示例，以改进计算机程序在处理该类型信息或数据时的功能。这些条款也为生成式人工智能开发者训练数据提供了支持或便利。当然，这些规定仅限于涉及版权的问题，未涵盖人工智能开发或对利益相关者影响的其他方面，也并未解决生成式人工智能版权归属与侵权责任问题。

（三）金融领域治理方面

2018年，新加坡金融管理局推出了公平、伦理、负责和透明（Fairness, Ethics, Accountability and Transparency, FEAT）原则，为金融领域的人工智能治理提供了详细的操作指引。这体现了新加坡在全球负责任人工智能应用方面的领导力，树立了金融科技领域的标杆。

为进一步落实 FEAT 原则，金融管理局主导成立了 Veritas 联盟[1]，共同研究 FEAT 各原则的评估方法，并于2022年2月发布了 Veritas Toolkit 1.0[2]，为金融机构提供了工具和方法，帮助金融机构识别人工智能系统的潜在风险，并确保其符合治理要求。2023年6月，金融管理局再次升级推出了开源工具包 Veritas Toolkit 2.0。升级后的 Veritas Toolkit 2.0 在此前基础上进行了重要改进，不仅优化了公平原则的评估方法，还新增了伦理、问责和透明性评估模块。[3] Veritas Toolkit 2.0 的发布标志着新加坡在推动人工智能技术安全、

---

[1] Veritas 联盟指的是华睿泰公司（Veritas Technologies，一家纳斯达克上市的全球数据管理领域公司，其股票代号为 VRTS）参与的各种合作伙伴关系，成员包括多个金融机构与企业。

[2] 金融行业开发的人工智能工具包。

[3] See Allen & Gledhill, MAS-led Industry Consortium Releases Toolkit for Responsible Use of AI in the Financial Sector, https://www.mas.gov.sg/news/media-releases/2023/toolkit-for-responsible-use-of-ai-inthe-financial-sector#，访问日期：2024年12月9日。

可靠和负责任应用方面迈出了新的一步,进一步巩固了其作为国际金融科技监管和治理创新中心的地位。

(四)人工智能治理模型框架

1. 背景与目标

新加坡的人工智能治理模型框架由资讯通信媒体发展局和个人数据保护委员会于2019年首次发布,并在之后几次更新中融入了生成式人工智能的治理内容,并在2024年5月30日发布了最新版本《生成式人工智能治理模型框架》(Model AI Governance Framework for Generative AI),为企业和机构在开发、部署人工智能系统时提供了全面的指导,为人工智能技术的发展注入了道德性和安全性,奠定了人工智能产业与社会和谐共存的基础。这一框架旨在：

(1)为企业和政府机构提供可操作的指导方针,帮助其在人工智能开发和部署过程中遵守道德原则。

(2)在国际范围内推广人工智能治理的最佳实践,增强新加坡的全球竞争力。

2. 框架的核心内容

框架从九个维度旨在构建一个可信赖、能够鼓励创新,以及降低风险的生态系统,包括：

(1)问责制:确保开发和使用人工智能系统的各方(例如,开发者、运营商、用户等)对人工智能的决策和行为负有明确责任。确保在人工智能系统发生问题时,存在能够追溯责任方并进行问责的机制。

(2)数据:强调数据的质量、完整性和透明度。人工智能系统的有效性和公正性依赖于数据的质量,因此,确保数据收集和使用的透明性、合法性和数据保护是至关重要的。

(3)可信的开发和部署:在人工智能系统的开发和部署过程中,确保遵循明确的道德标准和技术规范,增强系统的可靠性和可信度。开发和部署人工智能系统时,要确保透明性、合规性和公平性。

(4)事件报告:建立机制报告和处理人工智能系统在使用过程中发生的异常情况和事故。确保用户、开发者和相关机构能够及时发现并报告潜在的风险或错误,及时进行干预和改正。

(5)测试和保证:在人工智能系统的开发和部署之前,引入第三方进行充分的测试,以确保系统的稳定性、安全性和功能性。包括对算法的测试、对系统性能的验证等,确保系统符合预期并能够应对实际环境中的挑战。

(6)安全性:人工智能系统必须具备强大的安全性,防止遭受网络攻击、数据泄露等威胁。系统应经过严格的安全审查,确保在不同情况下的数据保护和功能不受侵犯。

(7)内容来源:确保人工智能系统使用的数据和信息来源合法、可信,并且符合道德标准。人工智能系统的决策和输出应基于高质量的数据和信息,避免使用不可靠或偏见的内容。

(8)安全和一致性研发:在人工智能系统的研发过程中,确保所有实验和开发活动符合安全标准和人类价值,并且在长期使用中保持一致性。研发过程中要预见到人工智能系统可能产生的潜在风险,并采取措施进行规避。

(9)用于公共利益的人工智能系统:强调人工智能系统应当为社会和公共利益服务,尤其是在健康、教育、环境保护等领域。人工智能系统的应用应该有助于推动社会福祉,促进可持续发展。

新加坡在人工智能治理方面展现出了独特的领导力和系统性,逐步构建了兼顾创新与合规的政策和法规框架。尽管目前尚未制定针对人工智能的专门立法,但通过现有的法律体系、政策指引和实践工具,新加坡已成功建立了一个多层次的人工智能治理体系。

首先,新加坡的《个人数据保护法》为人工智能技术的数据使用奠定了重要基础,通过保护数据隐私、加强透明性和问责机制,确保人工智能技术能够以负责任的方式开发和应用。这不仅增强了公众对人工智能的信任,也提升了新加坡在国际数据治理领域的声誉。

其次,生成式人工智能的兴起对版权保护提出了新的挑战,新加坡通过对《2021年版权法》的调整,逐步探索解决人工智能生成内容的归属权和使用合法性问题。

再次,在金融领域,新加坡通过实施 FEAT 原则,推动金融机构采用透明、公正、负责任的人工智能应用实践。这些原则与工具的实施,不仅在金融科技领域设立了标杆,也体现了新加坡在人工智能治理中的务实性和前瞻性。

最后,人工智能治理模型框架的持续更新,特别是针对生成式人工智能的治理要求,为全球人工智能治理探索提供了重要经验,推动了人工智能技术的安全应用与国际竞争力的提升。

(五)未来人工智能治理实践

新加坡未来的人工智能治理或许以系统性和前瞻性为核心,通过立法完善、数据治理和技术伦理等多维度努力,为人工智能技术的负责任应用提供更全面的框架保障。具体而言,新加坡可能在以下几个方面继续深化其治理实践:

(1)制定专门人工智能立法:随着人工智能技术的复杂性日益提升,其在社会、经济等多个领域的深远影响引发了法律与伦理的多重挑战。为了应对这些问题,新加坡可能出台专门的人工智能法规,为人工智能的开发、应用和治理提供明确的法律依据。这些法规可能涵盖生成式人工智能的版权归属、算法透明性、责任分配等关键领域,从而为人工智能的长期安全发展奠定法治基础。即使新加坡短期内没有制定专门的人工智能相关法律,新加坡政府也可以制定灵活合理的监管政策,减少因算法偏见或不当使用带来的社会风险,从而促进负责任人工智能技术的发展与应用。

(2)数据治理:新加坡会进一步推动数据共享与隐私保护的平衡,完善《个人数据保护法》,在保护个人隐私的同时,支持数据分享与训练的合法化。

(3)支持公共利益导向的人工智能应用:为了促进社会福祉,新加坡会更加注重人工智能应用的可持续发展,并进一步注重技术创新与伦理规范的同步推进,以确保人工智能技术在应用过程中始终遵守公平、透明和问责的原则。

通过这些举措,新加坡的人工智能治理不仅为技术发展提供了配套支持,更体现了在国际竞争中保持技术与社会和谐发展的深远目标。在未来,随着技术的不断进步和全球治理需求的加速增长,新加坡有望在人工智能治理领域继续引领潮流,推动全球人工智能技术朝着更加负责任、安全和可持续的方向迈进。

五、韩国

人工智能技术的迅猛发展正在重塑全球产业格局与社会治理模式。韩国作为全球科技创新的重要参与者,于2024年通过整合19项分散提案,颁布了《人工智能发展和建立信任基础等基本法案》(以下简称《人工智能基本法》)。该法案于2024年12月26日通过,计划于2026年1月正式实施,标志着韩国是继欧盟之后,全球第二个通过人工智能专项立法的国家。这一法案的制定背景源于人工智能技术的爆发式增长及其引发的伦理与安全争议,促使韩国政府通过立法平衡技术创新与社会风险。法案的核心目标在于构建"人工智能健康发展"与"社会信任基础"并重的治理框架。其制定过程与韩国"数字新政 2.0"战略相呼应,体现了韩国在人工智能领域的战略意图:通过顶层设计整合碎片化政策,强化国家战略统筹,同时,回应欧盟《人工智能法》等的竞争压力,确保韩国在全球人工智能标准制定中的话语权。法案不仅覆盖技术研发、产业振兴、伦理规范等全周期内容,还采用了与欧盟《人工智能法》类似的基于风险的监管模式,对高影响人工智能和生成式人工智能进行分类监管,体现了全球人工智能治理的一种趋势。本部分从立法目标和立法原则,核心定义,适用范围与效力位阶,治理体系,产业发展支持,伦理规范与风险防范、实施和监督机制六个方面对韩国《人工智能基本法》①进行系统性梳理,向读者呈现韩国人工智能立法的最新成果。

(一)立法目标和立法原则

《人工智能基本法》的立法目的在于通过规定人工智能健康发展、建立人工智能社会信任基础所需的基本事项,保护国民的权益与尊严,提升国民生活质量,并增强国家竞争力。为实现这一目标,法案确立了三项基本原则:一是安全性、可靠性优先原则。即人工智能技术的开发必须以提高系统安全性和可靠性、改善人民生活质量为核心方向。在医疗诊断等高风险的关键领域,系统的安全性直接关系到用户的生命安全和健康。这一原则强调在人工智能快速发展的过程中,必须确保技术的安全性,避免潜在的技术故障和意外,从而增强公众对人工智能的信任。二是受影响者知情原则。即在技术可行的范围内,应向因人工智能产品或服务而严重影响自己生命、身体安全及基本权利者提供标准、原理等方面明确、有意义的解释。这一原则体现了对人类基本权益的尊重,确保受到人工智能影响者能够理解人工智能决策的依据和逻辑。三是政府支持原则。即国家和地方政府需制定政策,为营造安全的人工智能使用环境而努力,并帮助国民适应人工智能引发的社会变革。这一原则体现了在人工智能快速发展冲击社会结构和传统就业岗位的背景下,政府应当采取积极有为的举措协调科技发展的基本要求和社会风险增加

---

① 关于韩国《人工智能基本法》的详细规定,可在韩国"国家法律信息中心官网"查询(https://www.law.go.kr/LSW/main.html)。

之间的矛盾,从而实现新技术革命下的社会转型。

(二)核心定义、适用范围与效力位阶

《人工智能基本法》对12项关键术语进行了明确定义,包括:(1)人工智能,指人类智力能力(如学习、推理、感知、判断和语言理解等)的电子实现形式。(2)人工智能系统,指以人工智能为基础的系统,它可以通过不同程度的自主性和适应性,为实现既定目标作出影响现实和虚拟环境的预测、建议、决策等推理输出。(3)人工智能技术,指实现人工智能所需的硬件、软件技术或应用技术。(4)高影响人工智能,指在能源、医疗、刑事侦查等11个高风险领域应用,可能对人类生命、人身安全和基本权利产生影响或造成危险的人工智能系统。(5)生成式人工智能,指通过模仿数据输入的结构和特点,生成文字、声音、图像、视频及其他各种结果的人工智能系统。(6)人工智能产业,指利用人工智能或人工智能技术开发、制造、生产、销售人工智能产品或提供人工智能服务的产业。(7)人工智能经营者,指从事人工智能开发或应用等人工智能产业相关业务的法人、团体、个人和国家机构。(8)用户,指接受人工智能产品或服务的主体。(9)受影响者,指生命、人身安全和基本权利受到人工智能产品或服务严重影响的主体。(10)人工智能社会,指通过人工智能在产业、经济、文化、社会、政务等各领域创造价值、引领发展的社会。(11)人工智能伦理,指为建设安全可靠的人工智能社会,以人类尊严为基础保护公民权益、生命和财产安全,社会成员在人工智能的开发、提供和使用等各个领域应遵守的伦理标准。

在适用范围上,《人工智能基本法》采用"效果原则",规定即使是在国外实施的行为,只要对韩国市场或用户产生影响,即适用该法。同时,法案明确规定,与国防与国家安全相关的人工智能不适用本法,体现了国家安全和国防利益的优先性。

在效力位阶上,《人工智能基本法》规定,有关人工智能其他法律的制定、修改都必须符合该法的目的。在关于人工智能的基本概念上,除非其他法律有特别规定,否则应采用《人工智能基本法》的规定。由此确立了韩国《人工智能基本法》在韩国人工智能立法领域的"宪法"地位。

(三)治理体系

《人工智能基本法》通过设立国家人工智能委员会、制订人工智能基本计划、设立人工智能政策中心和人工智能安全研究所,构建起多层次的人工智能治理体系。

1. 国家人工智能委员会

为审议和表决人工智能发展的主要政策,《人工智能基本法》设立了隶属于总统的国家人工智能委员会。国家人工智能委员会由包括委员长和副委员长在内的45名以内委员组成,总统任委员长,确保政策的执行力;专家委员必须占比过半数且禁止单一性别主导,避免决策偏见。国家人工智能委员会的职能是负责审议人工智能基本计划、促进人工智能应用、规范高影响人工智能、推动国际合作等相关事项。可见,国家人工智能委员会的设立旨在确保人工智能政策的制定和实施具有高度的权威性和专业性。

2. 人工智能基本计划

《人工智能基本法》规定科学技术信息通信部(以下简称"科技部")长官需每三年制订一次人工智能基本计划,涵盖人工智能政策的基本方向、专业人才培养、伦理推广、技术开发及产业振兴等七大领域。基本计划的制订需经过国家人工智能委员会的审议,并在实施过程中接受监督和评估。其制定和执行机制具有两大特点:一是跨部门协同机制,即科技部长官可以要求中央行政机关、地方政府及公共机构提供制定基本计划所需的资料,相关机关负责人必须遵从,而中央行政机关和地方政府在政策制定和执行中应当对基本计划予以考虑;二是动态调整机制,即允许总统令对基本计划进行"细微修改"。

3. 人工智能政策中心与人工智能安全研究所

《人工智能基本法》规定设立人工智能政策中心和人工智能安全研究所。人工智能政策中心负责提供基本计划制定的专业技术支持,并开展人工智能相关政策的开发和国际规则制定工作。人工智能安全研究所则专注于人工智能安全相关风险的定义、分析及政策研究,为确保人工智能系统的安全性提供技术支持。

(四)产业发展支持

《人工智能基本法》规定政府应当为人工智能产业发展提供支持,包括支持技术的开发、安全使用并推进标准化工作,建立学习用数据相关政策,支持中小企业发展和人工智能创业,推进国际合作和海外市场拓展,促进产业融合与集成化,推动基础设施建设,培养与支持国内外专业人才,设立韩国人工智能振兴协会等。

1. 技术的开发、安全使用与推进标准化工作

《人工智能基本法》强调政府需支持人工智能技术的开发和安全使用,包括国内外技术动向调查,技术研发、试验及评价等。此外,政府还需推进人工智能技术的标准化工作,制定相关标准并推动其普及,同时,加强与国际化标准组织的合作。

2. 数据政策

为促进人工智能的发展,《人工智能基本法》提出了建立学习用数据相关政策。政府需推进数据的生产、收集、管理、流通及利用,并构建可以综合提供、管理学习用数据的系统("综合提供系统"),以便民众能够自由使用学习用数据。这一措施旨在为人工智能技术的发展提供充足的数据支持。

3. 中小企业与人工智能创业支持

《人工智能基本法》特别关注中小企业和创业者的利益,要求政府在实施人工智能技术及产业相关支持政策时优先考虑中小企业。此外,政府还需推进人工智能产业领域的创业活动,包括创业者发掘、培养、教育、培训及金融支持等。

4. 国际合作与海外市场拓展

《人工智能基本法》规定韩国政府需掌握人工智能相关的国际动向,并推进国际合作;还规定政府需支持人工智能产业的海外市场拓展,包括国际交流、信息收集、共同研发及国际标准化等。这一措施旨在提升韩国在全球人工智能领域的竞争力。

5. 产业融合与集成化

《人工智能基本法》强调促进人工智能产业与其他产业融合,并激活人工智能在各领域的应用。政府将制定并实施必要的政策,支持人工智能融合产品和服务的开发,并将相关研发课题优先纳入国家研发项目。此外,政府将推进人工智能相关的研发组织实现功能性、物理性、区域性集成,并可指定人工智能集成园区,进行行政、财政、技术上的支持。

6. 基础设施建设

《人工智能基本法》规定政府需建设、运营人工智能经营者技术试验、评价所需的基础设施。此外,政府将推进人工智能数据中心的建设运营,为中小企业、研究机构等提供使用支持,并推动人工智能相关基础设施在各地区

均衡发展。

7. 专业人才培养与支持

《人工智能基本法》规定政府将根据相关政策,培养和支持人工智能相关的专业人才,并推进海外专业人才引进。此外,政府将支持国内人工智能研究机构的海外拓展及海外人工智能研究机构的国内引进,以确保人工智能相关的海外专业人才能够在国内就业。

8. 设立韩国人工智能振兴协会

《人工智能基本法》规定设立韩国人工智能振兴协会,以促进人工智能的开发和利用、人工智能产业及其技术的振兴,以及人工智能相关的教育、宣传等。

(五)伦理规范与风险防范

为建设安全可靠的人工智能社会,《人工智能基本法》对人工智能伦理原则的制定和实施,以及经营者的风险防范义务作出详细规定。

1. 伦理原则的制定与实施

为推广人工智能伦理原则,《人工智能基本法》规定政府需制定并公布人工智能伦理原则,涵盖安全性和可靠性原则、可访问性原则、社会贡献原则(即对人的生活和繁荣作出贡献的原则)三项基本原则。此外,为遵守人工智能伦理原则,该法案鼓励设立民间自律人工智能伦理委员会,负责确认人工智能技术是否遵守伦理原则,并开展相关调查和监督工作。

2. 经营者的透明性与安全性义务

《人工智能基本法》要求人工智能经营者在提供高影响人工智能或生成式人工智能的产品和服务时,需事先告知用户相关事实,并标明结果是由人工智能生成的。此外,经营者还需采取风险识别、评估和缓解措施,确保人工智能系统的安全性。

3. 经营者对高影响人工智能的管理义务

对于高影响人工智能,《人工智能基本法》规定经营者需采取额外措施,包括制定风险管理方案、提供用户保护方案、确保人为管理与监督等。此外,经营者还需在提供高影响人工智能之前,向科技部长官申请确认其是否属于高影响人工智能。

4. 经营者的影响评价义务

根据《人工智能基本法》规定,人工智能经营者在提供基于高影响人工智能的产品或服务时,应尽可能事先评估其对人的基本权利可能产生的影响("影响评价")。影响评价的核心目的是在人工智能系统投入实际应用之前,识别和评估其可能对个人或群体基本权利产生的潜在影响,从而采取相应的预防或缓解措施。此外,国家机关在计划使用基于高影响人工智能的产品或服务时,应优先考虑已实施影响评价的产品或服务。

5. 经营者的指定国内代理人义务

对于在国内没有地址或营业场所的人工智能经营者,若其用户数量、销售额等符合总统令规定的标准,必须以书面形式指定一名国内代理人,并向科技部长官申报。国内代理人的职责包括申请确认是否属于高影响人工智能、支持安全性和可靠性措施的执行等。此外,若国内代理人在相关事项中违反本法,视为指定该国内代理人的人工智能经营者实施了该行为。这一措施旨在确保境外人工智能经营者能够遵守韩国的法律法规,履行相应的义务。

(六)实施与监督机制

《人工智能基本法》通过财源保障、数据驱动、权限下放、动态监管、责任扩展、刑事威慑与行政处罚七个方面的机制设计,构建起覆盖资源调配、行政执行、合规监督、违法惩戒的全链条管理体系,确保法律实施和监督效力。

1. 财源扩充与支援机制

国家需制定持续稳定的财源扩充方案,保障人工智能基本计划及配套政策推进。科技部长官可劝告公共机构对人工智能产业提供支援,中央行政机关与地方政府应制定激励措施,引导民间资本投入人工智能产业振兴事业,同时,优化投资资源配置效率。

2. 数据统计与政策支撑体系

科技部与统计厅协同制定人工智能产业实况调查、统计及指标,并与《科学技术基本法》[①]第26条之2的统计体系衔接。相关数据用于基本计划制定与政策评估,科技部可要求中央行政机关、地方政府及公共机构提供数据支持,确保信息全面准确。

3. 行政分权与专业委托制度

中央行政机关可将部分权限委任至地方政府(如特别市市长、道知事

---

① 关于韩国《科学技术基本法》的详细规定,可在韩国"国家法律信息中心官网"查询(https://www.law.go.kr/LSW/main.html)。

等),地方政府可二次委任至基层行政单位。政府可将人工智能技术开发、数据管理、检验认证等业务委托给专业机构或团体,并提供行政与财政支持,包括技术开发支援、数据流通管理、创业促进等七类事务。

4. 动态监管与违规处置

科技部发现经营者涉嫌违反透明性与安全性,以及对高影响人工智能的管理义务时,有权要求经营者提交资料或开展现场调查(依据《行政调查基本法》[1]程序)。确认违规后,可下达中止或纠正命令。调查人员可进入经营场所检查账簿、文件等资料。

5. 特殊主体法律适用规则

人工智能委员会的非公务员委员在涉及韩国《刑法》第129条至第132条(分别为受贿、事前受贿罪,向第三方行贿罪,受贿后不正处事、事后受贿罪,斡旋受贿罪)[2]处罚时,视为公务员;受委托机构职员执行政府委托的人工智能技术开发、数据管理、检验认证等业务时,适用韩国《刑法》第127条(公职人员泄露职务秘密罪)及第129条至第132条处罚时,亦视为公务员,从而确保法律约束的全覆盖。

6. 机密保护与刑事追责

对于人工智能委员会委员违反《人工智能基本法》规定的泄露职务机密或滥用信息的,处3年以下有期徒刑或3千万韩元以下罚款,以强化人工智能核心技术及业务数据的保护力度。

7. 违反义务的行政处罚

对于经营者未履行高影响人工智能告知义务、未指定国内代理人、拒不执行中止或纠正命令三类行为处以3千万韩元以下罚款,罚款由科技部直接征收。

---

[1] 关于韩国《行政调查基本法》的详细规定,可在韩国"国家法律信息中心官网"查询(https://www.law.go. kr/LSW/main.html)。

[2] 关于韩国《刑法》的详细规定,可在韩国"国家法律信息中心官网"查询(https://www.law.go. kr/LSW/main.html)。

第九章　开阖之间：从全球视野到谋划中国图景

在经济全球化浪潮势不可挡的时代背景下，人工智能产业跨国性发展的特点尤为突出。从现有的实践来看，中国、美国、欧盟等对人工智能的治理形成了"你中有我，我中有你"的格局。因此，必须从全球视野出发总结已有的经验，进而构建具有中国特色、符合中国国情、利于涉外治理完备且有效的中国人工智能治理体系。同时，也为全球人工智能治理工作提供中国方案和中国智慧，促进全球各国在人工智能治理领域达成共识，逐步推动数据流通、算法治理、版权保护等方面形成统一的国际治理规范。此外，这对于作为中国"人工智能重镇"的首都北京，亦具有极大的启示意义。

一、现有经验：他山之石，可以攻玉

对于人工智能治理工作，各个国家、地区相继出台了众多的规范性文件予以支持。这对中国完善人工智能治理体系提供了宝贵的经验。尽管囿于国家体制的不同，各个国家、地区对人工智能治理的模式千差万别，但对我国而言，仍然有重要的借鉴意义。

美国对人工智能的治理呈现出软性顶层设计和硬性地方性法规结合的特点。在联邦层面，美国没有通过或直接通过任何监管人工智能的法案，而仅限于总统发布的行政命令。根据行政命令的要求，美国联邦机构或其下属部门可能会发布一系列政策、标准或声明。在地方层面，美国各州的自治性较强，通过立法对本区域范围内的人工智能进行治理的做法较为常见。犹他州和科罗拉多州已经通过了相关的人工智能立法工作，康涅狄格州、加州等也正在推动相关的立法工作。此种治理模式较为灵活，可在一定程度上平衡安全发展和创新风险之间的关系。

欧盟秉承规制的理念实现对人工智能的治理。其整体的规制体系主要由三部分组成，即以行政监管为主导的政府规制、以企业合规为主的自我规制和介于二者之间的合作规制。如前所述，这三种规制手段得到了欧盟《人工智能法》的确认。在政府规制方面，按风险等级分类，实施差异化的行政监管。在自我规制方面，通过企业自身的合规建设，实现自我治理的目标。在合作规制方面，通过政策制定者、行业专家、技术开发者和民间团体在内的各利益相关方共同参与人工智能治理，提高人工智能治理的效能。此种治理模式可以极大调动相关利益主体的积极性，有利于形成多方参与、协同统一的治理格局。

英国对于人工智能采取了基于原则且以行业为主导的灵活分散式治理模式。英国发布的《促进创新的人工智能监管方法》白皮书确立的五项核心原则包括：(1)安全性、保密性和稳健性；(2)适当的透明度和可解释性；(3)公平原则；(4)问责和治理；(5)可争议性和补救措施。行业主导治理模式则是在这些原则的指导下，各部门监管机构需要根据其管辖领域的特殊需求和挑战，制定更有针对性的人工智能治理原则，以实现不同应用场景差异化的监管。此种治理模式兼顾原则性与灵活性的特点，能够实现对人工智能实践中出现的问题进行有效规制。

日本在人工智能治理方面倾向于采取柔性规范与行为指引的方式。其原因在于日本政府认为传统上以法律法规为主导的治理模式难以应对技术快速迭代带来的法治难题。推动本国人工智能的健康发展也是一个重要的考虑。此种治理模式有利于实现人工智能的创新发展，促进其在应对人口老龄化、低生育率等社会性挑战上发挥更大的作用。

加拿大、澳大利亚、新加坡等国家正在探索人工智能的治理模式，虽然注重借鉴美国、欧盟等其他国家和地区的治理经验，但均根据自身国情进行本土化治理。此种治理模式有利于推进国内与国际在人工智能治理领域的衔接协调，也有助于完善国家自身的人工智能治理体系，并提高治理的效能。

总体而言，各个国家、地区的人工智能治理模式均有其独特的作用。这对于中国的人工智能治理有着很强的借鉴意义。从横向来看，各个国家、地区的人工智能治理模式为中国的人工智能治理提供了有益的参考。但需要注意的是，其能够有效发挥作用有赖于各个国家、地区结合自身的具体情况。中国在借鉴他国经验的同时，也需要根据自身情况进行科学合理评估并适当进行本土化改造。从纵向来看,中国以往的治理框架是完善人工智能治理体系的基础,而相关历史经验则是宝贵的借鉴材料。在此过程中,还需要注重与党的领导、人民代表大会制度、司法体制、基层自治等进行协调衔接。

二、立法实践:以人为本,科技向善

中国对人工智能的治理呈现出政策指导和法律规制并行的格局。一方面,党中央、国务院通过出台各类文件,倡导安全与发展并重的理念,明确了"发展为主、控制潜在风险为辅"的战略布局,既注重人工智能产业发展,也重视对相关风险的控制处理。另一方面,与之相关的法律、行政法规、地方性法规、部门规章等规范性文件相继出台,对人工智能应用中的场景进行具体规制。总体上,呈现出分散立法的格局。同时,对人工智能的立法规制从注重安全规范转向为促进激励。中国香港特别行政区则采取"软法先行"的治理策略,明确了人工智能治理的基本理念与发展方向。中国的治理模式契合本土的国情,兼顾了人工智能的发展和治理,更有助于推动人工智能造福人类生活。

目前,中国对人工智能虽未进行专门立法,但也出台了部分相关的规范性文件,以应对人工智能在发展过程中出现的难题。这为接下来的立法实践奠定了相应的基础。对于我们应展望什么样的立法实践这一重大问题,则需要回归我们需要什么样的人工智能这一本质问题。对于这一问题,中国秉持人民至上的崇高理想,坚持以人民为中心的发展理念,注重提高人民群众的获得感、幸福感、安全感。基于此,我们所展望的人工智能立法实践也应是不断完善以人为本、科技向善理念的法律规范体系的过程。同时,这也是确保人工智能始终朝着有利于人类文明进步的方向发展的必然选择。为实现该目标,中国人工智能立法实践至少应涵盖以下五个方面的内容。

第一,坚持党对立法工作的领导。党对立法工作的领导是党的全面领导的重要组成部分。《中共中央关于加强党领导立法工作的意见》强调党对立法工作的领导,必须坚持主要实行政治领导,即方针政策领导。对于人工智能治理,党中央制定和颁布了《中共中央、国务院关于全面推进美丽中国建设的意见》《中共中央关于进一步全面深化改革 推进中国式现代化的决定》等党内法规制度对人工智能的发展和治理提出了立法上的要求。同时,在新一轮党和国家机构的改革中,成立中央科技委员会,加强党中央对科技工作

的集中统一领导,统筹推进国家创新体系建设和科技体制改革,并由其研究审议国家科技发展重大战略、重大规划、重大政策,统筹解决科技领域战略性、方向性、全局性重大问题。这些内容都是当前中国人工智能立法工作的着力点。

第二,构建完备的人工智能伦理体系。伦理被认为是人工智能治理的重要内容。从全球范围来看,人工智能伦理治理过程中普遍存在注重原则层次的价值宣言,但缺乏执行力度的问题。① 对于中国来说,自然也不例外。《数据安全法》《科技伦理审查办法(试行)》等法律法规均重视伦理在人工智能领域的治理作用,但仍未形成较为完备的人工智能伦理体系。《新一代人工智能伦理规范》明确提出人工智能各类活动应遵循增进人类福祉、促进公平公正、保护隐私安全、确保可控可信、强化责任担当、提升伦理素养六项基本伦理规范。为了有效发挥人工智能伦理的作用,需要确定人工智能伦理的边界范围、构建人工智能伦理的规则标准体系、定期评估人工智能伦理的实施情况,以推动人工智能伦理从道德原则转化为可操作、可预期、可计算的伦理合规实践。② 此外,还要注重人工智能伦理对科技创新的激励作用。在人工智能伦理的体系上,将建立伦理规范与行为指南、设立伦理审查与监管机制、实施激励与惩罚措施、加强伦理教育与培训,以及促进公众参与和监督等内容融入其中,实现科技与社会的和谐共生。③

第三,坚持发展与安全并重。科技是一把双刃剑。人工智能在给人类生活带来翻天覆地变化的同时,也不可避免因其具有技术内核的不可知性、应用形式的拟人性、应用场景的多元化、利益主体的交融性、技术风险的未知性、社会影响的复杂性等特点,带来相应的技术风险、政治风险、经济风险、社会风险等影响。④ 面对这些风险,完全抑制人工智能的发展绝非解决问题的办法。发展是安全的基础,安全是发展的条件,应实现人工智能发展和安全并重。⑤ 对此,中国明确提出将"坚持发展和安全并重、促进创新和依法治理

---

① 参见吴红、杜严勇:《人工智能伦理治理:从原则到行动》,载《自然辩证法研究》2021年第4期。
② 参见李学尧:《人工智能伦理的法律性质》,载《中外法学》2024年第4期。
③ 参见郑戈:《人工智能伦理的机制设计》,载《中国法律评论》2025年第1期。
④ 参见侯东德:《发展与安全并重:中国人工智能治理之道》,载《数字法治》2023年第5期。
⑤ 参见刘权:《人工智能发展和安全并重的法治探究——以人形机器人为例》,载《东方法学》2024年第5期。

相结合"作为人工智能治理的基本原则。现有的立法实践通过不同场景的应用,建立相应的规制体系是一个较好的办法。除此之外,还需要贯彻包容审慎的监管理念,通过优化风险管理机制、试验机制、容错机制、参与机制、监督机制等,实现保障人工智能发展与安全并重的目的。①

第四,促进软法与硬法相结合。软法虽然不具备强制约束力,但可通过对行为引导、公众信任、市场预期等因素的作用,对相关治理客体产生间接而有效的影响。因此,在人工智能治理领域,深度融合软法与硬法,形成动态适应的规则体系,可以灵活应对技术快速迭代带来的治理挑战,提高治理的效能。② 在实施层面,立法机关和软法制定主体应该积极协作,整合国家强制与社会自治两种治理资源,构建以"基础性硬法+具体软法规则"为基本框架,实现"硬中有软""软中带硬"的有效衔接与融合。③ 此外,软法与硬法的有效衔接与融合也是整合多方主体力量,实现共建共享的关键。如社会组织是共建共享型法治的重要载体和支撑力量④,对人工智能产业的研发和应用有着举足轻重的作用,可以正确引导其发展的方向,减少治理的成本。

第五,注重涉外法治建设。鉴于中国在人工智能领域的优势地位,其必然会走出国门,产生一系列的涉外纠纷。同时,外国独立研发或中外合作研发的人工智能产品也会涉及相应的涉外纠纷。如何维护国家安全,保护中国企业和公民的合法权益则成为目前亟待解决的难题。《中共中央关于坚持和完善中国特色社会主义制度 推进国家治理体系和治理能力现代化若干重大问题的决定》《中共中央关于进一步全面深化改革 推进中国式现代化的决定》等党内法规制度重视涉外法治建设,完善涉外法律法规体系和涉外法治实施体系,提高涉外法律服务水平。这需要坚持立法先行,立改废释并举,以更好地适应涉外法治工作的新需求。

上述内容为中国人工智能立法实践指明了方向,确保人工智能的发展始

---

① 参见徐磊:《发展与安全并重:生成式人工智能风险的包容审慎监管》,载《理论与改革》2024年第4期。
② 参见张欣:《人工智能治理的全球变革与中国路径》,载《华东政法大学学报》2025年第1期。
③ 参见龙龙:《敏捷治理理念下人工智能软法之治的问题与对策》,载《江汉论坛》2024年第5期。
④ 参见马长山:《从国家构建到共建共享的法治转向——基于社会组织与法治建设之间关系的考察》,载《法学研究》2017年第3期。

终朝着以人为本、科技向善的方向进行。需要指出的是,中国人工智能的立法实践绝不仅仅局限于以上的内容,会随着人工智能的发展而变化。同时,这也意味着需要关注人工智能发展带来的法治难题,并及时调整立法的相关工作,实现以良法促进发展、保障善治的目的。

三、启示意义:法治为基,兼济天下

随着 DeepSeek、豆包、文心一言等国产人工智能大模型的推出,中国在人工智能研发、经济和基础设施方面表现突出,特别是在创新方面增长势头强劲,人工智能专利授权数量领先全球。这意味着中国不仅在全球人工智能产业的发展上具有举足轻重的影响力,而且在全球人工智能治理方面也发挥着重要的作用。譬如,2024 年召开的第 78 届联合国大会上,140 多个国家一致通过中国主提的加强人工智能能力建设国际合作决议。因此,需要认识到中国人工智能治理体系不仅对于自身发挥着重要作用,还影响着全球人工智能治理格局的塑造和完善。可见,中国在全球人工智能领域的重要地位。目光聚焦于北京,这些年,北京市十分注重人工智能产业的政策先行和机制创新,比如,建设数据基础制度先行区;形成"一区三中心"布局,即创建数据要素市场化配置改革综合试验区、国家数据管理中心、国家数据资源中心和国家数据流通交易中心;设立百亿元规模的人工智能产业基金;实施人工智能伙伴计划,汇聚 5 类伙伴 260 家企事业单位;打造"人工智能+"标杆应用工程,培育一批示范性行业应用等。①

在产业促进上,北京市人民政府发布了《北京市加快建设具有全球影响力的人工智能创新策源地实施方案(2023—2025 年)》,明确了人工智能产业的发展目标和重点任务。《北京市促进通用人工智能创新发展的若干措施》从算力资源供给、数据要素供给、技术创新与核心大模型研发、生态构建与风险防范等方面提出了具体措施。在伦理治理与监管上,北京市制定了人工智能领域的科技伦理规范和标准,通过落实《国家人工智能产业综合标准化体系建设指南(2024 年)》,规范人工智能伦理治理要求,包括伦理风险评估,公平性、可解释性等伦理治理技术要求与评测方法等。加强对人工智能在医疗、金融、交通、教育、文化等应用场景中的科技伦理治理,建立健全相关标

---

① 参见《北京人工智能核心产业规模突破 3000 亿元》,载新华网(网址:http://www3.xinhuanet.com/politics/20250111/0690cc2477d54f03b24edb6f1eb3a38e/c.html),访问日期:2023 年 1 月 11 日。

准,明确具体要求。通过建立北京人工智能数据训练基地监管沙盒机制,形成多项人工智能训练数据应用创新机制,向大模型企业模型训练提供"强大算力+海量数据+监管合规"的完整训练要素,成为我国首个将监管沙盒机制应用于人工智能领域的成功案例。探索对人工智能产业实行包容审慎监管,持续推动监管政策和监管流程创新,对具有舆论属性或社会动员能力的人工智能相关互联网信息服务,建立常态化联系服务和指导机制,做好安全评估,推进算法备案,引导创新主体树立安全意识,建立安全防范机制。在数据和算力保障上,正式启用北京人工智能数据训练基地,并配备建立了监管沙盒机制,汇聚公共数据、社会数据等各类高质量数据资源,试点开展针对通用大模型合规训练的"监管沙盒",为数据服务商或大模型企业提供线下数据分类、数据标准化、数据清洗、数据标注、数据优化、数据测试、数据服务、算力服务和模型评测等全流程服务。实施算力伙伴计划,通过与云厂商加强合作,加快归集现有算力,明确供给技术标准、软硬件服务要求、算力供给规模和支持措施,为创新主体提供多元化优质普惠算力,保障人工智能技术创新和产品研发算力需求。同时,加快推动海淀区、朝阳区建设北京人工智能公共算力中心、北京数字经济算力中心,形成规模化先进算力供给能力。

综上所述,从推进中国人工智能治理的整体进程来看,北京市应将国内、国际的相关人工智能治理工作统一考虑,以使得中国在全球人工智能治理体系中发挥更大的作用。

首先,完善法律规范体系,夯实中国人工智能治理的规范基础。《新一代人工智能治理原则——发展负责任的人工智能》明确提出和谐友好、公平公正、包容共享、尊重隐私、安全可控、共担责任、开放协作、敏捷治理八项原则。但这些原则并没有全部转化为法律,并且由于其内涵过于抽象,在实践中也很难得到落实。因此,需要通过制定、修改、解释等立法工作予以细化,北京市要相应做好地方立法的前期工作。同时,还要重视行业规定、企业章程、村规民约等软法的作用,实现软硬法的有序衔接,以形成党委、政府、行业协会、企业、公民个人等多元主体共同参与的治理格局。

其次,注重涉外法治建设,保护国家安全和相关企业、公民的合法权益。由于中美经贸摩擦等不利因素的影响,致使中国高科技企业在海外的合法利益受到不公正的对待。对于人工智能这一科技高地,其面临的情况更为严峻。为应对此种情况,在加强人工智能立法的同时,还要注重国内法与国际法的衔接工作,更好地维护国家安全和相关企业、公民的合法利益。同时,还要加强涉外执法司法合作,维护中国人工智能立法的权威性。这不仅要整合涉外执法资源,实现海关、市场监督管理、税务等部门之间的协调统一,还要积极与其他国家和地区的司法机关开展司法协助、引渡、送达文书、调查取证等方面的合作。必要时,国家应当与更多国家和地区签订国际司法协助条约、引渡条约等文件,减少跨境司法合作的阻碍。北京市要率先开展相关研究,研提与涉外有关的制度。此外,还要加强涉外法治人才的培养工作,为涉外法治建设工作提供强有力的人才支撑。

最后,积极参与国际合作,助力全球人工智能治理体系的塑造。中国在人工智能的发展与治理方面有着重大的影响力,自然也需要承担更多的责任。对此,2024年6月20日,习近平总书记在向2024世界智能产业博览会致贺信中指出,"中国愿同世界各国一道,把握数字化、网络化、智能化发展机遇,深化人工智能发展和治理国际合作,为推动人工智能健康发展、促进世界经济增长、增进各国人民福祉而努力"。① 因此,中国需要认识到在人工智能治理领域加强国际合作的重要性,积极参与国际规则的制定与协调,推动形成一套全球普遍认可的人工智能治理规则框架,减少不同国家和地区之间的法律冲突和监管差异。北京市应积极争取成为全球人工智能治理的"标杆城市"。

他山之石,可以攻玉。通过借鉴各国的治理经验,可以促使中国人工智能的治理工作少走很多弯路。但也需要认识到,因地制宜、因时制宜、因事制宜地创新治理模式才是实现中国人工智能治理稳步前进的根本之路。人工智能的发展带来的挑战是前所未有的,其应对之策也需要在一步步地探索之中方能得出。可以预见,不仅是首都北京,中国的人工智能治理乃至全球人工智能治理的道路亦任重而道远。

---

① 《共创共享 携手并进——习近平主席致二〇二四世界智能产业博览会贺信引发业界强烈共鸣》,载《新华每日电讯》2024年6月22日,第2版。

附录:2024年全球人工智能大事件回顾

一、科技篇

(一)美国

1. 2024年2月16日,OpenAI发布视频生成模型Sora。

可根据文本描述生成长达1分钟的高质量视频,显著提升影视、教育等领域的创作效率。

2. 2024年3月29日,OpenAI推出"语音引擎"工具Voice Engine。

仅需15秒语音样本即可精准模仿用户声音,推动语音合成技术突破。

3. 2024年4月18日,英特尔发布神经形态计算机Hala Point。

包含11.52亿人造神经元,每秒执行380万亿次突触操作,模拟人脑处理和存储效率。

4. 2024年4月18日,Meta发布开源Llama 3系列模型。

Meta发布两款开源Llama 3 8B与Llama 3 70B模型,参数规模达4050亿,性能媲美闭源模型,推动开源生态发展。

5. 2024年4月23日,微软推出Phi-3系列轻量模型。

支持移动端部署,在资源受限设备上实现高效人工智能推理。

6. 2024年6月20日,Anthropic发布Claude 3.5 Sonnet。

在研究生水平推理、编码能力、文本推理等方面的成绩均好于GPT-4o,性价比显著提升。

7. 2024年12月5日,OpenAI发布完整推理模型o1。

更擅长编程、数学和写作,是更快且更强大的推理模型,多模态支持图像识别,处理复杂问题的错误率大幅降低。

8. 2024年12月10日,谷歌发布量子芯片Willow。

实现了量子计算领域30年来的关键性突破,5分钟即可完成当今计算机要10尧(10的25次方)年才能完成的任务。

(二)日本

1. 2024年4月9日,微软宣布将在未来两年内对日本投资约29亿美元(约合209.96亿元人民币),用于日本云计算和人工智能领域的发展,是微软在日本市场最大的一笔投资。同时,微软还将扩大在日本的数字培训项目,未来3年向超300万人提供人工智能技能。

2. 2024年4月15日,OpenAI首个亚洲办公室落地日本东京,并为日企提供日语版GPT-4。

3. 2024年4月18日,甲骨文公司宣布就云计算和人工智能领域,未来十年内在日本投资80亿美元。

4. 2024年5月,日本软银集团会长兼社长孙正义提出的"AI革命"开始启动。软银集团计划以AI半导体为突破口,将业务扩大到数据中心、机器人、发电等行业。预计投资额最高可达到10万亿日元规模。

5. 2024年6月4日,日本通过2024财年"综合创新战略",指出在劳动力不足背景下,要加快人工智能和机器人技术应用。针对人工智能发展带来的虚假信息扩散和犯罪等问题,将在人工智能战略会议下新设专家咨询小组,讨论规范可能被滥用的人工智能,推动技术研发以加强对人工智能生成内容的核实,防止虚假信息扩散。

6. 2024年9月4日,英伟达宣布参与日本人工智能研发初创公司Sakana AI的一轮规模超过1亿美元的融资,是英伟达截至目前在日本人工智能领域进行的最大投资之一。双方将围绕前沿技术研究、数据中心接入和"人工智能社区建设"方面开展多方位的合作,推动日本人工智能产业发展。

7. 2024年11月11日,日本首相石破茂发表讲话,承诺日本政府到2030财年将向半导体和人工智能行业提供超10万亿日元(约合4688亿元人民币)支持,寻求在未来10年内吸引超50万亿日元的公共和私人投资,以期跟上全球对尖端技术的投资热潮。

(三)中国

1. 中国自主研发的视频大模型Vidu正式上线。

2024年4月27日,中国自主研发的视频大模型Vidu正式上线,并开放文生视频和图生视频两大核心功能,首发"主体参照"功能,使得视频生成更加稳健。

2. 百度无人驾驶车"萝卜快跑"大规模铺开。

2024年5月15日,百度旗下的自动驾驶网约车平台"萝卜快跑"在武汉市正式投入运营,标志着自动驾驶技术应用在中国武汉市取得了重要里程碑。此次运营不仅展示了百度在自动驾驶领域的技术实力,也为市民提供了全新的出行选择。

(四)加拿大

2024年,诺贝尔物理学奖得主、被誉为"人工智能之父"的杰弗里·辛顿(Greoffrey Hinton),以及同被称为"人工智能之父"的约书亚·本吉奥(Yoshua Bengio)均来自加拿大,二人还因在深度学习方面的开创性研究成果与杨立昆(Yann LeCun)共同荣获了2018年的图灵奖。

(五)新加坡

1. 新加坡作为全球技术中心之一,在人工智能的发展与治理方面始终处于领先地位。根据 Tortoise Media 于2024年9月发布的2024年全球人工智能指数(Global AI Index),新加坡稳居全球第三,仅次于美国和中国。

2. 2024年6月5日,在新加坡举行的2024年亚洲人工智能(AI Apex Asia 2024)首届峰会圆满落幕。

二、治理篇

(一)美国

1. 2024年5月,美国商务部国家标准与技术研究院发布非强制性指引《降低合成内容带来的风险》(Reducing Risks Posed by Synthetic Content)。

该文件分析了人工智能合成内容的潜在风险并提出了相应措施。

2. 2024年7月,美国商务部国家标准与技术研究院发布非强制性指引《人工智能风险管理框架:生成式人工智能概述》(Artificial Intelligence Risk Management Framework: Generative Artificial Intelligence Profile)。

该文件旨在配合《安全、可靠和值得信赖地开发和使用人工智能的行政命令》的履行,作为人工智能风险管理框架的配套资源,它可以帮助组织识别生成式人工智能带来的独特风险,并提出最符合其目标和优先事项的生成式人工智能风险管理行动。

3. 2024年7月,美国商务部国家标准与技术研究院发布非强制性指引《生成式人工智能及两用基础模型的安全软件开发实践》(Secure Software Development Practices for Generative AI and Dual-Use Foundation Models)。

该文件旨在帮助软件开发人员减轻生成式人工智能和双重用途基础模型带来的风险,降低用于人工智能系统训练的数据。

4. 2024年10月,拜登政府发布非强制性指引《推进政府负责任地采购人工智能备忘录》(Memorandum for the Heads of Executive Departments and Agencies)。

该备忘录旨在确保联邦机构在采购人工智能时,适当管理风险和绩效,促进竞争性市场,并治理和管理与采购人工智能相关的业务流程。

5. 2024年10月24日,拜登政府发布非强制性指引《关于推进美国在人工智能领域的领导地位;利用人工智能实现国家安全目标;以及促进人工智能的安全、可靠和可信性的备忘录》(Memorandum on Advancing the United States' Leadership in Artificial Intelligence; Harnessing Artificial Intelligence to Fulfill National Security Objectives; and Fostering the Safety, Security, and Trustworthiness of Artificial Intelligence)。

该备忘录旨在要求联邦政府采用人工智能来推进国家安全使命,包括确保这种采用反映民主价值观并保护人权、公民权利、公民自由和隐私。并寻求围绕人工智能的使用制定国际规范,以及采取行动,跟踪和反击对手出于国家安全目的而开发和使用人工智能。

(二)英国

1. 2024年2月6日,英国政府发布了新的政策文件《促进创新的人工智能监管方法:政府回应》(A Pro-Innovation Approach to AI Regulation: Government Response)。

该文件对公众反馈意见中所提及的民主法治、监管效能,以及救济渠道等方面的关切予以回应,并表示政府将继续坚持并进一步完善现有的促进创新监管方案。

2. 2024年5月28日,英国议会下议院(House of Commons)发布了有关人工智能治理的委员会三期报告。

该报告梳理了国内外在人工智能治理和监管方面的最新发展动态。同时,报告重新分析了人工智能治理所面临的诸多挑战,并就决策者如何应对这些挑战提出建议。

3. 2024年7月17日,英国国王查尔斯在公开演讲中提出,政府考虑通过立法手段,规范大型人工智能模型的开发活动,并将对相关开发主体提出具体要求。与白皮书中所倡导的灵活、非约束性监管方法相比,该讲话表露出加强监管的政策导向。

4. 2024年7月26日,英国科学、创新和技术部委托制定《人工智能行动计划》(AI Action Plan),旨在系统推进人工智能技术在经济发展和公共服务领域的创新应用。

该计划将从基础设施需求评估、高端人才引进,以及技术推广应用等多个维度展开工作,促进人工智能在公共部门和私营领域的深度融合。该计划已于2025年1月13日正式推出。

5. 2024年10月7日,英国政府发布了题为《人工智能的伦理、治理与监管:前瞻性研究》(Artificial Intelligence: Ethics, Governance and Regulation-Horizon Scanning)的战略研究报告。

该报告总结了英国人工智能技术发展所面临的潜在机遇与挑战,并指出了议会在制定人工智能监管政策时应当着重关注的部分议题。

(三)日本

1. 2024年1月19日,日本总务省与经济产业省联合发布《人工智能运营商指南(草案)》并向公众征求意见。该草案旨在为商业活动中运用人工智能的各类主体提供全面且清晰的指引。它将主体分为人工智能系统开发者、提供者和利用者三类,针对每类主体在人工智能开发、供应、使用的各个环节,从数据获取与管理、模型训练优化、算法设计解释、服务提供保障到应用反馈改进等多方面,给出了具体且具备实操性的建议,助力企业在人工智能业务开展中做到合规、高效。

2. 2024年3月15日,日本文化厅发布《关于对AI与著作权的思考》。该文件从人工智能开发学习是否可利用有著作权的数据、人工智能生成作品构成著作权侵权的要件、人工智能生成作品的著作权问题3个方面对现行著作权法的原则进行解释,并说明了适用范围及例外情形。

3. 2024年4月19日,日本经济产业省发布《AI企业指引(1.0版)》,为人工智能企业的发展提供参照和指引,适用对象涵盖人工智能系统与服务的开发者、人工智能服务的提供者、人工智能服务的利用者三方。

4. 2024年5月22日,日本发布《关于人工智能制度的思考》。该文件对今后日本完善人工智能制度提出了总体构想,并明确针对生成式人工智能产生的虚假信息问题,由日本总务省负责制定对策措施。

5. 2024年7月,日本设立"AI制度研究会",进一步研究推进人工智能相关制度体系的建立。同月,日本经济产业省发布《生成式人工智能在内容制作中的应用指南》,指明了生成式人工智能在游戏、动漫、广告等内容产业中的应用方向,总结归纳了日本的使用实例和相关法律问题,是日本人工智能新法出台前的又一重要指导性文件。

(四)中国

1. 2024年1月18日,工业和信息化部等七部门发布了《关于推动未来产业创新发展的实施意见》(以下简称《实施意见》)。

《实施意见》提出到2025年,我国未来产业技术创新、产业培育、安全治理等全面发展,部分领域达到国际先进水平,产业规模稳步提升。建设一批未来产业孵化器和先导区,突破百项前沿关键核心技术,形成百项标志性产品,初步形成符合我国实际的未来产业发展模式。到2027年,未来产业综合实力显著提升,部分领域实现全球引领。关键核心技术取得重大突破,一批新技术、新产品、新业态、新模式得到普遍应用,形成可持续发展的长效机制,成为世界未来产业重要策源地。

2. 2024年3月15日,国家市场监督管理总局、国家标准化管理委员会发布了《人工智能 机器学习系统技术要求》(以下简称《技术要求》)。

《技术要求》是我国制定的机器学习系统技术标准,涉及系统框架、功能、工具、运维管理、可靠性、维护性、兼容性、安全性和可扩展性等方面。该标准旨在推动人工智能产业规范化、标准化发展,确保机器学习系统在各领域的高效、安全、稳定应用。

3. 2024年5月29日,中央网信办、市场监管总局、工业和信息化部联合印发《信息化标准建设行动计划(2024—2027年)》(以下简称《行动计划》)。

《行动计划》是为深入落实《"十四五"国家信息化规划》《国家标准化发展纲要》,加强统筹协调和系统推进,健全国家信息化标准体系,提升信息化发展综合能力,有力推动网络强国建设,特制订的《行动计划》。《行动计划》围绕四个方面部署了主要任务。一是创新信息化标准工作机制,包括完善国家信息化标准体系、优化信息化标准管理制度、强化信息化标准实施应用。二是推进重点领域标准研制,在关键信息技术、数字基础设施、数据资源、产业数字化、电子政务、信息惠民、数字文化、数字化绿色化协同发展8个重点领域推进信息化标准研制工作。三是推进信息化标准国际化,包括深化国际标准化交流合作、积极参加国际标准组织工作、推动国际国内标准协同发展。四是提升信息化标准基础能力,包括优化标准供给结构、加强标准化人才培养、推动标准数字化发展。

4. 2024年7月18日,在党的二十届三中全会审议通过的《中共中央关于进一步全面深化改革 推进中国式现代化的决定》(以下简称《决定》)中提出"建立人工智能安全监管制度"等要求。

《决定》中多处提及"人工智能"。例如,建立未来产业投入增长机制,完善推动"新一代信息技术""人工智能"等战略性产业发展政策和治理体系;在健全网络综合治理体系方面,要求"完善生成式人工智能发展和管理机制";在完善公共安全治理机制上,要求"建立人工智能安全监管制度";在实施"一带一路"科技创新行动计划领域,加强绿色发展、数字经济、人工智能等多边合作平台建设。

5. 2024年9月9日,在2024年国家网络安全宣传周主论坛上,全国网络安全标准化技术委员会(以下简称"网安标委")发布《人工智能安全治理框架》1.0版(以下简称《框架》)。

《框架》以鼓励人工智能创新发展为第一要务,以有效防范化解人工智能安全风险为出发点和落脚点,提出了包容审慎、确保安全,风险导向、敏捷治理,技管结合、协同应对,开放合作、共治共享等人工智能安全治理的原则。《框架》按照风险管理的理念,紧密结合人工智能技术特性,分析人工智能风险来源和表现形式,针对模型算法安全、数据安全和系统安全等内生安全风险和网络域、现实域、认知域、伦理域等应用安全风险,提出相应技术应对和综合防治措施,以及人工智能安全开发应用指引。

(五)加拿大

加拿大政府于2024年11月成立了加拿大人工智能安全研究所(Canadian Artificial Intelligence Safety Institute,以下简称"CAISI")。

CAISI将设于加拿大创新、科学与经济发展部,初期预算为五年5000万加元,其职责为负责确保人工智能的安全开发与部署,降低先进和生成式人工智能系统的风险,保护加拿大人免受潜在危害,同时加强国际合作与知识共享,提升全球人工智能安全治理水平。

(六)澳大利亚

1. 2024年1月17日,澳大利亚政府发布了《澳大利亚安全和负责任的人工智能咨询:澳大利亚政府的临时回应》。

临时回应表明,政府将采用基于风险的框架体系,以支持人工智能的安全使用,并防范人工智能应用可能带来的潜在危害。

2. 2024年2月,继政府发布临时回应后,澳大利亚联邦工业和科学部建立了人工智能专家组(Artificial Intelligence Expert Group),为政府提供人工智能相关议题的专业咨询。同月,生产力委员会(Productivity Commission)发布了三份研究报告,系统探讨了人工智能监管相关议题,包括人工智能应用与生产力提升及政府作用、人工智能监管面临的挑战,以及人工智能对数据政策影响等重要问题。

3. 2024年3月,澳大利亚参议院设立人工智能采纳特别委员会,开展全面调研工作。

委员会将通过广泛征集公众意见和系统性研究,就人工智能技术在澳大利亚的应用前景及其社会影响进行深入评估,并将在2024年9月19日前向议会提交综合报告,为未来政策制定提供参考依据。

4. 2024年4月,维多利亚州信息专员办公室(Office of the Victorian Information Commissioner)发布了《关于政府机构使用ChatGPT处理个人信息的公告》。

该公告对政府机构使用ChatGPT提出了严格限制,要求政府机构确保其工作人员和合同服务提供商不得将个人信息输入ChatGPT,以防范相关隐私风险。公告同时明确指出,任何涉及向ChatGPT输入个人信息的行为都将被视为信息安全事件,必须向信息专员办公室报告。

5. 2024年6月21日,澳大利亚政府发布《国家政府人工智能保障框架》(National Framework for the Assurance of AI in Government),为政府部门使用人工智能提供全国统一的保障方案。

该框架以《澳大利亚人工智能伦理原则》(2019)为基础,确立了人工智能保障的基本规范。框架并未过多关注技术细节,而是着重为政府各层面设定基本原则,允许各辖区根据其立法环境、政策背景和运营实际制定具体指南,体现了中央框架指导下的地方灵活性特征。

6. 2024年9月,为落实前述《临时回应》中的相关承诺,澳大利亚政府正式发布《在高风险环境中引入人工智能强制性安全护栏的提案》(以下简称《安全护栏提案》)。

《安全护栏提案》通过明确规定在高风险环境中开发和部署人工智能时的安全使用标准与责任要求,构建了一个系统性的人工智能安全使用框架。

(七)巴西

2024年7月30日,巴西联邦政府提交了《2024-2028年巴西人工智能计划》(Plano Brasileiro de Inteligência Artificial 2024-2028)。

该计划题名为"人工智能造福所有人"(IA para o Bem de Todos),旨在推动人工智能技术在巴西的开发、部署与应用,以应对国家面临的重大社会、经济、环境与文化挑战,同时,保障个人与集体的安全及权利,保护包容性社会、民主制度、信息完整性、工作及劳动者、国家主权,以及国家经济的可持续增长。

(八)新加坡

1. 新加坡的人工智能治理模型框架由资讯通信媒体发展局(IMDA)和个人数据保护委员会(PDPC)在2024年5月30日发布了最新版本《用于生成式人工智能的人工智能模型管理框架》(Model AI Governance Framework for Generative AI)。

2. 2024年12月,新加坡金融管理局(Monetary Authority of Singapore,MAS)发布了人工智能模型风险管理审查和最佳实践(AI Model Risk Management)。

3. 2024年10月15日,新加坡网络安全局(The Cyber Security Agency of Singapore)发布了《人工智能系统安全指南》(Guidelines on Securing AI Systems)。

三、立法篇

(一)美国

1. 2024年2月,加州推出《安全可靠的前沿人工智能模型创新法案》(Safe and Secure Innovation for Frontier Artificial Intelligence Models Act)。

该法案要求达到一定计算力和训练成本的"前沿"人工智能大模型满足一系列的透明度要求,是州层面第一个对大模型进行全面监管的人工智能法案。

2. 2024年3月13日,犹他州通过《犹他州人工智能政策法案》(Utah Artificial Intelligence Policy Act)。

第一个正式生效的对使用生成式人工智能技术的组织规定透明度义务的州法案。

3. 2024年5月17日,科罗拉多州通过《科罗拉多州人工智能法案》(Colorado Artificial Intelligence Act)。

在《科罗拉多州修订法规》(Colorado Revised Statutes)加入了有关于人工智能系统的使用规定,主要关注与人工智能交互中的消费者保护。

4. 2024年9月30日,加州州长加文·纽瑟姆(Gavin·Newsom)否决《安全可靠的前沿人工智能模型创新法案》。

5. 2024年9月30日,加州通过《生成式人工智能问责法案》(California Generative AI Accountability Act, SB 896)。

该法案要求更新现有报告、进行风险分析、提高人工智能交流的透明度,并采取积极措施,确保在政府运作中以合乎道德和公平的方式使用人工智能生成技术。

6. 2024年9月30日,加州通过《生成式人工智能训练数据透明度法案》(Generative Artificial Intelligence: Training Data Transparency, AB2013)。

该法案以训练数据的透明度为中心,规定生成式人工智能模型的开发者必须在其网站上公开发布用于训练模型的数据的某些必要信息。

7. 2024年9月30日,加州通过《人工智能透明度法案》(California AI Transparency Act, SB 942)。

该法案要求大型人工智能生成系统开发商向最终用户提供与音像内容相关的人工智能检测工具和水印功能。

(二)欧盟

2024年3月13日,欧盟《人工智能法》正式通过,该立法是全球首个全面的人工智能系统监管框架,并根据风险类别与程度设置了不同的义务。该部立法于2024年8月1日正式生效,其禁令将分阶段实施,其第一套法规将于2025年2月生效,接下来2~3年内将出现一系列义务,预计到2027年,高风险人工智能系统将需要完全遵守该法案。

(三) 日本

2024年7月2日,日本防卫省推出首个人工智能应用基本政策《防卫省推进人工智能有效应用的基本方法》。该方针提出人工智能技术发展应用的7个重点方向,以及8项具体推进措施,旨在通过人工智能技术进一步改变日本国防的运行。

(四) 中国

1. 2024年9月14日,国家网信办发布《人工智能生成合成内容标识办法(征求意见稿)》(以下简称《征求意见稿》)。

《征求意见稿》共计14条,旨在规范人工智能生成合成内容的标识,维护国家安全和社会公共利益,保护公民、法人和其他组织的合法权益,从适用范围、标识分类、标识要求、传播平台责任、用户义务等方面进行规定。通过明确标识要求,规范生成合成内容的传播,应对人工智能生成合成内容带来的新风险,有助于构建健康的信息网络生态环境。

2. 2024年3月16日,中国学者齐聚北京举办首届"AI善治论坛",并在会议上发布《中华人民共和国人工智能法(学者建议稿)》(以下简称《学者建议稿》)。

《学者建议稿》共九章九十六条,主要内容包括一般原则、发展与促进、权益保护、安全义务、监督管理、特殊应用场景、国际合作、法律责任等,涵盖未来人工智能治理的主要问题,为我国人工智能立法提供参考。

3. 2024年4月16日,在"人工智能治理创新论坛"上,《人工智能示范法2.0(专家建议稿)》(以下简称《示范法》)。

《示范法》基于负面清单实施的人工智能许可管理制度与负面清单外人工智能活动的备案制度明确区分,避免过重合规负担影响人工智能产业的经营预期;重视人工智能开源发展,提出促进开源社区建设、制定专门合规指引、明确责任减免规则等支持措施;构建知识产权创新规则,在研发环节对训练数据、个人信息的使用作出专门安排,并针对人工智能生成物的成果保护与侵权认定进行规定。

(五) 巴西

2024年12月10日,巴西参议院审议通过了规范巴西国内人工智能发展的2023年第2338号法案(Projeto de Lei n° 2338/2023)。

审议通过的法案文本是由参议员爱德华多·戈麦斯(Eduardo Gomes)提出的替代法案,以参议院议长罗德里戈·帕切科(Rodrigo Pacheco)提出的2023年第2338号法案文本为基础,整合了包括2020年第21号法案(Projeto de Lei n° 21/2020)在内的7项法律提案,以及数十项由不同参议员提出的修正案。该法案下一步将由巴西众议院审议,获得众议院通过后,经巴西总统同意并签署方可成为法律并生效。

(六)韩国

2024年12月26日,韩国通过《关于人工智能发展和建立信任基础等基本法案》,成为全球继欧盟《人工智能法》之后的第二部专门人工智能立法。

这一法案的制定背景源于人工智能技术的爆发式增长及其引发的伦理与安全争议,促使韩国政府通过立法平衡技术创新与社会风险。法案的核心目标在于构建"人工智能健康发展"与"社会信任基础"并重的治理框架。

后　记

　　从人类社会发展的历史长河来看,至今已经经历了三次工业革命。而每一次工业革命皆源于一项标志性新技术的出现,技术的创新带动了人类社会的经济繁荣和社会变迁。早在20世纪80年代初,美国未来学家阿尔文·托夫勒(Alvin Toffler)将人类文明的发展比喻为三次浪潮:农业文明、工业文明和信息文明。这三次文明的划分就是以人类利用新型生产工具为标准。纵观文明的更迭,便可一目了然。蒸汽时代,机械化、规模化取代了人力劳动及家庭作坊式的生产方式,人类从农业文明时代进入了工业文明时代;电气时代,科学在工业发展的进程中逐渐占据主导地位,提升了工业社会的全要素生产率;数字时代,原子能、电子计算机、空间技术和生物工程的发明和应用,推动了人类社会发展产生根本性革新,这意味着人类正式步入信息文明时代。伴随着海量信息通过高效的网络通道广泛传播,人类社会的协作发展正在因信息技术的突飞猛进而不断完善与超越。

　　当今世界,人工智能成为第四次科技革命的主导力量,人工智能技术与产业深度融合,并逐渐嵌入人类日常生活的方方面面。数字政府、数字医疗、数字教育、数字金融、自动驾驶、智慧城市等典型应用场景层出不穷,同时,数实融合的步伐也在不断加速,形成智能制造、智慧农业等基于传统第一产业、第二产业的新的生产要素、产业形态、商业模式,人类社会开始了一场声势浩大的智能化进程。然而,对于什么是人工智能,尚未形成统一的认识。从学科来讲,它是数字时代的带头学科;从技术来讲,它是各领域新兴技术背后的元技术;从能力来讲,它是所有系统的生成器和物理世界的模拟器,泛化能力不断增强的大模型已经成为一项通用技术,正在引领人工智能走向大一统。但是,人工智能给人类社会带来巨大机遇的同时,也带来了难以评估和预料的新型风险与复杂挑战。马克思主义哲学认为,世界上一切事物都包含两个方面,这两个方面既对立又统一。我们不得不面临一个严峻的现实问题,即需要对人工智能所带来的收益和风险进行权衡。人工智能具有极强的推理性和便捷度,而在此过程中,如何看待以 ChatGPT、Sora、DeepSeek 等为代表的新一代生成式人工智能技术所带来的冲击,信息茧房、隐私泄露、虚假传播、算法黑箱、AI 幻觉,以及数字鸿沟、数字歧视、就业冲击等问题,成为社会各界不得不面对的新社会治理难题。当然,新兴科技引起生产力质的飞跃,给社会生产生活方式带来了前所未有的冲击和影响。我们既不能忽视人工智能所带来的危害,也不能对其进行夸大,以免导致人们产生恐慌和不信任,否则最终会束缚人工智能技术的创新和应用。因此,对人工智能开展全面客观的研究,推动适时有效的人工智能治理与立法,具有十分重要的意义,这也是编撰本书的逻辑原点。

党的十八大以来,习近平总书记高度重视人工智能的发展与安全,不仅指出"人工智能是引领这一轮科技革命和产业变革的战略性技术,具有溢出带动性很强的'头雁'效应"[1],而且强调"要加强人工智能发展的潜在风险研判和防范,维护人民利益和国家安全,确保人工智能安全、可靠、可控"[2],"要坚持促进发展和依法管理相统一,既大力培育人工智能、物联网、下一代通信网络等新技术新应用,又积极利用法律法规和标准规范引导新技术应用"[3]。这些重要论述为我们开展人工智能治理与立法提供了根本遵循与方向指引。2017 年,人工智能首次被写入国务院政府工作报告。同年,国务院发布《新一代人工智能发展规划》,其中确立了人工智能法律法规、伦理规范、政策体系共同促进人工智能发展的战略目标,明确了我国人工智能发展乃至治理的宏观政策趋势。2019 年,《新一代人工智能治理原则——发展负责任的人工智能》提出了人工智能治理的框架和行动指南,重点突出了确保人工智能安全、可控、可靠,推动经济、社会及生态可持续发展,共建人类命运共同体的观念。党的二十届三中全会指出,"完善推动新一代信息技术、人工智能、航空航天、新能源、新材料、高端装备、生物医药、量子科技等战略性产业

---

[1] 《习近平讲故事:人工智能具有很强的"头雁"效应》,载中国共产党新闻网(网址:https://cpc.people.com.cn/n1/2019/0726/c64094-31256975.html),访问日期:2024 年 10 月 12 日。
[2] 《习近平主持中共中央政治局第九次集体学习并讲话》,载中国政府网(网址:https://www.gov.cn/xinwen/2018-10/31/content_5336251.htm),访问日期:2024 年 10 月 12 日。
[3] 《习近平对国家网络安全宣传周作出重要指示》,载中国政府网(网址:https://www.gov.cn/xinwen/2019-09/16/content_5430185.htm),访问日期:2024 年 10 月 12 日。

发展政策和治理体系,引导新兴产业健康有序发展",说明我国对人工智能新业态良好发展的重视程度。尽管我国尚未形成人工智能相关的专门立法,但各地地方政府和部门开展了先行先试,多以地方性法规和部门规章呈现。代表性的地方立法有《上海市促进人工智能产业发展条例》《深圳经济特区人工智能产业促进条例》。此外,国家网信办等部门针对 ChatGPT 等生成式人工智能的出现,出台了《生成式人工智能服务管理暂行办法》,等等。

  人工智能治理既是大国竞争的战略制高点,也是出于构建完善全球人工智能治理体系的目标宗旨、原则共识、行动路径的目标共识。面对人工智能技术加速迭代及伴生的多重复杂挑战,如何实现人工智能治理,推动人工智能立法,已经不是由某个国家或地区能够单独加以应对的,需要全世界多方主体共同努力,来探讨解决这一全球性划时代的议题。从目前全球数字治理的实践来看,由于各国国情不同,价值观碰撞在所难免,主要体现在各国和地区对数字技术、数据权利和治理模式的理念分歧上。[①] 例如,美国强调技术创新、市场主导,以维护其世界领导地位;欧盟注重个人隐私保护和数据使用规范,率先发布《通用数据保护条例》(GDPR)抢占国际话语权;中国则更加重视国家主权和数据安全,以此更好地维护国家安全,保障社会平稳发展。时至今日,世界主要经济体皆以不同程度、有所侧重地制定了人工智能规制举措,从立足各自技术产业发展情况推动立法进程。但值得注意的是,这对于广大发展中国家而言,由于其自身技术水平落后、产业发展不完备,因而在全球人工智能治理中处于边缘地位。参与规则制定与决策过程的缺位,使这些国家无法得以充分享受到数字经济时代的红利。因而,构建全球人工智能治理价值体系,寻求世界各个国家和地区价值共识的"最大公约数",应是推动全球共同发展的努力实践方向。

  时至今日,我国人工智能在人才、投资、技术、论文、专利、算力等核心指标方面首次与美国一起位列第一梯队,领先日、德、英、法等发达国家。鉴于中国在全球人工智能技术发展中的关键作用,2024 年 7 月 4 日,在上海举办的 2024 世界人工智能大会暨人工智能全球治理高级别会议,首次明确聚焦人工智能安全与治理议题,李强总理在会上强调了国际合作的重要性,这凸

[①] 参见蔡翠红:《全球数字治理的价值体系构建》,载《国家治理》2025 年第 2 期。

显了中国在塑造全球人工智能议程方面的积极姿态。① 现如今,全球已经到了技术革新的"奇点时刻"与合规治理的"关键拐点"。在此关键时期,我们研究面向全球人工智能发展的治理与立法,通过对世界主要国家和地区的基本情况一窥究竟,目的是为中国人工智能健康可持续发展尽绵薄之力,为立法部门与政府部门相关决策做基础素材与战略参考,为中国人工智能企业创新发展提供研究信息,也为社会公众做行业科普。其中还包括希望对"AI重镇"——北京的治理实践有所启发。在此基础上,我们将研究成果凝练形成北京市科学技术研究院首都高端智库研究报告数字经济蓝皮书《全球人工智能发展的治理与立法》一书。

本书立足于全球人工智能发展现状,共设置九章。全书系统阐述了人工智能基础知识与理论框架,深入分析了美国、欧盟、英国、日本、中国在人工智能产业的发展态势、关键力量监管策略和立法实践进展,同时还对加拿大、澳大利亚、巴西、新加坡、韩国等国家进行了概览,希冀全方位展现出一幅全球人工智能治理策略图景,为共创智能可信、安全可控提供多维度的素材。本书具有三大特色:第一,恰逢其时。在人工智能已成为全球科技竞争"主战场"的当下,本书从全球治理的视野,对主要国家和地区的合规、治理与应用等议题保持动态化洞察,为中国在全球多元文化和政策背景中精准把握国际沟通与合作基础、谋划智能时代制度设计和政策蓝图提供了前瞻性的探索。第二,系统全面。本书的可贵之处在于,不仅全面梳理出世界人工智能主要国家和地区的产业发展规律,还深入解析了人工智能治理与立法实践,可以作为"工具书"为国内外研究者与人工智能企业合规提供素材参考。第三,可读性强。本书对"人工智能规制"的专门探讨,可以使读者对政府政策及举措产生更加深入的理解,进一步增强对人工智能应用的科学认知。故本书也可作为科普读物。

在书稿即将付梓之际,感谢北京大学出版社领导和编辑在出版过程中的辛勤努力;感谢浙江大学光华法学院、北京深度求索(DeepSeek)人工智能基础技术研究有限公司等单位同仁在撰写工作中的鼎力支持!

---

① 参见李璇、李彤:《制定全球人工智能"游戏规则",中国不能缺席》,载微信公众号中国日报中国观察智库(网址:https://mp.weixin.qq.com/s/HBsTDFl7I4KWlVWvLSR1TQ),访问日期:2024年12月17日。

本书各章节作者具体如下：

第一章　数字治理的新时代：理解人工智能，魏家齐；

第二章　人工智能治理的理论框架，刘绍宇、闫海；

第三章　美国人工智能治理，舒金春；

第四章　欧盟人工智能治理，刘子婧；

第五章　英国人工智能治理，庞铭佩；

第六章　日本人工智能治理，李昱；

第七章　中国人工智能治理，刘蕊、张晴晴、周炳含、魏家齐、庞铭佩；

第八章　其他国家的人工智能治理概览，吴少卿(加拿大)、庞铭佩(澳大利亚)、郭岩(巴西)、李瑞峰(新加坡)、李展硕(韩国)；

第九章　开阖之间：从全球视野到谋划中国图景，刘绍宇、魏家齐。

北京市科学技术研究院数字经济创新研究所

研究员　王峥

2025 年 2 月 20 日